Weltkrieg und Revolution

Deutsche Geschichte im 20. Jahrhundert

Herausgegeben von

Manfred Görtemaker
Frank-Lothar Kroll
Sönke Neitzel

Band 3

Sönke Neitzel

WELTKRIEG UND REVOLUTION

1914–1918/19

be.bra verlag

Abbildungsnachweis

Archiv des Verlages S. 13, 61, 73, 117, 139, 161, 167
Sammlung Ulf Hartmut Heinrich S. 7, 25, 27, 41, 57, 67, 81, 85, 113, 133
ullstein bild S. 99, 147 (Titelbild)
Karten Peter Palm, Berlin

Bibliografische Information der Deutschen Bibliothek
Die Deutsche Bibliothek verzeichnet diese Publikation in der Deutschen Nationalbibliografie; detaillierte bibliografische Daten sind im Internet über http://dnb.d-nb.de abrufbar.

KulturBrauerei Haus S
Schönhauser Allee 37, 10435 Berlin
post@bebraverlag.de
Lektorat: Christian Härtel, Berlin
Umschlag und Gesamtgestaltung: hawemannundmosch, Berlin
Satz: typegerecht, Berlin
Schrift: Swift 10/13,9pt
Druck und Bindung: GGP Media GmbH, Pößneck
ISBN 978-3-89809-403-0

www.bebraverlag.de

Inhaltsverzeichnis

1 Einleitung

Deutsche Soldaten mit französischen Gefangenen auf einer historischen Foto-Postkarte. Es sind vor allem die Kämpfe an der Westfront, die in Deutschland das Bild vom Ersten Weltkrieg bis heute prägen.

Mit dem Ersten Weltkrieg ging das lange 19. Jahrhundert zu Ende. Die Mächteordnung, die hundert Jahre zuvor auf dem Wiener Kongress geschaffen worden war, zerfiel: Das Osmanische Reich löste sich auf, ebenso Österreich-Ungarn. In Russland ging das Zarentum unter, in Deutschland das Wilhelminische Reich. In Italien übernahm bald der Faschismus die Macht. Diese Staaten mussten erfahren, dass verlorene Kriege – oder solche, die man so wahrnahm – im 20. Jahrhundert fast immer mit massiven innenpolitischen Umbrüchen verbunden waren. Es gab nur eine einzige Verlierermacht, in der sich das alte System behaupten konnte: Bulgarien. Zugleich entstanden zwölf neue Staaten von Finnland im Norden bis zum Irak im Süden. Nationalgeschichtlich am bedeutendsten war, dass Polen nach über hundertjähriger Knechtschaft seine Freiheit zurück erlangte.

Über die Neugestaltung der politischen Landkarte hinaus brachte der Erste Weltkrieg – der Begriff wurde 1921 von dem Amerikaner Charles A'Court Repington geprägt[1] – auch neue ideologische Kräfte hervor, die den Verlauf des kurzen 20. Jahrhunderts entscheidend prägen sollten. Im November 1917 kamen in Russland die Bolschewiki an die Macht, die nicht nur im eigenen Land, sondern weltweit mit der Diktatur des Proletariats eine neue Herrschaftsform etablieren wollten. Der Kriegseintritt der Vereinigten Staaten von Amerika im April 1917 war eine ähnlich bedeutende Zäsur. US-Präsident Woodrow Wilson hatte das Ziel, »the world safe for democracy« zu machen und der internationalen Staatengemeinschaft eine neue liberal-demokratische Ordnung zu geben. Damit standen sich zwei antagonistische Strukturmodelle gegenüber, deren Machtkampf vor allem in der zweiten Hälfte des 20. Jahrhunderts die Weltpolitik bestimmte. Der Große Krieg, wie er von den Zeitgenossen bezeichnet wurde und teilweise bis heute wird, war aber auch die entscheidende Voraussetzung dafür, dass sich in Italien der Faschismus und in Deutschland der Nationalsozialismus etablieren konnten, deren Wettstreit mit Kommunismus und Liberalismus in einen noch schrecklicheren Krieg führte.

Der Konflikt der Jahre 1914 bis 1918 wirkte weit über Europa hinaus. Der Kriegseintritt der Vereinigten Staaten entschied den Kampf endgültig zugunsten der Alliierten, während zuvor die Kriegserklärungen Japans und der britischen *Dominions* den Konflikt bereits 1914 auf den gesamten Erdball ausgedehnt hatten. Japan nutzte die Gelegenheit, die deutsche Kolonie Kiautschou an der Südwest-Küste der chinesischen Halbinsel Schantung nebst den Marshall- und Karolinen-Inseln im Pazifik zu besetzen. Die deutschen Kolonien in Afrika wurden – mit einer Ausnahme – rasch von den alliierten Truppen erobert, wobei Südafrika mit besonderem Eifer vorging und Deutsch-Südwestafrika in Besitz nahm. Am bekanntesten bei diesen Kämpfen sind aber die Operationen der »Schutztruppe« in Deutsch-Ostafrika unter Paul von Lettow-Vorbeck, die bis nach Kriegsende auf abenteuerliche Weise durch das portugiesische Mosambik und das britische Rhodesien streifte.[2]

Man ist leicht geneigt, den Krieg in Afrika für unbedeutend zu halten. Gewiss hat das Ringen um diese Gebiete den Ausgang des Krieges nicht entschieden. Allerdings muss daran erinnert werden, dass gerade der Feldzug in Deutsch-Ostafrika gewaltige Opfer unter der schwarzen Bevölkerung forderte. Die Schätzungen reichen bis zu 750 000 Toten, eine weithin unbekannte Tatsache.[3]

Trotz der erschreckenden Dimension der Kolonialkämpfe war der Erste Weltkrieg im Kern jedoch ein europäischer Konflikt. Das Hervorstechende war nicht seine globale Ausdehnung. Der Siebenjährige Krieg (1756/63) und die Französischen Revolutionskriege hatten länger gedauert und auch eine größere territoriale Ausdehnung erreicht. Selbst die Zahl von rund 14 Millionen Toten war kein Novum, wenn man sie in Relation zur Gesamtbevölkerung Europas setzt (etwa 4,1 Prozent). Im Dreißigjährigen Krieg hatte Deutschland rund ein Fünftel seiner Bevölkerung verloren, Preußen im Siebenjährigen Krieg immerhin ein Siebtel. Und vergessen wir nicht, dass der Bürgerkrieg in China 1851/64 rund 20 Millionen Menschen das Leben gekostet hatte.

Das Besondere am Ersten Weltkrieg war vielmehr seine »technische« Dimension. Was sich im amerikanischen Bürgerkrieg (1861/65), im deutsch-französischen (1870/71) und im russisch-japanischen Krieg (1904/05) bereits angedeutet hatte, wurde nun Wirklichkeit: Mit ungeahnter Wucht prallten hochgerüstete Industrienationen aufeinander. Der Krieg wurde industrialisiert, der Kampf Mann gegen Mann vom Kampf Mann gegen Technik abgelöst. Die Materialschlachten an der Westfront, in denen Hunderttausende Soldaten im gegnerischen Artillerie- und Maschinengewehrfeuer ihr Leben verloren, avancierten zum grausamen Sinnbild dieses Krieges. Zudem brachte die Technisierung des Kampfes neue Waffen mit tödlicher Wirkung hervor: das Giftgas, den Panzer, das U-Boot und das Flugzeug. Andere, schon länger bekannte Waffen wurden weiterentwickelt und in großer

Zahl eingesetzt: Das Maschinengewehr und vor allem die Artillerie sind hier zu nennen. Im Krieg von 1870/71 waren lediglich 8,4 Prozent der deutschen Gefallenen durch Artilleriefeuer getötet worden – im Ersten Weltkrieg stieg diese Zahl auf über 58 Prozent an.[4] Das Gesamtbild des Krieges veränderte sich so grundlegend, dass mit Recht von einer Zäsur im Kriegswesen gesprochen werden kann. Die Totalisierung des Krieges war nunmehr auch in Europa Wirklichkeit geworden.[5] Ein Krieg, den die Nationen bis zur totalen Erschöpfung führten und in dem ein vorzeitiger diplomatischer Ausgleich nicht mehr möglich war. Dies war auch eine Folge der Hasspropaganda, die systematisch von allen kriegführenden Mächten betrieben wurde. Eine Flut von Druckerzeugnissen vermochte dem Kampf lange Zeit einen höheren Sinn zu verleihen und überzeugte breite Teile der Bevölkerung davon, gegen das »Böse« schlechthin zu kämpfen. Die Propaganda bediente sich dabei auch neuer Medien, so in großem Maßstab der Fotografie und erstmals auch des Kinofilms.[6]

Die Zeit von 1914 bis 1918 ist in militärischer Hinsicht im Rahmen einer Entwicklung zu betrachten, die mit den Französischen Revolutionskriegen begann und in der Mitte des 20. Jahrhunderts im Zweiten Weltkrieg kulminierte. Es vollzog sich eine stetig wachsende Totalisierung des Krieges, die schließlich durch die Angst vor der nuklearen Katastrophe beendet wurde. Innerhalb dieser Entwicklung wirkte der Erste Weltkrieg als Katalysator: Er bündelte und beschleunigte die bereits vorhandenen Vorstufen des totalen Krieges. Damit erhärtet sich der Befund, dass der Erste Weltkrieg der Ausgangspunkt einer Epoche globaler Veränderungen gewesen ist, die im Zweiten Weltkrieg ihren Höhepunkt erlebte und letztlich erst mit den Umbrüchen der Jahre 1989/90 endete.

Die ganze Wucht des industrialisierten Krieges entfaltete sich an der Westfront. Es waren vor allem diese Kämpfe, die bis heute das Bild vom Ersten Weltkrieg prägen und insbesondere die künstlerische und literarische Wahrnehmung beeinflussten. Hier sei nur auf die Gemälde von Max Beckmann oder die Texte von Ernst Jünger, Erich Maria Remarque oder Ernst Toller verwiesen. Man darf jedoch nicht vergessen, dass die Situation an der Westfront nur ein Teil der Kriegswirklichkeit war. Die Kämpfe an der Ostfront und auf dem Balkan hatten einen ganz anderen Charakter, obgleich auch hier gewaltige Verluste zu beklagen waren. Die kollektive Erinnerung an den Ersten Weltkrieg wird bis heute sehr stark von den nationalen Kriegserfahrungen bestimmt. Deutsche, Franzosen und Briten standen und stehen daher ganz im Bann der Westfront. Das Kriegsgeschehen an der Ostfront oder auf dem Balkan spielt hingegen kaum eine Rolle. Wer kennt in Deutschland schon die Schlacht um die Halbinsel Gallipoli, in der Tausende Australier und Briten fielen?[7]

Im Mittelpunkt der Forschung zum Ersten Weltkrieg[8] stand lange Zeit der Kriegsausbruch[9]. Zeitgenossen wie Historiker beschäftigte vor allem die Frage, wie es überhaupt zur »Urkatastrophe des 20. Jahrhunderts«, um das vielzitierte Wort George F. Kennans zu gebrauchen,[10] kommen konnte und wer die Schuld daran trug. Der Hamburger Historiker Fritz Fischer bestritt Anfang der 1960er Jahre vehement, dass die Regierungen in den Krieg »hineingeschlittert« seien, so wie es bis dahin stets behauptet worden war. Vielmehr sei davon auszugehen, dass Deutschland die Hauptverantwortung an der Katastrophe trage und Berlin spätestens seit Dezember 1912 gezielt auf die Provokation eines Krieges im Sommer 1914 hingearbeitet habe, um die Hegemonie über Europa zu erkämpfen.[11] So überzogen Fischers These eines von langer Hand geplanten Krieges gewesen ist, so sehr hat er mit der von ihm angestoßenen »Fischer-Kontroverse« erreicht, dass die Vorgeschichte des Krieges eines der am besten untersuchten Forschungsfelder der Neueren Geschichte ist.

Seit den 1990er Jahren wandte sich die Forschung, einem allgemeinen Trend in der Geschichtswissenschaft folgend, der bis dahin noch wenig beachteten Sozial-, Kultur- und Mentalitätsgeschichte zu und vermochte in Detail- und Regionalstudien wichtige Ergebnisse zutage zu fördern.[12] Der 90. Jahrestag des

Kriegsausbruchs wurde dann zur Publikation von zahlreichen Überblickswerken genutzt, die den Forschungsstand gelungen einer breiten Öffentlichkeit präsentierten.[13]

Obgleich sich die Forschung zum Ersten Weltkrieg in Deutschland zunehmender Beliebtheit erfreut, ist das Interesse vor allem in Großbritannien nach wie vor größer. So kommt es nicht von ungefähr, dass die Zahl der englischsprachigen Publikationen die der deutschen bei weitem übersteigt und dass eine mehrbändige Gesamtdarstellung des Ersten Weltkrieges aus deutscher Sicht bislang fehlt.[14] Umso erfreulicher ist es, dass Gerhard Hirschfeld, Gerd Krumeich und Irina Renz 2004 eine tausendseitige Enzyklopädie des Ersten Weltkrieges vorgelegt haben, die international als Standardwerk gilt.[15] Die auf lange Sicht umfassendste Studie zum Thema wird die monumentale dreibändige Geschichte des Ersten Weltkrieges aus der Feder des Oxforder Historikers Hew Strachan bleiben, von der 2001 der erste Band erschien.[16]

Die inhaltliche Schwerpunktsetzung des vorliegenden Buches ergibt sich aus der Einbettung in die Reihe »Deutsche Geschichte im 20. Jahrhundert«. Den Herausgebern geht es um die deutsche Perspektive, freilich ohne den internationalen Zusammenhang aus dem Auge zu verlieren. Da Frank-Lothar Kroll das kulturelle und gesellschaftliche Leben im Kaiserreich bis 1918 in einem gesonderten Band behandelt, konzentriert sich diese Darstellung auf das Geschehen an der Front im Wechselspiel mit dem außen- und innenpolitischen Kontext.

Der vorliegende Band schließt nicht mit dem Waffenstillstand vom 11. November 1918 ab, da er dem Leser auch verdeutlichen will, wie der Erste Weltkrieg innen- und außenpolitisch endete: mit der Unterzeichnung des Friedensvertrages von Versailles, der den Krieg formaljuristisch abschloss, und mit der schwierigen Etablierung eines neues innenpolitischen Systems, der Weimarer Republik.

2 Der Weg in den Krieg

Die Ermordung des österreich-ungarischen Thronfolgers Franz Ferdinand in Sarajewo am 28. Juni 1914 war der Anlass des Krieges.

Die hundert Jahre vor dem Ersten Weltkrieg waren – geprägt durch die Erfahrungen der Napoleonischen Kriege – eine vergleichsweise friedliche Epoche. Das System der fünf europäischen Großmächte, die Pentarchie, befand sich seit dem Wiener Kongress 1815 allerdings nicht im Ruhezustand. Es war ständig in Bewegung, und das Gewicht der einzelnen Mitglieder veränderte sich mehrfach. Die deutschen Einigungskriege (1864, 1866, 1870/71) fegten das auf dem Wiener Kongress geschaffene Machtvakuum in der Mitte Europas hinweg. Mit dem Deutschen Kaiserreich entstand eine kraftvolle Großmacht, die Unruhe in die bestehende Konstellation brachte. Die anderen Großmächte wollten Deutschlands Stellung angesichts seiner militärischen und wirtschaftlichen Machtfülle nur dann akzeptieren, wenn es sich mit dem Erreichten zufrieden gab. Das Ausland wachte daher mit Argusaugen über die Ambitionen der potentiellen Hegemonialmacht, und es war Bismarcks zurückhaltender Außenpolitik zu verdanken, dass sich nach dem Berliner Kongress von 1878 die allgemeine Besorgnis legte.

In den 1890er Jahren begannen sich die internationalen Beziehungen jedoch grundlegend zu wandeln. Der Hochimperialismus prägte zunehmend die öffentliche Meinung und die Politik der Entscheidungseliten: Sozialdarwinismus, übersteigertes Prestigedenken und überschäumender Nationalismus waren eine immer stärker werdende Bedrohung für das System der Pentarchie.[1] Die Großmächte von einst waren zu Weltmächten emporgestiegen, die in Übersee gewaltige Landmassen unter ihre Kontrolle gebracht hatten. Das Deutsche Reich wollte dieser Entwicklung, in der schon die Flaggenhissung auf einem verlassenen Eiland im Pazifik zum nationalen Triumph erhoben wurde, nicht tatenlos zusehen. Die Wilhelmstraße (dort war der Sitz des Auswärtigen Amtes in Berlin und der Begriff wird allgemein synonym für »die Entscheidungsträger der deutschen Außenpolitik« gebraucht; Gleiches gilt für den Quay d'Orsay in Paris und den Ballhausplatz in Wien) verkündete daher ab 1897 offiziell, dass man künftig ebenfalls eine führende Rolle in der Weltpolitik zu spielen gedenke. Berlin wollte sich nicht mehr mit dem Erreichten begnügen, sondern strebte danach, im kommenden 20. Jahrhundert neben Großbritannien, den USA und Russland als viertes Mitglied dem exklusiven Klub der Weltreiche beizutreten. Die Parole Bismarcks von der Saturiertheit des Reiches, das keinerlei Gebietsansprüche in Europa mehr habe, schien nicht mehr in die Zeit zu passen.

Die diplomatische Ausgangslage Deutschlands für die »neue« Politik war dabei alles andere als günstig: Zwischen 1890 und 1894 war die Annäherung an Großbritannien gescheitert, und ebenso wenig gelang es in den Jahren 1894 bis 1896, die ehemals guten Beziehungen zum Zarenreich wieder herzustellen. Nachdem der Dreibundpartner Italien unter Ministerpräsident Giovanni Giolitti die Nähe der Westmächte gesucht hatte, um so die eigenen kolonialen Pläne umzusetzen, blieb Berlin nur noch Österreich-Ungarn als mehr oder minder verlässlicher Bündnispartner. Die Donaumonarchie war für die weltpolitischen Ambitionen des Reiches jedoch nur von begrenztem Wert, da der Ballhausplatz diesen Bestrebungen von vornherein zurückhaltend gegenüberstand.

Während Deutschland seinen neuen Machtanspruch geltend machte, ging Großbritannien daran, sich im internationalen System neu zu verorten. Londons Devise lautete nicht »Veränderung«, sondern »Bewahrung«. Die Kräfte reichten nicht mehr aus, um auf der ganzen Welt die Rolle des Schiedsrichters zu spielen und überall die englischen Interessen gegen die immer stärker werdenden Nebenbuhler durchzusetzen. England entschloss sich, das weltumspannende Empire mit diplomatischen Rückzügen und Arrangements zu sichern. Dadurch lösten sich wichtige Determinanten der internationalen Beziehungen auf, die für die Zeitgenossen bislang Fixpunkte ihres Weltbildes gewesen waren. Das System der Pentarchie begann sich zu verändern. Großbritannien gab die außenpolitische Isolation, die sogenannte Splendid Isolation, auf und konzentrierte sich zunächst darauf, seine Position gegenüber dem »Angstgegner« Russland zu stärken. Nachdem dies zwischen 1902 und 1904 gelungen war und der russisch-japanische Krieg (1904/05) zudem die Grundfesten des Zarenreiches erschüttert hatte, richtete sich alle Aufmerksamkeit auf das unruhige und zuweilen taktlos agierende Deutsche Reich, die potentielle Hegemonialmacht des europäischen Kontinents. Von der Angst besessen, in die Isolation zu geraten, brach Großbritannien mit allen Prinzipien, die ihm bislang heilig gewesen waren, und band sich zunächst immer stärker an Frankreich, dann auch an Russland. Der eigene Handlungsspielraum – obgleich de jure noch immer vorhanden – wurde de facto immer enger. Die internationalen Beziehungen verloren immer mehr an jener Elastizität, mit der es seit den Napoleonischen Kriegen stets gelungen war, die große Katastrophe zu verhindern.

Für das Deutsche Reich war die historische Kehrtwende der britischen Außenpolitik fatal. Indem die alten britisch-französischen und britisch-russischen Gegensätze abklangen, löste sich die scheinbar so günstige Position Berlins als Mittler zwischen den Fronten rasch in Luft auf. Die Reichsleitung – das heißt Kaiser Wilhelm II., Reichskanzler Theobald von Bethmann Hollweg und das Auswärtige Amt – war jedoch nicht in der Lage, auf die neue, unerwartet eingetretene Situation adäquat zu reagieren. Politische Mäßigung vertrug sich nicht mit der Anwartschaft auf ein mächtiges und allseits respektiertes Weltreich. Nun zeigte sich der oftmals so ungeschickt verpackte Weltmachtanspruch Deutschlands umso offener und traf auf den erbitterten Widerstand Großbritanniens, Frankreichs und Russlands.

Gewiss kam der Umschwung von der Großmacht- zur Weltmachtpolitik in Deutschland zu schnell, zu abrupt und zu fordernd, als dass die übrigen Mächte diesen Wechsel ohne Proteste hätten akzeptieren können. Aber Frankreich, Russland und England waren eben auch nicht willens, dem Deutschen Reich jenen exklusiven Expansionsraum zuzugestehen, den sie sich untereinander durchaus einräumten. Damit bewirkten sie sicherlich nicht das, was sie ursprünglich erreichen wollten: Der außenpolitisch isolierte Zweibund zwischen Deutschland und Östereich-Ungarn riss mit seiner Risikopolitik die Welt schließlich in einen fürchterlichen Krieg, der das Zarenreich zersprengte und England entscheidend schwächte.

Deutschland stand angesichts der internationalen Konstellation kurz nach der Jahrhundertwende letztlich vor der Entscheidung: entweder Krieg zur Durchsetzung des eigenen Prestigeverlangens oder Beschränkung auf ein Dasein als saturierte Großmacht. Beides erschien sowohl der Reichsleitung als auch einer immer stärker auf außenpolitische Erfolge drängenden öffentlichen Meinung nicht akzeptabel. Da der Krieg als Mittel zur Durchsetzung politischer Ziele zu jener Zeit nicht in Frage zu kommen schien, begann man außenpolitisch »mit der Brechstange zu arbeiten«, um doch noch den schon lange ersehnten Status als allseits respektierte Weltmacht zu erreichen.

Während der Ersten Marokkokrise 1905/06 – als Frankreich und Deutschland um den Einfluss in dem nordafrikanischen Sultanat rangen – scheiterte der Versuch Berlins, mit massivem diplomatischem Druck die gerade geschlossene Entente cordiale zwischen Frankreich und Großbritannien zu zerbrechen. Anstatt Frankreich an den Pranger zu stellen, wurde Deutschland isoliert. Briten, Russen, Amerikaner und sogar die Italiener schlugen sich auf die Seite der bedrängten Franzosen, einzig Österreich-Ungarn unterstützte Berlin. Der unverhohlene Machtanspruch des Deutschen Reiches hatte die durchaus nicht selbstverständliche Verbindung zwischen London und Paris deutlich gefestigt. Zu allem Übel vermochten sich die Briten 1907 auch noch mit dem Zarenreich über ihre Streitigkeiten im Mittleren Osten zu einigen. Am Horizont zeichnete sich eine aus deutscher Sicht feindliche Dreierallianz ab. In der Bosnischen Annexionskrise von 1908/09 tat das harsche Auftreten Berlins gegenüber Sankt Petersburg ein Übriges, um den noch losen Ring um das Reich fester zusammenzuschmieden.

Das Debakel der Zweiten Marokkokrise 1911 verdeutlichte der Reichsleitung dann, dass es so nicht weitergehen konnte, da Europa mit Volldampf auf einen Krieg zusteuerte – einen Krieg, der von Teilen der öffentlichen Meinung in Deutschland und Europa zunehmend für unvermeidlich gehalten wurde. Reichskanzler Bethmann Hollweg gelang es indes nicht, die entscheidende Kehrtwende herbeizuführen und die Nation auf einen Friedenskurs zu bringen. Sein Versuch, eine tragfähige Verbindung mit London aufzubauen, scheiterte. Dies lag zum Teil am deutschen Flottenbau, der den antideutschen Kräften im britischen Außenministerium die Trümpfe in die Hände spielte.

Weit wichtiger war jedoch die Tatsache, dass das vom übrigen Kabinett vergleichsweise unabhängig agierende Foreign Office längst eine pro-französische und pro-russische Haltung eingenommen hatte, um eine deutsche Hegemonie auf dem Kontinent zu verhindern und die Sicherheit des Empire zu gewährleisten. Diese Position war letztlich nicht verhandelbar, selbst wenn das Reich auf den Flottenbau verzichtet hätte. Die 1912/13 geschlossene deutsch-englische Détente blieb somit eine auf periphere Fragen beschränkte Zusammenarbeit, die wirkungslos war, sobald essentielle Interessen beider Staaten auf dem Spiel standen.[2] Letztlich war die europäische Pentarchie im Zeitalter des Hochimperialismus nicht in der Lage, den Prestigedrang des immer stärker werdenden Deutschen Reiches, die Sicherheitsinteressen Großbritanniens und Frankreichs, die Expansionsgelüste des Zarenreiches sowie die Interessen der krisengeschüttelten Donaumonarchie miteinander in Einklang zu bringen.

Neuere Forschungen belegen, dass es vor Ausbruch des Ersten Weltkrieges durchaus Entspannungsbestrebungen und Friedensbeteuerungen von Politik und gesellschaftlichen Gruppen gegeben hat.[3] Doch diese erwiesen sich allesamt als wenig tragfähig, als es im Sommer 1914 schließlich zur großen Belastungsprobe kam. Entscheidend war zu diesem Zeitpunkt, dass für die Entscheidungsträger in den europäischen Hauptstädten – jeweils eine Gruppe von fünf bis zehn Personen (Monarchen, Kanzler, Außen- und Kriegsminister, Generalstabschef) – der Erhalt des Friedens keine Priorität genoss. Krieg war für sie nicht das einzige, aber doch ein legitimes, teilweise sogar wünschenswertes Instrument zur Verbesserung der außenpolitischen Lage[4]: In Russland war Ministerpräsident Wladimir Kokowzow, der bislang die russische Außenpolitik in ihren offensiven Bestrebungen gebremst hatte, im Februar 1914 zurückgetreten. Sein Nachfolger Ivan Goremykin und Außenminister Sergei Sasonow waren gewillt, die russischen Interessen künftig wesentlich entschlossener zu vertreten. In Wien glaubten Kaiser Franz Joseph I. und seine Berater, den schwelenden Konflikt mit Serbien nur noch mit Gewalt lösen zu können. Und in Deutschland blickte Bethmann Hollweg immer fatalistischer in die Zukunft. Als die Duma im Juni 1914 eine Heeresvorlage verabschiedete, um die russischen Streitkräfte bis 1916/17 um weitere 400 000 Mann auf insgesamt 1,8 Millionen Soldaten zu verstärken und zudem 5000 Kilometer neuer Eisenbahnstrecken in Polen zu bauen, schienen sich alle Befürchtungen der deutschen Militärs zu erfüllen. Gegen eine solche Streitmacht – verbündet mit den Franzosen – wäre ein Zweifrontenkrieg nicht mehr zu gewinnen gewesen. Zudem erfuhr der Reichskanzler im Juni 1914 von den geheimen englisch-russischen Marineverhandlungen. Damit war für Bethmann Hollweg der Beweis erbracht, dass Großbritannien bereit war, sich an das Zarenreich zu binden, und als neutraler Schlichter in einer künftigen Krise ausfiel.[5] Bethmann Hollweg war daher mehr denn je bereit, sich einer unausweichlich erscheinenden militärischen Konfrontation zu stellen.

Objektiv gesehen gab es keinerlei Notwendigkeit für einen Krieg. Heute wissen wir, dass im Sommer 1914 keine Großmacht wirklich um ihre Existenz bangen musste. Maßgeblich war freilich die subjektive Wahrnehmung der politischen Entscheidungsträger. Und die waren überzeugt, auf die militärische Karte setzen zu können. Damit war der Kriegsausbruch keine zwangsläufige, aber doch eine sehr wahrscheinliche Folge der damaligen Konstellation.

Die Ermordung des österreichischen Thronfolgers Franz Ferdinand in Sarajewo am 28. Juni 1914 gab dann das Signal zu einer Risikopolitik, einem stellenweise dilettantisch ausgeführten Versuch, die außenpolitische Lage dauerhaft zu verbessern. Bethmann Hollweg kalkulierte dabei ganz bewusst den Ausbruch eines großen Krieges mit ein.

In Europa wurde der Anschlag als terroristischer Akt verurteilt, der Österreich-Ungarn das Recht auf Satisfaktion gab. In Wien war man überzeugt, dass Belgrad für den Mord verantwortlich war. In der Tat hatte der Chef des serbischen Geheimdienstes Dragutin Dimitrijevi-Apis den Attentätern die Waffen geliefert, und auch der serbische Ministerpräsident Nikola Pašić hatte von den Attentatsplänen gewusst. Die Warnungen, die er Wien angeblich hatte zukommen lassen, waren jedoch entweder nicht angekommen oder dort nicht ernst genommen worden.[6]

Dies spielte auch gar keine Rolle mehr. In Österreich-Ungarn war bereits vor dem 28. Juni der Entschluss herangereift, das »serbische Problem« mit Gewalt zu lösen. Der ermordete Thronfolger war die Schlüsselfigur für die Erhaltung des Friedens gewesen: Erzherzog Franz Ferdinand hatte ursprünglich auf eine offensive Lösung der »Balkanfrage« gedrängt, war im Winter 1912/13 aber zu der Erkenntnis gelangt, dass ein Krieg »Wahnsinn«[7] sei, und hatte fortan mit aller Kraft für den Frieden gekämpft. Sein Tod machte den Krieg nun um einiges wahrscheinlicher, da »die Falken« ihren gewichtigsten Gegenspieler verloren.

Für das weitere Vorgehen Wiens war die Haltung des deutschen Bundesgenossen entscheidend. Da ein Angriff auf Serbien unweigerlich die Gefahr eines Krieges mit Russland heraufbeschwören würde, musste man sich zunächst der Unterstützung Berlins versichern. Diesmal kamen von dort keine Appelle zur Mäßigung, im Gegenteil: Bethmann Hollweg machte am 6. Juli 1914 klar, dass es an Österreich-Ungarn liege, zu beurteilen, was geschehen müsse, um das Verhältnis zu Serbien zu klären. Die Regierung in Wien könne »hierbei – wie auch immer [die] Entscheidung ausfallen möge – mit Sicherheit darauf rechnen, dass Deutschland als Bundesgenosse und Freund der Monarchie hinter ihr stehe«[8]. Mit dem »Loslassen« Wiens bürdete sich Berlin einen erheblichen Teil der Schuld am Kriegsausbruch auf. Sicherlich musste Österreich-Ungarn nicht erst zum Krieg gedrängt werden.[9] Dennoch bleibt festzuhalten, dass das Land ohne die Rückendeckung des mächtigen Bündnispartners niemals militärisch auf den Mord reagiert hätte – aller Kriegsbereitschaft zum Trotz.

Die Reichsleitung war entschlossen, Österreich-Ungarn bei der »Abrechnung« mit Serbien bedingungslos zu unterstützen. Der einzig noch verbliebene, halbwegs zuverlässige Bundesgenosse sollte als Machtfaktor erhalten, der Zerfall der Donaumonarchie oder ihre Abwendung von Berlin verhindert werden. Allen Beteiligten war bewusst, dass der nun zu erwartende österreichisch-ungarische Angriff auf Serbien zu einem großen

Kontinentalkrieg führen konnte. Doch man war bereit, dieses Risiko einzugehen. Falls Russland eine militärische Aktion Wiens gegen Belgrad, möglicherweise auf Verlangen Frankreichs, tolerieren würde, ließe sich ein großer Prestigegewinn erzielen. Österreich-Ungarn würde eine Vormachtstellung auf dem Balkan erringen, Russland als Großmacht eine schwere Niederlage erleiden und sich womöglich von den Westmächten abwenden. Bethmann Hollweg hielt es für denkbar, die Entente auf diesem Weg »auseinanderzumanövrieren«[10]. Falls Sankt Petersburg jedoch zum Krieg entschlossen war, dann wäre es besser, ihn jetzt zu führen, anstatt zwei oder drei Jahre später einem noch stärker aufgerüsteten Zarenreich gegenüberzutreten. Außerdem hatte die Konstellation im Sommer 1914 den Vorteil, dass sich Wien aus dem möglichen großen Konflikt nicht heraushalten konnte und an Deutschlands Seite fechten musste.

Unterdessen verschlechterte sich die diplomatische Ausgangslage für die offensive Politik des Zweibundes. Wien war nämlich aus organisatorischen Gründen überhaupt nicht in der Lage, die Gunst der Stunde für eine schnelle militärische Aktion zu nutzen. Ein erheblicher Teil der Soldaten befand sich auf Ernteurlaub, aus dem man sie ohne volkswirtschaftlichen und außenpolitischen Schaden nicht zurückrufen konnte. So übergab der österreichische Gesandte in Belgrad erst am Abend des 23. Juli eine Demarche, die eine uneingeschränkte Annahme binnen 48 Stunden vorschrieb. Die serbische Regierung wurde aufgefordert, die Propaganda gegen die Habsburgermonarchie in allen Bereichen des öffentlichen Lebens einzustellen. Entscheidend waren die Punkte 5 und 6: Serbien sollte Regierungsorgane Österreich-Ungarns »an der Unterdrückung der gegen die territoriale Integrität der Monarchie gerichteten subversiven Bewegungen«[11] sowie an der gerichtlichen Untersuchung des Attentates beteiligen. Diese Klauseln waren unannehmbar, da sie die Souveränität Serbiens unmittelbar tangierten.

Die Nachricht von diesem Ultimatum löste in den Hauptstädten der Entente helle Aufregung aus. Wiens Schritt wurde als ein Affront gewertet, der weit über das Maß einer Genugtuung für das Attentat hinausging. Europa steuerte offensichtlich mit Volldampf auf einen Krieg zu. Russlands Außenminister Sasonow riet Belgrad daher zu einer äußerst gemäßigten Antwortnote. Sein britischer Kollege Grey machte den Vorschlag, in London eine Botschafterkonferenz der vier nicht beteiligten Mächte zur Schlichtung des sich anbahnenden österreichisch-russischen Konfliktes einzuberufen. Die Reichsleitung war jedoch nicht an einer Vermittlung interessiert. Was konnte eine Konferenz in London schon bringen? Dementsprechend drängte die Wilhelmstraße die Habsburgermonarchie dazu, nach der absehbaren Ablehnung des Ultimatums keine Zeit verstreichen zu lassen, sondern sofort die Kriegshandlungen aufzunehmen und die »Welt vor ein fait accompli«[12] zu stellen.

Belgrad reagierte auf das Ultimatum überaus geschickt. Eloquent ging man auf die Forderungen Wiens ein. Die Mitwirkung an der gerichtlichen Untersuchung des Attentates wurde jedoch unter Verweis auf die Souveränität des eigenen Landes abgelehnt. Wien brach daraufhin die diplomatischen Beziehungen ab, machte einen Teil seiner Truppen mobil und erklärte Serbien am 28. Juli 1914 den Krieg. Einen Tag später beschoss österreichisch-ungarische Artillerie Belgrad, um eine noch immer mögliche friedliche Lösung des Konfliktes zu verhindern. Wien war allerdings noch immer nicht in der Lage, die Entente vor vollendete Tatsachen zu stellen. Erst ab dem 12. August konnte die kaiserlich und königliche Armee angreifen.

Die politische und militärische Führung des Zarenreiches war entschlossen, der österreichisch-ungarischen Eskalationspolitik nicht tatenlos zuzusehen. In Sankt Petersburg gab es im Juli 1914 keine einflussreiche Kraft mehr, die eine Politik der Besonnenheit vertreten hätte, zumal Kriegsminister Suchomlinow einmal mehr die Einsatzbereitschaft der Armee bekräftigte und der französische Botschafter in Sankt Petersburg, Maurice Paléologue, keinen Zweifel daran ließ, dass Frankreich entschlossen sei, Russland auch militärisch zu unterstützen. Am 26. Juli 1914 wurde die »Kriegsvorbereitungsperiode« proklamiert. Die Beschießung Belgrads und die Erklärung Bethmann Hollwegs, dass die Fortsetzung der russischen Kriegsvorbereitungen die deutsche Mobilmachung und einen Angriff zur Folge haben werde, stellten in Sankt Petersburg am 29. Juli die Weichen endgültig auf Konfrontation. Einen Tag später begann die Teilmobilmachung, am 31. Juli die Generalmobilmachung der russischen Armee. Der Automatismus von Aktion und Reaktion war jetzt nicht mehr aufzuhalten. Die deutschen Militärs forderten immer nachdrücklicher, Russland und Frankreich endlich den Krieg zu erklären. Schließlich basierte der deutsche Feldzugsplan auf dem Faktor Schnelligkeit. Kaiser Wilhelm II. hatte nach Erhalt der serbischen Antwortnote jedoch Zweifel am Konfrontationskurs, glaubte, dass nun »jeder Grund zum Kriege«[13] entfallen sei.

Erst am Abend des 30. Juli, als Moltke Informationen vorlegen konnte, nach denen die russische Teilmobilmachung umfangreicher war als anfangs vermutet,[14] beschloss die Reichsleitung, am Mittag des nächsten Tages, dem 31. Juli, den Zustand der drohenden Kriegsgefahr zu proklamieren und damit de facto die Mobilmachung zu beginnen. Alle hofften indes, dass *vorher* die Nachricht von der russischen Generalmobilmachung eintreffen würde und das Deutsche Reich sich so im In- und Ausland als Opfer russischer Aggression darstellen könnte. Man hatte Glück: Buchstäblich in letzter Minute erreichte den Reichskanzler am 31. Juli kurz vor 12.00 Uhr die ersehnte Nachricht. Zumindest innenpolitisch war damit eine günstige Ausgangslage für den Krieg gegeben.

Nun ging alles sehr schnell, und die Kriegserklärungen folgten rasch aufeinander. Am 1. August wurde die deutsche Generalmobilmachung verkündet, wenige Stunden später erklärte Deutschland dem Zarenreich den Krieg, um sogleich einen Vorwand für den Angriff auf dessen Bündnispartner Frankreich zu haben, dem man am 3. August den Krieg erklärte. Am 4. August begannen die deutschen Truppen ihren Angriff auf Belgien.

Unterdessen war der britische Außenminister Grey darum bemüht, Großbritannien in dem sich anbahnenden Krieg nicht abseits stehen zu lassen. Obgleich es keine bindenden vertraglichen Verpflichtungen gab, lag es doch in der Logik der britischen Außenpolitik seit der Ersten Marokkokrise, Frankreich im Falle eines deutschen Angriffs beizustehen und damit eine potentielle Hegemonie Berlins über den Kontinent zu verhindern. Die britische Öffentlichkeit und Politik waren im Juli 1914 allerdings auf den drohenden Bürgerkrieg in Irland fixiert und interessierten sich kaum für die dramatische Entwicklung auf dem Kontinent. Entsprechend ablehnend stand die Mehrheit des britischen Kabinetts einem Kriegseintritt gegenüber. Erst der deutsche Einmarsch in das neutrale Belgien spielte Grey die Argumente in die Hand, die er brauchte, um sein Land in den Krieg zu führen. Nachdem Berlin ein Ultimatum zur Räumung Belgiens unbeantwortet ließ, erklärte Großbritannien am Abend des 4. August Deutschland den Krieg.

In den Schaltzentralen der Macht waren die Weichen im Juli 1914 so gestellt, dass ein Zusammenprall sehr wahrscheinlich geworden war. Aber selbst wenn es jemandem gelungen wäre, in letzter Minute die Notbremse zu ziehen und den rasenden Zug kurz vor dem Abgrund noch zum Stehen zu bringen, wäre die Katastrophe wohl nur aufgeschoben worden. Ein glimpflicher Ausgang der Juli-Krise, gleich welches Szenario man dabei zugrunde legt, hätte kein Problem gelöst. Er hätte vermutlich nur den subjektiv empfundenen Handlungsdruck auf der einen oder der anderen Seite weiter verstärkt.

Wenngleich die deutsche und die österreichisch-ungarische Politik in der Juli-Krise einer defensiven Grundhaltung entsprangen, trug der Zweibund doch die Hauptverantwortung für den Ausbruch des Ersten Weltkrieges. Gewiss darf die Rolle der anderen Mächte, insbesondere Russlands, nicht außer Acht gelassen werden. Tatsache bleibt jedoch, dass Berlin und Wien gleichermaßen zum Krieg drängten. In Kenntnis der fatalen Folgen er-

Die Nachricht von der russischen Generalmobilmachung ließ das Deutsche Reich als Opfer der russischen Aggression dastehen. Historische Postkarte mit der Rede Wilhelms II.

scheint das Handeln der verantwortlichen Politiker und Militärs für den heutigen Betrachter als geradezu »absurd«[15]. Weder der österreichische Ministerrat noch die Reichsleitung machten sich ausreichende Gedanken über die Gefahren und Folgen eines großen Krieges. Sie verließen sich allzu blauäugig auf die optimistischen Versprechungen der Militärs, es werde sich um einen kurzen Krieg handeln. Insofern waren sie in erheblichem Maße für den Ausbruch der Kampfhandlungen mitverantwortlich.[16] Die maßgeblichen Entscheidungen trafen freilich nicht die Generäle, sondern die Politiker, die »eine aufs Militärische verengte Auffassung von Sicherheit akzeptiert hatten und einen Großmachtkrieg in Kauf nahmen«.[17]

3 Der Krieg

Österreichisch-ungarische Soldaten verabschieden sich von ihren Frauen. Es waren vor allem Angehörige des Bürgertums in den großen Städten Europas, die den Kriegsausbruch im August begeistert feierten.

Das Augusterlebnis

Im Hochsommer des Jahres 1914 entlud sich in Europa eine seit Jahren aufgebaute, zuweilen als unerträglich empfundene Spannung. Die Gegensätze zwischen den Machtblöcken hatten sich immer weiter verschärft, hinzu kamen die innenpolitischen Schwierigkeiten. Ob in Frankreich, Deutschland, Russland oder Österreich-Ungarn – viele sehnten einen militärischen Befreiungsschlag herbei, der die als bedrückend empfundenen Probleme des jeweiligen Landes auf einen Streich lösen und das eigene Volk in eine neue, bessere Zeit führen sollte. Der Krieg wurde daher euphorisch begrüßt. Allerdings hat die Begeisterung nicht das gesamte deutsche Volk in gleichem Maße erfasst. Zudem gilt es, verschiedene Phasen dieses »Augusterlebnisses«[1] zu unterscheiden.

Als die Nachricht von der Ablehnung des österreichisch-ungarischen Ultimatums am Abend des 25. Juli, einem Samstag, in Berlin bekannt wurde, bildeten sich spontan Gruppen von einigen Hundert bis zu einigen Tausend Personen, die unter lautstarkem Singen patriotischer Lieder wie »Die Wacht am Rhein«, »Deutschland, Deutschland über alles« oder »Gott erhalte Franz den Kaiser« durch die Straßen zogen. Insgesamt waren zirka 30 000 Menschen an den patriotischen Kundgebungen beteiligt – vor allem Angehörige des Bürgertums, insbesondere zahlreiche Studenten. Die Reichshauptstadt war auch in den folgenden Tagen der zentrale Schauplatz der Begeisterung. Der patriotische Freudentaumel konzentrierte sich vor allem in den großen Städten. In ländlichen Gebieten, Kleinstädten und den Grenzregionen wie dem Elsass oder Ostpreußen war er kaum zu beobachten. Hier dominierte eher die Angst vor den bevorstehenden Ereignissen. Die Teilnehmer an den Kundgebungen repräsentierten gewiss nicht den Querschnitt der deutschen Bevölkerung. Es dominierte das Bürgertum, somit jene Schicht, die sich wie keine zweite wünschte, dass Deutschland von der saturierten Großmacht zur allseits geachteten Weltmacht emporstieg. Der hohe Anteil junger Menschen lässt sich nicht zuletzt darauf zurückführen, dass die abendlichen Märsche oftmals karnevaleske und rabaukenhafte Züge annahmen, die für diese Gruppe einen besonderen Reiz ausstrahlten. Die Arbeiterschaft – das darf in diesem Zusammenhang nicht vergessen werden – beteiligte sich an dem frühen Begeisterungstaumel nicht. Im Gegenteil, die SPD organisierte im ganzen Land Antikriegsdemonstrationen – im Großraum Berlin nahmen am 28. Juli trotz eines offiziellen Verbotes rund 100 000 Menschen teil –, wobei unter Betonung des Feindbildes Russland durchaus herausgestellt wurde, dass man gewillt sei, im Notfall das Vaterland zu verteidigen.[2]

Als am 31. Juli die Nachricht von der russischen Mobilmachung Deutschland erreichte und der Zustand der drohenden Kriegsgefahr verkündet wurde, stieg die allgemeine Anspannung unerträglich an. Erneut kam es zu Umzügen, die dann am 1. August bei der Verkündung der Mobilmachung ihren Höhepunkt erreichten. In Berlin versammelten sich 40 000 bis 50 000 Menschen vor dem Stadtschloss, wo Kaiser Wilhelm II. in seiner berühmten Ansprache erklärte: »In dem jetzt bevorstehenden Kampfe kenne ich in meinem Volke keine Parteien mehr. Es gibt unter uns nur noch Deutsche. Und welche von den Parteien auch im Laufe des Meinungskampfes sich gegen mich gewandt haben sollten, ich verzeihe ihnen allen. Es handelt sich jetzt nur darum, dass alle wie Brüder zusammenstehen«.[3] Auch in den anderen großen Städten Deutschlands kam es zu Begeisterungsstürmen. Selbst eine Arbeiterstadt wie Oberhausen wurde hiervon erfasst. Gewiss stellte sich bei all den Aufmärschen und Jubelfeiern unter den Teilnehmern ein starkes Zusammengehörigkeitsgefühl ein. Von einem Einheitserlebnis des ganzen Volkes zu sprechen, würde aber den Bogen überspannen. Auch am 31. Juli und am 1. August blieb die Freude über den Kriegsausbruch vor allem eine Angelegenheit der Bürger in den großen Städten.

Der Auszug der eigenen Soldaten aus den Kasernen in Richtung Front entwickelte sich im Laufe des Augusts indes zu einem Volksfest, das alle Gesellschaftsschichten – auch die Arbeiter – ergriff. Der Dramatiker Ernst Toller, selbst Kriegsfreiwilliger, schrieb über das Ausrücken der Truppen an die Front: »Ja, wir leben in einem Rausch des Gefühls. Die Worte Deutschland, Vaterland, Krieg haben magische Kraft, wenn wir sie aussprechen, verflüchtigen sie sich nicht, sie schweben in der Luft, kreisen um sich selbst, entzünden sich und uns.«[4] In den ersten Tagen mag die Stimmung noch von Bangen und Hoffen durchdrungen gewesen sein. Doch nachdem am 7. August die ersten Siegesnachrichten eintrafen – irrtümlicherweise wurde der Fall von Lüttich gemeldet –, kannte die Begeisterung keine Grenzen mehr. Eine Siegesfeier folgte der anderen, wobei vielfach nur Falschmeldungen bejubelt wurden. Selbst in den Arbeitervierteln wehte die schwarz-weiß-rote Fahne, und man hörte an vielen Orten patriotische Lieder.

Die Aufregung erfasste auch die Intellektuellen, die sich in großer Zahl freiwillig an die Front meldeten und eine wahre Flut von literarischen Reflexionen produzierten. Kein Krieg zuvor und wohl auch keiner danach – so hat Michael Salewski zu Recht festgehalten – ist derart durch die Mühle der Denker und Dichter gedreht worden wie dieser.[5] Rund 260 000 Männer meldeten sich bis zum 11. August zum Kriegsdienst, 144 000 wurden in die Armee aufgenommen. Eine gewaltige Zahl, wenn man bedenkt, dass die Masse der männlichen Bevölkerung durch die Wehrpflicht bereits erfasst war und sich nur Personen unter 17 oder über 50 Jahren bzw. Angehörige der wenigen noch nicht einberufenen Reservedivisionen melden konnten. Die Freiwilligen kamen aus allen sozialen Schichten, das Bürgertum scheint allerdings die Mehrheit gestellt zu haben.[6]

Es bleibt festzuhalten, dass die deutsche Bevölkerung, ähnlich wie die Menschen in den anderen beteiligten Ländern,[7] ab Ende Juli 1914 von einer »Kriegsaufregung« erfasst worden war. Diese schlug sich nicht nur im Patriotismus und einer rational schwer erschließbaren überschwänglichen Freude über den bevorstehenden Waffengang nieder, sondern auch in Abenteuerlust, Panik oder stiller Sorge um die Zukunft. Angesichts der Vielfalt von Gefühlen und Wahrnehmungen kann man von »dem« Augusterlebnis »des« deutschen Volkes gewiss nicht sprechen. Allen Gemeinschaftsgefühlen zum Trotz hatten sich die gesellschaftlichen Identitäten nicht verändert. Indes ist unzweifelhaft, dass sich die patriotische Aufregung zumindest in den Städten vom Bürgertum auf weite Teile der Bevölkerung übertrug und man gerade im August einer bemerkenswert großen Zustimmung zum Krieg begegnete, deren Stellenwert erst im Vergleich zur gedrückten Stimmung im September 1939 deutlich wird.

Siegeshoffnungen: Die Feldzüge 1914

Nachdem es im Verlauf der Juli-Krise immer unwahrscheinlicher geworden war, den großen Krieg zu vermeiden, bemühte sich Reichskanzler Bethmann Hollweg mit allen Kräften darum, die diplomatische Ausgangslage für den Kampf so günstig wie möglich zu gestalten. Die frühzeitige russische Mobilmachung überzeugte die deutsche Bevölkerung, dass das Deutsche Reich ein Opfer zaristischer Aggression geworden war und man geschlossen das Vaterland verteidigen müsse. Die Situation war in den anderen Krieg führenden Ländern im Übrigen ähnlich. Alle fühlten sich im Hochsommer 1914 vom jeweils Anderen bedroht und angegriffen, alle glaubten einen gerechten Verteidigungskrieg zu führen.

Die außenpolitische Lage des Deutschen Reiches war unterdessen wenig günstig. Italien hatte sich unter Berufung auf Österreich-Ungarns Verstoß gegen die Konsultationspflicht (Artikel VII des Dreibundvertrages) am 1. August für neutral erklärt, drei Tage später folgte Rumänien. Auch Bulgarien, das sich während der Balkankriege deutlich von seinem einstigen Vormund Russland distanziert hatte und seitdem eigene Wege in Richtung Zweibund gegangen war, blieb neutral. Die rasche Kriegserklärung Japans an das Deutsche Reich (23. August) – Tokio ließ sich die günstige Gelegenheit, seinen eigenen Machtbereich zu erweitern, nicht entgehen – sollte für den weiteren Kriegsverlauf in Europa ohne nennenswerte Folgen bleiben. Weit bedeutender war hingegen, dass die Türkei auf der Seite der Mittelmächte in den Krieg eintrat.[8]

Der Erste Weltkrieg war somit zunächst ein Kampf des Zweibundes und der Türkei gegen die Triple-Allianz (Frankreich, Russland, Großbritannien), Serbien und Belgien. Das militärische Kräfteverhältnis spiegelte deutlich die numerische Überlegenheit der Alliierten wider. Das deutsche Kriegsheer umfasste einschließlich der Ersatzformationen 2398000 Mann. Österreich-Ungarn konnte 1421000 Mann aufbieten, Frankreich 1867000 und Russland 3420000.[9] Großbritannien schickte eine

Expeditionsstreitmacht von sechs Divisionen mit rund 110 000 Mann nach Frankreich. Im August 1914 standen insgesamt 5 856 000 Soldaten der Entente 3 547 000 Soldaten der Mittelmächte gegenüber.[10]

Im Sommer 1914 traten Armeen des 19. Jahrhunderts an, um einen Krieg des 20. Jahrhunderts zu führen – und sie sollten hieran mehr oder weniger scheitern. Hauptträger des Kampfes war die Infanterie; die noch weit verbreitete Kavallerie wurde als wichtiges Aufklärungsmittel angesehen. Das Maschinengewehr war noch nicht sehr weit verbreitet. So verfügte jedes deutsche Regiment nur über sechs schwere Maschinengewehre. Die Truppen waren praktisch nicht motorisiert, die Infanterie bewegte sich ausschließlich zu Fuß. Für die Logistik und das Verschieben von Truppen hatte die Qualität der Eisenbahnverbindungen eine zentrale Bedeutung. Die Kommunikationsmittel Telegraf und Telefon waren zwar vorhanden, jedoch nur in sehr geringen Stückzahlen. Für die bevorstehenden Kämpfe bedeutete dies, dass die vorhandene Waffentechnik die Verteidigung begünstigte, zumal die Mittel des modernen Bewegungskrieges – Panzer, Lkw, Flugzeug – den Generälen des Ersten Weltkrieges insbesondere in der frühen Phase noch nicht in ausreichender Qualität und Quantität zur Verfügung standen.

Ungeachtet der Erfahrungen des russisch-japanischen Krieges von 1904/05 und der hier unter Beweis gestellten verheerenden Wirkung neuer Waffen – wie etwa des Maschinengewehrs – herrschte in Europa das Primat der Offensive. Die Generalstäbe aller Großmächte hofften, mit wuchtigen Angriffsoperationen ihre Gegner schnell besiegen zu können. So starteten die Kriegsparteien im August 1914 an allen Fronten Großangriffe. Der Kriegsplan des deutschen Generalstabschefs Helmuth von Moltke basierte auf den später mehrfach überarbeiteten Überlegungen seines Vorgängers Alfred Graf von Schlieffen.[11] Unter Entblößung der Ostfront sollten zunächst alle Kräfte auf den stärkeren Gegner Frankreich geworfen werden, um diesen niederzuringen, bevor die russische Armee – durch die vermeintlich langsame Mobilmachung behindert – gegen Ostdeutschland vorgehen konnte. Moltke hatte alles auf eine gewaltige Entscheidungsschlacht hin ausgerichtet: Die deutschen Truppen sollten durch Belgien nach Nordfrankreich vorstoßen, die alliierten Verbände vernichten und Frankreich binnen weniger Wochen zu Boden werfen. Schon diese Ausrichtung ignorierte die Erfahrungen aus dem deutsch-französischen Krieg von 1870/71, der auch nach der raschen Vernichtung der Masse des französischen Feldheeres noch lange nicht beendet war. Moltke d. J. hielt den kurzen Vernichtungskrieg dennoch für durchführbar. Während sieben Armeen im Westen die schnelle Entscheidung herbeiführen sollten, blieb zum Schutz Ostpreußens nur eine Armee mit neun Divisionen zurück, und Schlesien wurde lediglich von einem Korps Landwehreinheiten gesichert. Moltke hoffte darauf, dass es der österreichisch-ungarischen Armee gelingen werde, die russischen Divisionen vorerst in Schach zu halten. Der österreichisch-ungarische Generalstabschef Conrad von Hötzendorf erkannte indes zu spät, dass er die Hauptlast im Kampf gegen das Zarenreich würde tragen müssen und schickte die Masse seiner Truppen an die serbische Front. Alles in der Hoffnung, dass Moltke die Zusage der Entlastungsoffensive der 8. Armee aus Ostpreußen Richtung Südosten einhalten und außerdem die Masse seines siegreichen Westheeres bald im Osten erscheinen würde.[12]

Der deutsche Angriff im Westen begann gleich mit einem Misserfolg: Die geplante handstreichartige Eroberung der Festung Lüttich scheiterte, da die Belgier unerwartet harten Widerstand leisteten. Das letzte Fort fiel erst am 16. August. Erst jetzt war der Weg für den äußersten rechten Flügel des deutschen Angriffskeils endgültig frei, die belgischen Truppen wurden schrittweise auf die Festung Antwerpen zurückgedrängt. An der belgisch-französischen Grenze stießen die deutschen Divisionen dann auf französische und britische Verbände, deren Widerstand nur unter hohen beiderseitigen Opfern gebrochen werden konnte.

Die deutschen Truppen hatten überdies bald damit zu kämpfen, dass die belgischen und französischen Einheiten auf ihrem Rückzug systematisch Eisenbahnbrücken und -tunnel zerstörten. Infolge der sich rasch verlängernden Versorgungswege stockte der eigene Nachschub. Noch gravierender war allerdings, dass der Obersten Heeresleitung (OHL) die Führung der einzelnen Armeen Ende August vollkommen entglitten war. Das Große Hauptquartier, inzwischen von Koblenz nach Luxemburg verlegt, konnte nur noch auf dem wenig leistungsfähigen Funkweg mit den Frontverbänden kommunizieren. Ende August war der Generalstabschef über den genauen Verlauf der Angriffsoperationen nicht mehr im Bilde – es war ein Abgesang der Feldherrenkunst.

Der französische Generstabschef Joseph Joffre verstand es unterdessen, den zunehmend zerfaserten deutschen Angriff an der Marne zurückzuschlagen. Damit war bereits am 9. September 1914, fünf Wochen nach Kriegsbeginn, die deutsche Offensive im Westen gescheitert, auch wenn dies zu diesem Zeitpunkt kaum jemandem bewusst gewesen ist. Helmuth von Moltke hielt dem nervlichen Druck der Krise allmählich nicht mehr stand. Von vornherein unsicher, zögernd und pessimistisch eingestellt, war er nun mit seinem Latein am Ende und erlitt am Abend des 14. September einen Nervenzusammenbruch. Erich von Falkenhayn übernahm daraufhin die Geschäfte des Generalstabschefs. Moltke blieb pro forma noch bis zum 3. November 1914 in seinem Amt, um nicht kurz nach der Marneschlacht durch seinen Rücktritt öffentliches Aufsehen zu erregen.[13]

Zwischen der Schweizer Grenze und der Oise gingen beide Kriegsparteien im Verlauf des Septembers überall zur Verteidigung über und gruben sich ein. Drahtverhaue wurden angelegt, Schützengräben ausgehoben, die Front erstarrte im Stellungskrieg. Der Raum zwischen Oise und dem Kanal war bislang von Kämpfen ausgenommen worden. Hier sah nun jede Seite die Chance, dem Gegner in den Rücken zu fallen. Beide Parteien hatten somit dieselbe Idee, ein Überraschungsmoment gab es nicht mehr, ein eindeutiges und schlachtentscheidendes Übergewicht ebenso wenig. Nach harten Kämpfen erreichten deutsche Truppen Mitte Oktober bei Nieuport die Kanalküste. Fast ganz Belgien war damit in deutscher Hand. Die belgische Armee war jedoch nach Westen entkommen und verstärkte die Reihen der Alliierten. Falkenhayn gab sich mit diesem Teilerfolg der deutschen Truppen nicht zufrieden. Er wollte bis zur Einstellung der Angriffsoperationen auf jeden Fall noch den Pas de Calais in seine Hand bringen und setzte vier von sechs Reserve-Korps ein, die im August aus ungedienten Freiwilligen hastig aufgestellt worden waren. Die Opferung dieser jungen Soldaten wurde später als patriotischer Akt verklärt und begründete den Mythos von Langemarck. Der Heeresbericht vom 11. November 1914 meldete, dass eigene Truppen »Deutschland, Deutschland über alles singend« gegen die britischen Stellungen angestürmt seien. In Adolf Hitlers »Mein Kampf« sollte sich später eine ähnliche Darstellung finden.[14] Solche Fälle mögen vereinzelt vorgekommen sein, der Gesang scheint jedoch eher der Freund-Feind-Erkennung der sich in Nacht und Gelände verirrten Soldaten gedient zu haben.[15] In Wahrheit war der Tod tausender Kriegsfreiwilliger nicht in nationales Pathos gekleidet. Sie starben stumm und sinnlos auf den Feldern Flanderns.

Im November 1914 war der deutsche Angriff im Westen endgültig gescheitert. Der Bewegungskrieg war nun an der ganzen Front in einen Stellungskrieg übergegangen. Im Dreck der Schützengräben verflog die anfängliche Euphorie der Soldaten sehr bald. Der Krieg hatte sein grausames Gesicht gezeigt. Er ließ keinen Platz für ein verklärt romantisches Soldatenleben. Das Individuum ging im industriellen Massenkrieg unter, wurde zur anonymen Beute des Krieges. Es gab kein ehrenvolles Duell mit dem Feind, keine heldenhaften Attacken mit flatternden Fahnen. Die gelegentlichen Verbrüderungsszenen, die es insbesondere in den Weihnachtstagen 1914 an der Westfront zwischen deutschen und alliierten Soldaten gab, waren seltene Episoden der Menschlichkeit in einem erbitterten Kampf auf Leben und

Tod.[16] Die Wirklichkeit war bestimmt durch den verzweifelten Versuch, im feindlichen Geschosshagel zu überleben. Die Soldaten waren oft gezwungen, in der kalten und schlammigen Erde tatenlos auszuharren, ohne den Feind überhaupt zu Gesicht zu bekommen.[17]

Als die deutschen Truppen am 4. August die deutsch-belgische Grenze überschritten, grassierte in Deutschland bereits eine von der Presse kräftig angeheizte Spionagepsychose – ein typisches Phänomen des Ersten Weltkrieges, das in fast allen beteiligten Staaten zu finden war.[18] Allerorts suchte man nach gar nicht vorhandenen feindlichen Agenten, die vermeintlich im Begriff waren, das Trinkwasser der Städte zu vergiften und dreiste Sabotageakte zu verüben. Die ersten Meldungen über Gräueltaten an den in Belgien lebenden Deutschen und der unerwartete Widerstand belgischer Truppen bewirkten, dass sich die Hysterie auf die deutschen Soldaten übertrug, die nach Westen marschierten. Die belgische Armee wich einer großen Entscheidungsschlacht aus, zog sich nach der Verteidigung von Lüttich schrittweise zurück und wendete oftmals eine Guerillataktik an. Die Verkehrswege wurden zerstört, Scharfschützen und kleine bewegliche Abteilungen attackierten deutsche Marschkolonnen und zogen sich nach kurzem Feuergefecht wieder zurück, ohne dass man ihrer habhaft werden konnte. So unternahm die Besatzung des abgeschnittenen Forts Loncin bei Lüttich mehrfach Ausfälle gegen vorbeimarschierende deutsche Truppen. Auf deutscher Seite machte man die belgische Zivilbevölkerung für diese Vorfälle verantwortlich. Die Erinnerung an die französischen Freischärler aus dem Krieg von 1870/71 war bei den Soldaten und Offizieren noch lebhaft präsent. Die Belgier wurden als ein heimtückisches Volk betrachtet, das nur darauf wartete, dem deutschen Grenadier bei Nacht und Nebel die Kehle durchzuschneiden. Entsprechende Gerüchte von überfallenen und verstümmelten Sanitätern und Verwundeten verbreiteten sich in Windeseile. Nach den unerwartet harten Kämpfen bei Lüttich war die deutsche Führung fest entschlossen, jeden Ansatz von Widerstand

Der Verlauf der Westfront im Ersten Weltkrieg.

mit Brachialgewalt zu ersticken. Am 12. August ordnete Moltke völkerrechtswidrig an, dass jeder, der in irgendeiner Weise unberechtigt an der Kriegshandlung teilnahm, als Freischärler zu behandeln und sofort standrechtlich zu erschießen sei.[19] Nunmehr blieb es den übernervösen Soldaten überlassen, wen sie als Franktireur betrachten und somit füsilieren konnten. In den beiden letzten Augustwochen erreichte die Aufregung ihren Höhepunkt. Zahlreiche kleinere und größere Massaker an der Zivilbevölkerung ereigneten sich. Das bekannteste fand am Abend des 25. August 1914 in Löwen statt. Der eigentliche Anlass ist bis heute nicht restlos geklärt. Vermutlich kam es in der Dunkelheit versehentlich zum gegenseitigen Beschuss deutscher Truppen. Daraufhin wurde als Vergeltung für den vermeintlichen heimtückischen Guerillaüberfall ein Exempel statuiert: Weite Teile der Stadt, darunter die berühmte Universitätsbibliothek, wurden niedergebrannt und 248 Zivilisten getötet. Im Verlauf des September und Oktober fanden weitere Exzesse in Belgien statt.

Insgesamt sind 1914 rund 6500 Zivilisten und über 20000 Häuser diesem Wahn zum Opfer gefallen, der sich mit dem Erstarren der Front rasch auflöste.[20] Die deutsche Besatzungspolitik folgte in den kommenden Jahren weder im Westen noch im Osten diesem blutigen Pfad. Die ausufernde Gewalt war eine Folge der vollkommen überreizten Stimmung der ersten Kriegsmonate gewesen, nicht jedoch Ausdruck eines allgemeinen Vernichtungswillens.

Allerdings darf nicht vergessen werden, dass Belgien in den folgenden vier Jahren unter deutscher Herrschaft erhebliche Lasten zu tragen hatte. Die Ressourcen der belgischen Wirtschaft wurden rücksichtslos ausgebeutet, die Industriebetriebe hemmungslos geplündert, was unter anderem dazu führte, dass von 260000 belgischen Firmen nur 3013 den Krieg überstanden.[21] Noch härter erwies sich die deutsche Besatzung für die 2,1 Millionen Franzosen in Nordostfrankreich. Deren Ernährung musste bald das Comittee for Relief in Belgium, eine von den USA, Spanien und Holland getragene internationale Organisation übernehmen. Die Deutschen führten ein rigoroses Besatzungsregime und zögerten nicht, Zehntausende Franzosen als Zwangsarbeiter für die deutsche Kriegsmaschinerie heranzuziehen.[22]

Während Moltke im Sommer 1914 mit der Masse des deutschen Heeres versuchte, Frankreichs Armeen in einer gewaltigen Kesselschlacht zu vernichten, galt es im Osten, sich Russland so gut wie möglich vom Leibe zu halten, bis die Entscheidung im Westen gefallen war und der Zweibund danach auch das riesige russische Heer zerschlagen konnte.

Die russische Mobilmachung lief im Sommer 1914 viel schneller ab als erwartet. Bereits am 17. und 19. August begannen, nicht zuletzt auf französischen Druck, zwei russische Armeen von Osten und von Süden her den konzentrischen Angriff auf Ostpreußen. Sie waren der 8. Armee unter Generaloberst Maximilian von Prittwitz und Gaffron zahlenmäßig um mehr als das Doppelte überlegen. Von einer Entlastungsoffensive zugunsten der Österreicher konnte angesichts dieser Lage überhaupt keine Rede mehr sein. Es ging nur darum, die angreifenden Russen irgendwie aufzuhalten. Prittwitz beurteilte die Chancen für eine erfolgreiche Verteidigung von vornherein als sehr schlecht und spielte trotz einiger Anfangserfolge ständig mit dem Gedanken, sich hinter die Weichsel zurückzuziehen und Ostpreußen aufzugeben.

Moltke erkannte, dass Prittwitz nicht die erforderliche Nervenstärke besaß,[23] um die gefährliche Situation zu meistern. Er reaktivierte daher den seit 1911 im Ruhestand befindlichen General Paul von Beneckendorff und von Hindenburg als neuen Oberbefehlshaber und stellte ihm mit Generalmajor Erich Ludendorff einen überaus befähigten Generalstabschef zur Seite.[24] Als die neue Armeeführung sich am 23. August in der Marienburg zur ersten Lagebesprechung traf, stand fest, dass man die beiden feindlichen Armeen nacheinander schlagen musste, wollte man überhaupt eine Chance gegen die russische Übermacht haben. Mit Ausnahme einer Kavallerie-Division wurden alle Verbände gegen die von Süden vorrückende russische Narew-Armee konzentriert. Der deutschen Seite kam bei diesem äußerst gewagten Unternehmen zugute, dass die Russen wichtige Nachrichten unverschlüsselt per Funk übermittelten und der Stab der 8. Armee ihnen daher in die Karten schauen konnte. Der deutsche Plan gelang: Die 2. Russische Armee wurde zwischen dem 26. und 30. August eingekesselt und vernichtet. 92 000 Gefangene wurden gemacht, 350 Geschütze erbeutet. Der russische Oberbefehlshaber, General Alexander Samsonow, beging Selbstmord. Ludendorff hat diese Schlacht nach dem nahe liegenden Tannenberg benannt – in bewusster Anspielung auf die Niederlage des Deutschen Ritterordens gegen ein polnisch-litauisches Heer im Juli 1410. Die Vernichtung der russischen Narew-Armee an historischem Ort begründete den Tannenberg-Mythos, der Hindenburg zeitlebens zu einer nationalen Vaterfigur erhob und dem Gespann Hindenburg-Ludendorff die Aura unbesiegbarer Feldherren verlieh. Ohne den Sieg bei Tannenberg wäre ihr politischer Aufstieg ab 1916, der Deutschland in vielerlei Hinsicht prägen sollte, nicht denkbar gewesen.[25]

Gewiss hat dieser Erfolg genau zum richtigen Zeitpunkt den russischen Druck auf die Hintertür Deutschlands erheblich gemindert. Dies kann jedoch nicht darüber hinwegtäuschen, dass es sich nicht um einen strategisch bedeutsamen Sieg handelte. Die russische Armee war noch lange nicht geschlagen. Anfang September gelang es dann mit Truppen, die aus Frankreich abgezogen worden waren, auch die russische Njemen-Armee unter General Paul Edler von Rennenkampf zu besiegen. In der Schlacht an den Masurischen Seen vom 8. bis zum 15. September verloren die Russen noch einmal rund 100 000 Mann, davon 30 000 Gefangene.[26]

So erfolgreich die Verteidigung Ostpreußens verlief, so katastrophal gestaltete sich zur gleichen Zeit die Kriegführung Österreich-Ungarns. Ein Vergleich der beiden Bündnispartner konnte kaum unterschiedlicher ausfallen: Mit unterlegenen Kräften war es Hindenburg gelungen, die Bedrohung Ostpreu-

Nach der erfolgreichen Verteidigung Ostpreußens unter Hindenburgs Führung gingen Zehntausende russische Soldaten in deutsche Gefangenschaft.

ßens zu beseitigen, dabei zwei feindliche Armeen weitgehend zu zerschlagen sowie im Herbst 1914 die Russen aus Westpolen zu vertreiben. Das österreichisch-ungarische Heer hingegen verlor in den ersten fünf Monaten des Ostfeldzuges knapp 700 000 Mann, ohne nennenswerte Erfolge errungen zu haben.[27]

Die Bilanz des Jahres 1914 war für sämtliche Kriegsparteien desolat. Alle hatten gehofft, mit mächtigen Offensiven ihre Gegner in kurzen und ruhmreichen Feldzügen niederzuwerfen und noch vor Weihnachten wieder zu Hause zu sein. Die Soldaten konnten das Fest, soweit sie die monatelangen schweren Kämpfe überlebt hatten, jedoch nicht in den heimischen Stuben verbringen, sondern saßen in den kalten und nassen Schützengräben an der Front. Alle Generalstäbe – mit Ausnahme des serbischen – mussten schmerzvoll erkennen, dass ihre Planungen allzu optimistisch gewesen waren und eine Entscheidung nirgendwo erzwungen werden konnte. Die einfachen Soldaten hatten hüben wie drüben tapfer gekämpft und – nicht zuletzt getragen von der nationalen Begeisterungswelle – alles Menschenmögliche gegeben. Sie waren jedoch allzu oft von einer gewissenlosen Führung in den Tod geschickt worden.

Im deutschen Fall offenbarte der Westfeldzug in eklatanter Weise eine Führungsschwäche im Heer. Wie sehr hatten sich die Verhältnisse seit den Einigungskriegen gewandelt: Der Generalstab konnte bei weitem nicht an die militärischen Leistungen der Jahre 1866 und 1870/71 anknüpfen, so dass man auf dem Höhepunkt der Schlacht den operativ kühl handelnden Franzosen unterlegen war. Bei einer entschlosseneren Führung wäre ein großer deutscher Erfolg im Westen vielleicht möglich gewesen. Indes reichten die logistische Grundlage – insbesondere in Anbetracht der Zerstörungen am eroberten Eisenbahnnetz – und die Beweglichkeit der eigenen Verbände für den erhofften großen Schlag, der mit einem Streich den Krieg im Westen beenden sollte, nicht aus. Die Vorstellung einer alles entscheidenden Vernichtungsschlacht war nicht mit den Realitäten des Jahres 1914 zu vereinbaren und entsprang dem Wunschdenken eines in die strategische Sackgasse geratenen Generalstabes. Diese Erkenntnis sollte allerdings nicht den Blick darauf verstellen, dass zumindest ein operativer Erfolg, mit gewiss nicht unerheblichem Einfluss auf den weiteren Verlauf des Krieges, durchaus im Bereich des Möglichen lag.

Doch diese strategischen Überlegungen können nicht über die große Zahl der Opfer hinwegtäuschen. Die Kämpfe des Jahres 1914 forderten von allen Armeen einen gewaltigen Blutzoll. Das Deutsche Reich hatte rund 800 000 Mann verloren, davon 116 000 Gefallene. Zum Vergleich: Im Krieg gegen Frankreich 1870/71 waren »nur« 45 000 deutsche Soldaten gefallen. Damit waren die ersten fünf Monate der Kämpfe die verlustreichsten des ganzen Krieges. 14 Prozent aller im Ersten Weltkrieg gefallenen deutschen Soldaten starben in der Zeit von August bis Dezember 1914.[28]

Die Ausfälle der Alliierten waren ebenfalls enorm. Das britische Expeditionskorps verlor fast 90000 Mann. Mit 110000 Soldaten war es im August 1914 angetreten.[29] Die französische Armee büßte bis Ende November 454000 Mann ein.[30] Exakte Verlustzahlen für die russische Armee liegen nur für die Phase bis zum 1. Mai 1915 vor, also inklusive der Winterschlachten 1914/15. Demnach verloren die Russen in den ersten neun Monaten des Krieges 1984000 Mann, davon 764000 Gefangene.[31] So riesig die Verluste der europäischen Armeen auch erscheinen mögen, mit Ausnahme der k.u.k. Armee war keine Streitmacht nachhaltig geschwächt. So verfügte das Deutsche Reich noch über erhebliche Reserven und konnte auf zwei Millionen ausgebildete Reservisten und drei Millionen nicht ausgebildete junge Männer zurückgreifen.[32]

Der neue Chef der deutschen OHL, Erich von Falkenhayn, erscheint mit Blick auf den Einsatz kaum ausgebildeter Reservedivisionen im Herbst 1914 und vor allem aufgrund des von ihm 1916 befohlenen Angriffs auf Verdun als ein den militärischen Realitäten vollends entrückter Feldherr. Dabei darf nicht übersehen werden, dass er im November 1914 erstaunlich weitreichende politische Schlussfolgerungen aus der festgefahrenen Lage zog. Ihm war vollauf bewusst, dass der ursprüngliche Kriegsplan gescheitert war, und er machte sich keine Illusionen über die allgemeine Lage Deutschlands: Im Westen waren alle Durchbruchsversuche gescheitert, im Osten schien es kaum möglich zu sein, die russische Armee in der Weite des Raumes vernichtend zu schlagen. Ein militärischer Sieg war somit nahezu unerreichbar. Am 18. November 1914 klärte Falkenhayn Reichskanzler Bethmann Hollweg über den Ernst der Lage auf: »So lange Rußland, Frankreich und England zusammenhielten, sei es uns unmöglich, unsere Gegner so zu besiegen, daß wir zu einem anständigen Frieden kämen. Wir würden vielmehr Gefahr laufen, uns langsam zu erschöpfen. Entweder Rußland oder Frankreich müsse abgesprengt werden. Gelingt es, was in erster Linie anzustreben sei, Rußland zum Frieden zu bringen, so würden wir Frankreich und England so niederzwingen können, daß wir den Frieden diktieren, selbst wenn die Japaner über See nach Frankreich kämen und wenn England immer neue Nachschübe ins Feld schickte. Es sei aber mit Sicherheit zu erwarten, daß, wenn Rußland Frieden machte, auch Frankreich klein beigäbe. Dann würden wir England, wenn es uns nicht völlig zu Willen wäre, dadurch niederzwingen, daß wir es gestützt auf Belgien durch Blockade aushungerten, auch wenn dazu Monate erforderlich sein sollten.«[33]

Falkenhayn schätzte die Situation des Reiches erstaunlich realistisch ein. Doch Bethmann Hollweg wollte von den Forderungen nach einem Separatfrieden mit Russland und Frankreich nichts wissen, da dies den Verzicht auf jegliche Annexionen im Osten bedeutet hätte. Deutschland war noch immer in fester Erwartung eines baldigen Sieges, und auch der Kanzler glaubte, dass es doch noch möglich sei, die eigenen Kriegsziele zumindest teilweise durchzusetzen. Die deutsche Politik war Ende 1914 zur Rückkehr zum Vorkriegsstatus – dies bedeutete Falkenhayns Vorschlag auf jeden Fall für den Osten – nicht bereit. Der Reichskanzler hielt sich in dieser Situation lieber an Hindenburg und Ludendorff, die an die Möglichkeit einer militärischen Entscheidung zugunsten Deutschlands glaubten. Damit ergab sich die einmalige Situation, dass die Politik in ihren Kriegszielvorstellungen den Generalstabschef übertraf – eine Konstellation, die sich insbesondere ab 1916 radikal verändern sollte.

Falkenhayns nüchterne Lageanalyse ist zweifellos ein für die deutsche Generalität überaus bemerkenswertes Dokument. Doch selbst wenn Bethmann Hollweg auf seine Vorschläge eingegangen wäre, hätte der von Falkenhayn skizzierte Ausweg nicht zum gewünschten Ziel führen können. Die Alliierten hatten am 5. September 1914 vereinbart, keinen Separatfrieden abzuschließen, und insbesondere der Zar war gewillt, sich hieran zu halten. In Verkennung der eigenen Möglichkeiten formulierte er die umfangreichsten Kriegsziele der Entente. Es ging ihm vor allem darum, Deutschlands Stellung als Großmacht zu zerschlagen. Zeitweise hoffte er sogar auf ein Auseinanderbrechen des Deutschen Reiches als Folge des Krieges.[34] Dementsprechend war Nikolaus II. nicht bereit, mit den Mittelmächten zu verhandeln. Keine Nation zog Ende 1914 eine diplomatische Lösung des Konfliktes ernsthaft in Betracht, am wenigsten die Alliierten. Sie hatten den deutschen Angriff erfolgreich abgewehrt, und die Zeichen für 1915 standen günstig: Man würde die von der Blockade vermeintlich geschwächten, zahlen- und ressourcenmäßig unterlegenen Mittelmächte in die Zange nehmen. Der Hauptschlag sollte dabei an der Westfront gegen das Deutsche Reich erfolgen. Zudem galt es, Konstantinopel zu erobern und das Osmanische Reich aus dem Block der Mittelmächte herauszubrechen.

Falkenhayn blieb trotz Bethmann Hollwegs Absage an einen separaten Verhandlungsfrieden mit Russland nach wie vor auf den Westen fixiert. Dennoch konnte auch er sich angesichts der schwer angeschlagenen Österreicher der Notwendigkeit nicht verschließen, 1915 zunächst im Osten offensiv zu werden und die russische Bedrohung auszuschalten, um anschließend die Entscheidung im Westen zu suchen.

Vormarsch und Stellungskrieg: Das Kriegsjahr 1915

Das Jahr 1915 begann für die Mittelmächte mit einer militärischen Katastrophe: Die Donaumonarchie verlor in einer schlecht geplanten Karpatenoffensive rund 800 000 Mann und damit die letzten gut ausgebildeten Soldaten. Das Land war ab Frühjahr 1915 essentiell auf das Deutsche Reich angewiesen, um nicht von Russland zermalmt zu werden. Das militärische und entsprechend auch das politische Gewicht in der Koalition hatten sich damit schon nach wenigen Monaten spürbar verschoben.

Unterdessen gelang es der deutschen Ostarmee, im Februar 1915 den Russen in der Winterschlacht bei den Masurischen Seen eine weitere Niederlage beizubringen. 92 000 Soldaten konnten gefangen genommen werden. Dies war der vierte große Erfolg gegen die russische Armee binnen eines halben Jahres.[35] Aber was war damit erreicht worden? Man hatte die zaristischen Streitkräfte nach Osten abgedrängt, Westpolen erobert, Ostpreußen gesichert. Besiegt hatte man die Russen nicht. Dazu bedurfte es größerer Kräfte, die jetzt nach langem Drängen endlich von Falkenhayn zur Verfügung gestellt wurden, da weitere Rückschläge an der Ostfront im Hinblick auf deren außenpolitische Folgen unbedingt vermieden werden mussten. Italien neigte stark zum Kriegseintritt auf Seiten der Entente. Zudem witterte auch Rumänien die Chance auf eine leichte Beute in Siebenbürgen. Es gehörte somit nicht viel Phantasie dazu, die Pläne der Alliierten vorauszusagen: Die angeschlagene k. u. k. Armee sollte durch konzentrische Angriffe der Russen, der Serben und der Italiener endgültig vernichtet, die Donaumonarchie zum Frieden gezwungen und der Krieg dadurch entschieden werden. In dieser Situation mussten die Mittelmächte einen schnellen Erfolg gegen Russland erzielen, um die Neutralen aus dem Krieg herauszuhalten und Österreich-Ungarn zu stabilisieren.

Am 13. April entschloss sich Falkenhayn, im Westen Galiziens bei Gorlice-Tarnów rasch offensiv zu werden und hierfür Verstärkungen aus seiner strategischen Reserve zur Verfügung zu stellen. Anfang 1915 waren 14 neue Divisionen durch eine Umgliederung des Westheeres und die Zuführung neuer Rekruten gebildet worden, acht kamen nun im Osten zum Einsatz. Im Gegensatz zu den hastig und unzureichend ausgebildeten Ersatz-Korps, die im Herbst 1914 in Flandern verbluteten, besaßen diese Einheiten einen Grundstock an kampferfahrenen Soldaten.

Am Morgen des 2. Mai begann nach einem vierstündigen Trommelfeuer der frontale Angriff deutscher und österreichisch-ungarischer Truppen auf die russischen Stellungen. Nach wenigen Tagen heftiger Gefechte waren die Verteidigungsstellungen überrannt. Der örtliche Durchbruch konnte rasch ausgeweitet und der gesamte Frontabschnitt ins Wanken gebracht werden. Im Juni wurde Galizien zurückerobert. Der Schwerpunkt der deutschen Kriegführung lag jetzt eindeutig im Osten, wo man von Sieg zu Sieg eilte. Das Große Hauptquartier war daher bereits am 8. Mai von Luxemburg in das Schloss des Fürsten Pleß in Schlesien verlegt worden.

Die großen Erfolge haben zweifellos bewirkt, dass Rumänien neutral blieb. Der Kriegseintritt Italiens am 23. Mai 1915 ließ sich jedoch nicht mehr verhindern, da sich Rom bereits Ende April im Londoner Vertrag an die Entente gebunden hatte. Bulgarien war von dem Vorgehen Roms derart beeindruckt, dass es sich einem Feldzug gegen Serbien vorerst versagte. Falkenhayn tat somit gut daran, den Erfolg im Osten weiter auszubauen, zumal auch die Westfront den Angriffen der zahlenmäßig weit überlegenen Engländer und Franzosen trotzte und anderswo keine Gewinn bringenden Operationsmöglichkeiten vorhanden waren.

Obgleich der Zar die dänischen Friedensvermittlungen bislang zurückgewiesen hatte, setzten Falkenhayn und nunmehr auch Bethmann Hollweg auf einen Verständigungsfrieden mit Sankt Petersburg. Es kam somit darauf an, die russische Armee weiter zu schwächen und ihr die Offensivfähigkeit zu nehmen, um das Zarenreich aus der Entente herauszubrechen. Der Reichskanzler warnte daher davor, zu viel russisches Territorium zu besetzen, da das Land sonst in einen nationalen Verzweiflungskampf getrieben werden könne.

Am 13. Juli begann die zweite Phase der Offensive, in deren Verlauf der größte Teil Russisch-Polens, das sogenannte Kongresspolen, erobert wurde. Warschau konnte am 4. August 1915 kampflos besetzt werden. Nachdem es keinerlei Anzeichen für eine russische Friedensbereitschaft gab, wurde der Angriff weiter fortgesetzt. Man eroberte Kurland und Litauen und drang weit nach Osten bis auf die Höhe der Pripjet-Sümpfe vor. Ende September aber war die Angriffswucht erlahmt. Die viermonatige Sommeroffensive war der größte deutsche militärische Erfolg des Ersten Weltkrieges. Man hatte das russische Heer schwer angeschlagen: Zwischen Mai und September verlor es

2386000 Mann, davon 976000 Gefangene.[36] Den optimistischen Zukunftsprognosen Sankt Petersburgs wurde ein mächtiger Dämpfer verpasst. Deutlich regte sich innenpolitischer Widerstand am Kriegskurs des Zaren. Auch ein Koloss wie Russland konnte solche Verluste nicht ohne Folgen verkraften. Allerdings: Vernichtet war die Widerstandskraft des Landes noch immer nicht, zumal sich die russische Armee mit ihrem raschen Rückzug aus dem Weichselbogen der drohenden Einkesselung hatte entziehen können. Die personellen Reserven Russlands waren so groß, dass die Armeestärke trotz der enormen Verluste bis November 1915 sogar um eine Million auf 4,9 Millionen Mann anstieg.[37] Die Qualität der russischen Armee sank freilich rapide ab.[38]

Nach Einstellung der erfolgreichen Ostoffensive verfügte die Oberste Heeresleitung endlich über die notwendigen Kräfte, um den seit langem geplanten Feldzug gegen Serbien in Angriff zu nehmen. 1914 waren drei Offensiven Österreich-Ungarns unter schweren Verlusten gescheitert. Jetzt wollte sich Falkenhayn endlich dem ursprünglichen Brandherd zuwenden, Serbien niederwerfen und erst dann den Schwerpunkt wieder in den Westen verlagern. Das vorrangige Ziel war die Herstellung einer Landverbindung in den Nahen Osten, um dem Osmanischen Reich moderne Waffen liefern zu können. Bislang war es der türkischen Armee zwar mit Mühe gelungen, die alliierten Angriffsunternehmen zur Öffnung der Dardanellen abzuweisen. Nunmehr brauchte sie aber dringend deutsches und österreichisches Kriegsmaterial, um weiterhin eine aktive Rolle in diesem Krieg spielen zu können.

Nach den schweren russischen Niederlagen war Bulgarien endlich bereit, auf Seiten der Mittelmächte in den Krieg einzutreten. Im Juli 1915 wurden entsprechende Gespräche aufgenommen. Nach zähen Verhandlungen konnte am 6. September 1915 eine Militärkonvention zwischen den drei Ländern unterzeichnet werden. Der Weg für den Angriff auf Serbien war damit frei.

Am 6. Oktober 1915 schlugen deutsche und österreichisch-ungarische Divisionen unter dem Kommando von Generalfeldmarschall August von Mackensen und seinem Stabschef Hans von Seeckt los und drängten die zahlenmäßig weit unterlegenen serbischen Streitkräfte rasch zurück. Bulgarien beteiligte sich im Hinblick auf die Haltung Griechenlands erst ab dem 14. Oktober am Feldzug. Anfang November war Serbien in der Hand der Mittelmächte. Etwa die Hälfte der 290 000 serbischen Soldaten konnte sich an die montenegrinische und albanische Küste retten und wurde von den Alliierten nach Korfu überführt, reorganisiert und später bei Saloniki eingesetzt.

Die Niederwerfung Serbiens war ohne Zweifel ein weiterer wichtiger Erfolg für die Mittelmächte, der seine Wirkung auf das neutrale Rumänien wie auf die verbündete Türkei nicht verfehlte. Endlich war die Landverbindung nach Konstantinopel hergestellt. Der von Friedrich Naumann und Teilen der deutschen Publizistik so wirkungsvoll propagierte Gedanke eines Viermächteblocks von Berlin bis nach Bagdad[39] erhielt erst jetzt richtige Gestalt. Allerdings gab es noch immer eine Front auf dem Balkan. Die Alliierten hatten Anfang Oktober 1915 Truppen nach Saloniki entsandt, um die Serben zu unterstützen. Das formal neutrale Griechenland wurde schwer bedrängt, in den Krieg einzutreten. Der deutschfreundliche König Konstantin I., ein Schwager Wilhelms II., schaffte es nur mit Mühe, gegen den Widerstand seines Premierministers Elentherios Venizelos, dies zu verhindern. Gegen die Anwesenheit der alliierten Truppen konnte er jedoch nichts unternehmen. Es gab also auch nach dem Sieg über Serbien noch einen alliierten Brückenkopf im Norden Griechenlands, den Conrad von Hötzendorf mit einem Angriff am liebsten sofort beseitigt hätte. Falkenhayn war mit der erreichten Situation jedoch zufrieden, zumal die Bulgaren einen recht wirkungsvollen Schutzschild gegen den Saloniki-Brückenkopf bildeten. Er beließ nur zwei deutsche Divisionen an dieser Front und zog alle anderen Einheiten nach Frankreich ab. Nach erfolgreicher Bereinigung der Bedrohung im Osten und Südosten wollte Falkenhayn hier 1916 mit allen verfügbaren Kräften noch einmal versuchen, den Krieg militärisch zu entscheiden.

Solange der Schwerpunkt der deutschen Kriegführung 1915 im Osten lag, musste man notgedrungen in Kauf nehmen, dass Briten und Franzosen im Westen eine deutliche zahlenmäßige Überlegenheit aufbauen konnten (zu Jahresbeginn 2,45 Millionen gegen 1,9 Millionen Mann). Großbritannien erweiterte zudem seine Streitkräfte von den bescheidenen sechs Divisionen des Sommers 1914 auf über 50 Divisionen. Dabei bestand noch nicht einmal die Notwendigkeit, die Wehrpflicht einzuführen, da sich bis zum 12. September 1914 bereits 480 000 Männer freiwillig zu den Fahnen gemeldet hatten.[40]

Als zentrales Problem aller Kriegsparteien, insbesondere an der Westfront, erwies sich seit 1915, dass es unmöglich war, die feindlichen Stellungen zu durchbrechen und den Bewegungskrieg wieder aufzunehmen. Ende 1914 hatten sich Alliierte und Deutsche in die Erde eingegraben, um Schutz gegen das feindliche Feuer zu finden. So entstanden tiefgestaffelte Schützengrabensysteme. Die dichten Drahtverhaue und der Geschosshagel der Maschinengewehre und der Artillerie machten es der stürmenden Infanterie fast unmöglich, diese Stellungen einzunehmen. Und wenn es einmal gelang, in die vordersten Gräben einzubrechen, sahen sich die dezimierten und erschöpften Angreifer bald heftigen Gegenangriffen ausgesetzt. Bevor der Panzerwagen – aus Gründen der Tarnung von den Engländern »Tank« genannt – 1918 in größerer Stückzahl eingesetzt wurde, versuchte man hüben wie drüben mit einer immer gewaltigeren Konzentration an Artillerie und Infanterie bzw. einer immer feiner abgestimmten Zusammenarbeit von Geschützfeuer und Infanterieangriff den Durchbruch zu erzwingen. Trotz gewisser Fortschritte gab es indes bis 1918 kein wirkliches Erfolgsrezept. Und obgleich Hunderttausende Soldaten in den immer neu heranbrechenden Angriffswellen umkamen, hielten die Generalstäbe an ihrer Überzeugung vom strategischen Primat der Offensive eisern fest.

General Sir John French, der Oberkommandierende der Britischen Expeditionsstreitkräfte in Frankreich (BEF), und General Joseph Joffre, der französische Generalstabschef, glaubten, dass es bei ausreichender Konzentration von Artillerie der Infanterie gelingen könne, die feindlichen Verteidigungsstellungen zu durchbrechen und die Deutschen vom eigenen Territorium zu vertreiben. Dass man angreifen müsse, war somit klar; wo dies zu geschehen habe, war allerdings heftig umstritten. Ähnlich wie bei den Mittelmächten an der Ostfront gab es bei den Alliierten im Westen keinen gemeinsamen Oberbefehlshaber. Briten und Franzosen konnten mal mehr, mal weniger ihre jeweiligen Prioritäten durchsetzen. Eine Koordination der militärischen Operationen ließ sich nur durch die Absprache der beiden Oberbefehlshaber erreichen und war daher von deren »Goodwill« zur Zusammenarbeit abhängig. Das Hauptproblem war neben dem überaus schwierigen persönlichen Verhältnis der Spitzenmilitärs – etwa zwischen French und Joffre –, dass die Franzosen die Deutschen aus ihrem Land zu drängen gedachten, während die Briten vielmehr die belgische Küste zurückerobern wollten, um die dortigen deutschen U-Boot-Stützpunkte auszuschalten. Die Franzosen hatten im Bündnis allerdings das größere Gewicht, weil sie weit mehr Soldaten stellten als die Briten und weil diese auch nicht riskieren wollten, mit einer allzu egoistischen Kriegführung Frankreich zu brüskieren. So ist es zu erklären, dass sich die britische Rolle in diesem Krieg von vorangegangenen Konflikten mit kontinentalen Gegnern deutlich unterschied: Paris verpflichtete London dazu, selbst mit großen Truppenmassen auf dem Hauptkriegsschauplatz aktiv zu werden und seine Rolle nicht auf Marineoperationen und Landungsunternehmen an der Peripherie zu beschränken.

Im Februar und März 1915 versuchte Joffre mit einer kombinierten Offensive, den weit nach Westen reichenden deutschen Frontbogen abzuschneiden: Die französischen Truppen griffen in der Champagne östlich von Reims an, während die Briten zähneknirschend einwilligten, die Deutschen im Artois zu attackieren. Die wochenlangen Angriffe brachten jedoch keinen Erfolg. Die geschwächte deutsche Front hielt überall den alliierten Vorstößen stand.

Die Deutschen hatten im Frühjahr 1915 bei Ypern örtliche Gegenangriffe unternommen, um von der kurz bevorstehenden großen Offensive in Galizien abzulenken. Hierbei wurde zum ersten Mal Kampfgas in großen Mengen eingesetzt. Am 22. April 1915 wurde Chlorgas aus rund 5000 Stahlflaschen abgelassen, das der Ostwind auf die feindlichen Linien zutrieb. Die Franzosen traf der Einsatz dieser neuen Waffe vollkommen unvorbereitet. Rund 625 Soldaten wurden außer Gefecht gesetzt, ein kleines Loch in die Verteidigungslinie gerissen. Die OHL hatte allerdings keine Reserven für einen größeren Angriff zur Verfügung, so dass der Erfolg nicht ausgenutzt werden konnte. Zudem waren auch die Deutschen noch nicht auf diese Art der Kriegführung vorbereitet. Gasmasken wurden erst viel später eingeführt, so dass man noch außerstande war, die eigenen Soldaten während des Angriffs vor dem eingesetzten Gas zu schützen.[41]

Nachdem im Mai und Juni 1915 ein französischer Großangriff in der Champagne gescheitert war, versuchten die Alliierten im September 1915 mit gemeinsamer Kraft die deutschen Linien zu durchbrechen. Die Angriffsorte waren wieder dieselben: die Franzosen in der Champagne, die Briten mit ihren neu aufgestellten Divisionen im Artois. French hoffte nun seinerseits, mit dem massiven Einsatz von Chlorgas die feindlichen Linien durchbrechen zu können. Die Natur erwies sich jedoch als unsicherer Verbündeter: als die Windrichtung drehte, wurden viele britische Soldaten Opfer des eigenen Gases. Der Vorstoß der 1. britischen Armee scheiterte schließlich genauso kläglich wie die französischen Angriffe.

Das Jahr 1915, in das die Alliierten nach der Abwehr der deutschen Offensive in Frankreich und Flandern so hoffnungsvoll gestartet waren, war für sie katastrophal verlaufen: Im Westen scheiterten unter hohen Verlusten alle Versuche, die ausgedünnten deutschen Linien zu durchbrechen. Trotz der Massierung von Artillerie und des Einsatzes frischer Truppen konnten den Deutschen nur wenige Quadratkilometer Boden entrissen werden.

Im Osten hatte Russland eine verheerende Niederlage erlitten. Zwar war das Land noch nicht zusammengebrochen, viel war aber vom Zarenreich nicht mehr zu erwarten, zumal es auch nicht gelang, die Meerengen einzunehmen. Als die Alliierten im Januar 1916 die Halbinsel Gallipoli räumten, hatten sie rund 250000 Mann verloren, und eine leistungsfähige Versorgungslinie war immer noch nicht aufgebaut. Ohnehin war die Entwicklung in Südosteuropa für die Alliierten überaus misslich verlaufen. Der Kriegseintritt Italiens brachte nicht den erhofften raschen Zusammenbruch der Donaumonarchie. Der neue Partner konnte zwar wertvolle österreichisch-ungarische Truppen binden, die den Mittelmächten an der Ostfront fehlten, erlitt aber selber enorme Verluste. Hinzu kam, dass die Mittelmächte nun mit der Hilfe Bulgariens Serbien besetzt hatten.

Die französischen und britischen Militärs waren im Grunde genommen bereits jetzt ratlos. Sie hatten keine Möglichkeit gefunden, die deutschen Linien zu überrollen, und suchten ihr Heil in immer größeren Artillerie- und Infanteriemassierungen. In der Konferenz von Chantilly (6. bis 9. Dezember 1915) legten sie fest, dass am 1. März 1916 Russen, Briten, Franzosen und Italiener gleichzeitig eine Großoffensive an ihren Fronten unternehmen sollten. Die Mittelmächte sollten in die Zange genommen werden, so den Vorteil der inneren Linie verlieren und schließlich niedergerungen werden. Der Glaube an den Sieg war in der Entente trotz der Misserfolge noch immer vorherrschend.

Demgegenüber nahm sich die Bilanz der Mittelmächte recht positiv aus. Polen und Serbien waren erobert, die russische Armee war erheblich geschwächt, der drohende militärische Zusammenbruch der Donaumonarchie aufgehalten, die Angriffe

Italiens und der Westmächte blutig abgewiesen worden. Man hatte den Rücken nunmehr frei, um sich endlich den entscheidenden Gegnern im Westen zuzuwenden.

Krise an allen Fronten: Das Kriegsjahr 1916

Der politischen und militärischen Führung der Mittelmächte war Ende 1915 sehr wohl bewusst, dass die Zeit trotz aller Erfolge gegen sie arbeitete. In einem Abnutzungskrieg mussten die eigenen Kräfte schneller erlahmen als die der Alliierten. Auf deutscher Seite könne man den Kampf vielleicht noch zwei bis drei Jahre durchhalten, aber Österreich-Ungarn sei voraussichtlich bereits im Herbst 1916 am Ende seiner Kraft, urteilte Falkenhayn.[42] Das Verharren in der Defensive konnte keinen Erfolg bringen. Über kurz oder lang würde der Krieg verloren gehen. Solange man noch über frische Reserven verfügte, musste man daher im Angriff möglichst rasch eine Entscheidung suchen. In Russland versprach eine weitere Offensive keinen Erfolg. Vielmehr schien es möglich, diese Front mit vergleichsweise geringen Kräften zu halten und die Entscheidung an anderer Stelle herbeizuführen. Hierin waren sich Falkenhayn und Conrad von Hötzendorf ausnahmsweise einig. Über den richtigen Ort eines massiven Schlages gegen die Entente konnten sich die beiden allerdings nicht verständigen. Der österreichisch-ungarische Generalstab war auf Italien konzentriert, während die OHL in erster Linie Großbritannien als den vermeintlichen Motor des feindlichen Widerstandes im Visier hatte. Eine gemeinsame Strategie für das Jahr 1916 ließ sich folglich nicht finden, jeder agierte nach eigenem Gutdünken.

Die Abwehrerfolge im Westen hatten Falkenhayn verdeutlicht, dass Massenangriffe in der augenblicklichen Lage nicht zum Erfolg führen würden. Vielmehr wollte er mit begrenzten Mitteln durch örtliche Einbrüche in die feindlichen Verteidigungsstellungen die Entente zu Gegenangriffen veranlassen, die im Feuer der überlegenen deutschen Artillerie zusammenbrechen sollten. Um den 8. Dezember 1915 herum entschied er sich schließlich für einen Angriff auf Verdun.[43] Falkenhayn glaubte von vornherein, dass für eine Eroberung der Festungsstadt die verfügbaren Truppen wahrscheinlich nicht ausreichen würden. Daher war das primäre Ziel die überraschende Besetzung der Höhenzüge am Ostufer der Maas, um von hier aus Stadt und Verteidiger mit einem verheerenden Artilleriefeuer belegen zu können. Wollten die Franzosen Verdun als einen bedeutenden Eckpfeiler ihrer Front nicht verlieren, so die Überlegung, müssten sie in immer neuen Angriffswellen versuchen, die Höhen östlich der Maas zurückzuerobern. Falkenhayn erwartete, dass sich das französische Heer dabei aufreiben würde. Die moralische Wirkung müsse derart groß sein, dass Frankreich zum Frieden bereit sein werde. Zudem sei damit zu rechnen, dass die Briten von den verzweifelt kämpfenden Franzosen zu einer überhasteten Entlastungsoffensive mit ihren neu aufgestellten und noch unzureichend ausgebildeten Divisionen veranlasst würden (am 27. Januar 1916 war in Großbritannien die Wehrpflicht eingeführt worden). Diese Gegenoffensive wollte Falkenhayn mit den verbleibenden 15 Divisionen der Heeresreserve abwehren. Zusätzlich sollte der uneingeschränkte U-Boot-Krieg Großbritannien erheblich schwächen. Das Ausscheren Frankreichs aus dem Krieg, die gewaltigen Verluste der britischen Armee und die Blockade durch die deutschen U-Boote würden möglicherweise dann auch London zum Einlenken zwingen.

Der Plan glich der Quadratur des Kreises: Für den großen Durchbruch waren die deutschen Kräfte zu schwach. Wollte man den Krieg nicht verlieren, glaubte man jedoch, angreifen zu müssen. Also sollte an entscheidender Stelle einige Kilometer vorgerückt werden, um die Alliierten zu verlustreichen Gegenangriffen zu zwingen, in denen sie ihre Kampfkraft verbrauchen und den Krieg schließlich verloren geben würden. Falkenhayns Strategie wurde von den Militärs an der Front skeptisch beurteilt.[44] Am meisten kritisierten sie, dass Verdun nicht von beiden Maasufern aus angegriffen werden sollte. So war es absehbar, dass die französische Artillerie vom Westufer aus die vorstürmende deutsche Infanterie rasch unter vernichtendes Feuer nehmen würde.

Die 5. Armee unter Kronprinz Wilhelm erhielt für diesen Angriff mit begrenztem Ziel zehn Divisionen und erhebliche Mengen an Geschützen und Munition aus der Heeresreserve. Als am 21. Februar nach neunstündigem Trommelfeuer von 1400 Geschützen der Sturmangriff begann, konnte er die Franzosen nicht mehr überraschen, da sie von zwei Überläufern gewarnt worden waren. Dennoch lief die Offensive zunächst gut an: Das Vorfeld der Festung wurde rasch erobert. Der Widerstand versteifte sich jedoch sehr bald, und wie befürchtet gerieten die deutschen Truppen unter massives französisches Artilleriefeuer. Am 25. Februar gelang es noch, das Fort Douaumont im Handstreich einzunehmen, in den ersten Märztagen konnte auch das völlig zerstörte Dorf Douaumont besetzt werden. Dann kam der erste Angriffssturm zum Erliegen. Damit war Falkenhayns Plan bereits nach zwei Wochen gescheitert. Die beherrschenden Höhen auf dem östlichen Maasufer konnten von den vergleichsweise wenigen Infanteriekräften nicht eingenommen werden. Der deutsche Angriff hatte sich trotz der gewaltigen Artillerieunterstützung im Festungsvorfeld festgefressen. Falkenhayn erkannte schließlich, dass nunmehr auch auf dem westlichen Maasufer angegriffen werden musste. Am 6. März begann hier ein neuer Angriff, um die Flankenbedrohung auszuschalten. Nach wenigen Tagen lief sich auch diese Operation fest, ohne dass man die beherrschenden Höhen hätte einnehmen können. Die Schlacht entwickelte sich zu einem verlustreichen Abnutzungskampf.

Am 24. und 25. Februar war es vorübergehend zu einer Krise in der französischen Verteidigung gekommen. Für kurze Zeit hatte die Führung vor Ort die Aufgabe des Ostufers erwogen, dann kam jedoch der unerbittliche Befehl vom französischen Generalstab, jeden Fußbreit Boden mit aller Kraft zu verteidigen. General Henri Philippe Pétain[45] übernahm den Oberbefehl über die bei Verdun eingesetzte Armee und leitete mit großem

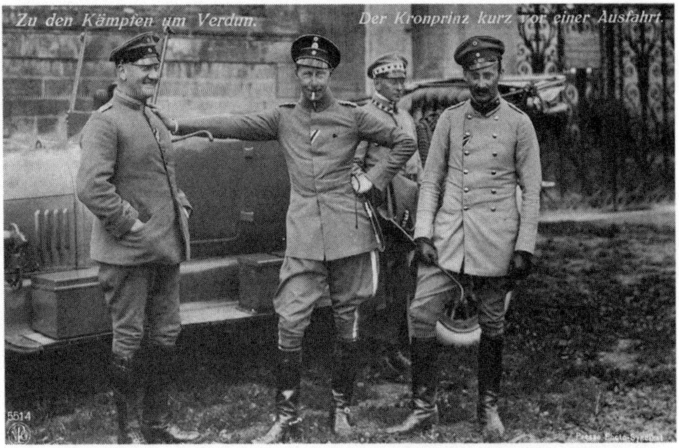

Der Frontbesuch der Befehlshaber, hier des deutschen Kronprinzen Wilhelm (Mitte), wurde auf dieser historischen Postkarte zum Jagdausflug stilisiert.

organisatorischen und militärischen Verstand die Verteidigung. Die anfangs schwachen französischen Kräfte konnten rasch verstärkt werden, und zwar nicht nur die Infanterie. Bald verfügte Pétain mit 1900 Geschützen sogar über eine überlegene Artillerie.

Falkenhayn erkannte sehr wohl, dass sein ursprünglicher Plan gescheitert war. Dennoch ließ er den Angriff nicht einstellen, obgleich er mit dem Gedanken an einen solchen Schritt spielte. Letztendlich flüchtete er sich in die Hoffnung, dass die Franzosen wesentlich mehr Verluste erleiden würden als seine eigenen Truppen und dass die Alliierten durch die Bedrohung Verduns von der geplanten gemeinsamen Sommeroffensive abgehalten werden könnten. Die Angriffe gingen also weiter. Unter gewaltigen Verlusten konnte man hier und da geringe Geländegewinne erzielen. Hart umkämpfte Stellungen, wie die Höhe »Toter Mann« oder das Fort Vaux, fielen in deutsche Hand. Am

23. Juni konnten unter dem Einsatz eines neuartigen Kampfgases – Grünkreuz genannt – den Franzosen einige Kilometer Trichtergelände abgenommen werden. Am 11. Juli blieb dann der letzte deutsche Angriff im französischen Feuer liegen. Der Versuch, dem vermeintlich kurz vor dem Zusammenbruch stehenden Frankreich den Todesstoß zu versetzen, scheiterte. Beide Seiten bluteten in der »Hölle von Verdun« aus. Die Deutschen verloren rund 282 000 Mann, die Franzosen etwa 317 000 Mann.[46] Die Verluste standen somit in einem Verhältnis von 1 : 1,12. Falkenhayn hatte den französischen »Aderlass« im Vergleich zu den eigenen Verlusten erheblich höher eingeschätzt. Gewiss waren die französischen Ausfälle sehr schwer, doch die OHL hatte die Widerstandskraft Frankreichs unterschätzt. Zudem war die erhoffte Begleitwirkung des verschärften U-Boot-Krieges ausgeblieben, der parallel zum Angriff auf Verdun am 23. Februar 1916 wieder aufgenommen worden war. Die Versprechungen der Marineleitung, an denen sich auch Falkenhayn orientierte, waren weit übertrieben, so dass es diplomatisch zweifellos ein weiser Entschluss war, am 24. April 1916 den U-Boot-Krieg wieder nach der Prisenordnung zu führen, die das Versenken von gegnerischen Handelsschiffen ohne Vorwarnung verbot. Bei der Torpedierung des französischen Dampfers »Sussex« waren auch amerikanische Staatsbürger ums Leben gekommen, worauf Washington mit dem Abbruch der diplomatischen Beziehungen drohte. Die Strategie Falkenhayns war somit nicht nur wegen der Verluste vor Verdun fehlgeschlagen.

Verdun war zwar nicht die verlustreichste Materialschlacht des Ersten Weltkrieges, sie ging aber dennoch als Inbegriff des erbarmungslosen Stellungskrieges in die Geschichte ein. Nirgendwo sonst wurde auf so engem Raum mit gleicher Intensität gekämpft und gestorben. Verdun wie auch die kurz darauf folgende Somme-Schlacht brachten Hunderttausenden Soldaten beider Seiten den Tod. Das Erstaunliche dabei ist, dass die Männer noch nicht einmal in das Höllenfeuer hineingetrieben werden mussten, sondern – von Ausnahmen abgesehen – stumm, disziplinicrt und fatalistisch ihr Schicksal akzeptierten. Ernst Toller – er kämpfte von März 1915 bis April 1916 an der Westfront – hat die Abgestumpftheit, das schlichte Funktionieren der einfachen Landser eindrucksvoll beschrieben: »Die großen Empfindungen werden stumpf, die großen Worte klein, Krieg wird zum Alltag, Frontdienst zum Tagwerk, Helden werden Opfer, Freiwillige Gekettete, das Leben ist eine Hölle, der Tod eine Bagatelle, wir alle sind Schrauben einer Maschine, die vorwärts sich wälzt, keiner weiß, wohin, die zurück sich wälzt, keiner weiß, warum, wir werden gelockert, gefeilt, angezogen, ausgewechselt, verworfen – der Sinn ist abhanden gekommen, was brannte, ist verschlackt, der Schmerz ausgelaugt, der Boden, aus dem Tat und Einsatz wuchsen, eine öde Wüste.«[47]

Das Leben in den von Granattrichtern übersäten Mondlandschaften der Schlachtfelder veränderte die Soldaten. Die Allgegenwart des Todes, die zerfetzen Leiber der Kameraden, das Jammern der Verwundeten, der Gestank der Leichen ließ das bürgerliche Dasein der Friedenszeit weit weg rücken. Hier zählten die Gesetze einer abgestumpften und verrohten Schützengrabengemeinschaft: Das Schimpfen auf das schlechte Essen gehörte ebenso dazu wie der Hass auf die Etappe und auf eitle Vorgesetzte. Mit der Erfahrungswelt der Angehörigen daheim hatte all dies nichts mehr zu tun. Front und Heimat lebten in zwei völlig unterschiedlichen Sphären. Auch wenn sie über einen regen Postverkehr und die seltenen Kurzurlaube der Soldaten in Kontakt miteinander standen, war eine fortschreitende Entfremdung nicht zu übersehen. Einzig die Sehnsucht nach Frieden bildete, je länger der Krieg dauerte, ein immer stärker werdendes Band.[48]

Von dem durch die Mittelmächte erhofften Zusammenbruch Frankreichs oder gar Englands war man im Sommer 1916 weit entfernt. Am 24. Juni begann vielmehr die seit langem vorbereitete britisch-französische Großoffensive an der Somme.[49] Frankreich konnte trotz der Anspannung bei Verdun zwölf Divisionen einsetzen, doppelt so viele Verbände stellten die Briten. Neun Tage lang ergoss sich ein Regen von 1,5 Millionen todbringenden Geschossen auf die deutschen Stellungen. Zielsicher geleitet von den Beobachtungsflugzeugen, die sich dank der alliierten Luftherrschaft ungestört am Himmel bewegen konnten. Am 1. Juli trat die alliierte Infanterie zum Angriff an und rannte in ein mörderisches Abwehrfeuer. Die Artillerievorbereitung hatte sich als wenig effizient erwiesen. Die Engländer verloren allein am ersten Tag 57470 Mann, davon 19240 Tote[50]. Immerhin war fast überall die erste Verteidigungslinie durchbrochen worden und die deutsche Front drohte in den nächsten Wochen mehrmals zu wanken. »Alles stand auf Messers Schneide«[51], schrieb Ludendorff später in seinen Kriegserinnerungen. Doch der entscheidende Durchbruch gelang den Alliierten trotz allen Materialaufwandes letztlich nicht, obgleich er oftmals nahe schien. Die enormen Verluste ließen auch die größte Angriffsmaschinerie bald ins Stocken geraten. Die britische Armee verfügte jedoch über große Personalreserven und einen schier endlos scheinenden Nachschub an Munition, so dass immer neue Divisionen in den Kampf geschickt wurden, die verbluteten und von den nächsten ersetzt wurden.[52] Erst Mitte November flauten die Kämpfe an der Somme ab. Seit Juli 1916 hatten die Alliierten hier 624000 Mann verloren, die Deutschen 465000.[53] Es war die größte und verlustreichste Materialschlacht des Ersten Weltkrieges. Die Briten verloren hier mehr Soldaten als im gesamten Zweiten Weltkrieg.

Die deutsche Verdunoffensive hatte die alliierten Pläne einer gemeinsamen, konzentrisch vorgetragenen Offensive an allen Fronten durchkreuzt. Unterdessen baten die schwer bedrängten Franzosen ihre Bündnispartner, möglichst bald mit Entlastungsangriffen zu beginnen. Die russische Offensive gegen den (deutschen) Nordflügel der Ostfront konnte jedoch ohne Probleme abgewiesen werden. Dieser Erfolg bestärkte sowohl den deutschen als auch den österreichisch-ungarischen Generalstab in

Die ungeschönte Realität der Materialschlachten: Der anonyme Tod im Granattrichter.

seiner optimistischen Lagebeurteilung. Demnach schienen die russischen Streitkräfte nach den verheerenden Niederlagen des Jahres 1915 nicht mehr zu einer kraftvollen Offensive fähig zu sein. Die Ostfront konnte guten Gewissens ausgedünnt werden, um die Entscheidung an anderer Stelle zu suchen. Während Falkenhayn auf Verdun fixiert war, sah Franz Graf Conrad von Hötzendorf die Gelegenheit gekommen, das »hinterhältige« Italien für seinen »perfiden« Verrat zu bestrafen. Am 15. Mai 1916 begann der österreichisch-ungarische Angriff in Südtirol, der nach heftig umjubelten Anfangserfolgen jedoch schon bald stecken blieb.

Unterdessen braute sich an der Ostfront Unheil zusammen. Das russische Oberkommando hatte für den Sommer 1916 weitere Entlastungsangriffe vorgesehen. Der Hauptschlag sollte wie im Frühjahr gegen die Deutschen erfolgen, zwei Drittel aller russischen Streitkräfte wurden vor den deutschen Frontabschnitten zusammengezogen. Der neue Oberbefehlshaber der russischen Südwestfront, General Alexej Alexejewitsch Brussilow, wollte mit seinen Verbänden eigentlich nur einen örtlichen Angriff unternehmen, um österreichisch-ungarische Truppen zu binden. Niemand ahnte, dass seine Angriffe die Donaumonarchie an den Rand des Zusammenbruchs bringen sollten.

Anfang Juni, am Vorabend der Brussilow-Offensive, gab die Kräftelage den reinen Zahlen nach keinen Anlass zur Sorge. 640 000 Russen mit 2 000 Geschützen standen etwa 629 000 Österreichern mit 2690 Geschützen gegenüber.[54] Von einem Gleichgewicht konnte dennoch keine Rede sein. Die k. u. k. Armee war nach annähernd zwei Kriegsjahren längst nicht mehr dieselbe wie 1914. Zudem hatte General Brussilow aus den bisherigen Kriegserfahrungen gelernt und den Angriff sorgfältig vorbereitet. Er zog erstmals Luftbilder zur Aufklärung der österreichisch-ungarischen Stellungen heran und koordinierte den Sturm der Infanterie mit dem Feuer der Artillerie. Am 4. Juni begann die Brussilow-Offensive und schon nach zwei Tagen brach die Front der 4. k. u. k. Armee zusammen. Rasch weitete sich die Krise aus, da die Russen bald auf einer Frontbreite von rund 400 Kilometern angriffen. Falkenhayn und Conrad von Hötzendorf mussten reagieren, ihre »Lieblingsoffensiven« einstellen und zur strategischen Defensive übergehen. Am 16. Juni brach Conrad von Hötzendorf die Tiroloffensive ab und verlegte eiligst Truppen und Artillerie in den Osten. Auch Falkenhayn musste Reserven von allen Fronten zusammenkratzen: von ruhigen Abschnitten der Ostfront, aber vor allem auch aus dem Westen, insgesamt zwölf Divisionen.

Dank deutscher Unterstützung konnte die russische Offensive schließlich gestoppt werden. Im August hatte sie ihren Höhepunkt überschritten, Ende September kam der Vormarsch endgültig zum Stehen. Brussilow hatte die Mittelmächte auf breiter Front um bis zu 90 Kilometer zurückgedrängt und der k. u. k. Armee schwere Verluste zugefügt: 750 000 Mann, davon 380 000

Gefangene.[55] Die deutschen Einheiten verloren weitere 250 000 Soldaten.[56] Allerdings gelang es den Russen nicht, den Zusammenhalt der Front dauerhaft zu zerreißen und Österreich-Ungarn zu zerschmettern. Die deutsche Hilfe hatte den österreichischen Verbündeten in letzter Minute gerettet. Der ganz große Erfolg war aber auch deshalb ausgeblieben, weil Brussilow nicht mit einer derart durchschlagenden Wirkung seiner Operation gerechnet und keine entsprechenden Vorbereitungen getroffen hatte. Das russische Heer hatte in diesem Krieg bereits erheblich gelitten und stieß an seine Grenzen, sobald es kampfkräftigen deutschen Divisionen gegenüberstand. Zudem waren auch die russischen Verluste gewaltig – allein in den ersten zehn Tagen der Offensive verlor Brussilow 490 000 Mann.[57]

Die schweren Niederlagen Österreich-Ungarns an der Ostfront ermutigten Rumänien endgültig dazu, auf der Seite der Entente in den Krieg einzugreifen. Am 27. August 1916 erklärte Bukarest Wien den Krieg. Rumänien tendierte seit August 1914 zur Seite der Entente und zielte darauf ab, in einem günstigen Moment die rumänisch besiedelten Gebiete Ungarns (Siebenbürgen) zu annektieren. Im Frühjahr 1915 hatten die Mittelmächte durch ihre großen Erfolge gegen Russland einen Kriegseintritt Rumäniens noch einmal abwenden können. Die Erfolge der Brussilow-Offensive und der große diplomatische Druck der Entente setzten Bukarest nun unter Zugzwang. Die letzte Gelegenheit zur Sicherung des gewünschten Landgewinns schien gekommen. Am 17. August schloss Rumänien mit der Entente gegen die Zusicherung territorialer Annexionen in Ungarn ein Militärbündnis. Kurz nach der Kriegserklärung rückten rumänische Truppen nach Siebenbürgen ein, das von Milizen nur schwach verteidigt wurde. Die Hoffnungen der Entente auf einen tödlichen Stoß in den Unterleib der angeschlagenen Donaumonarchie sollten sich jedoch nicht erfüllen. Die Mittelmächte setzten schon bald zu einem überraschenden Gegenschlag an.

Der Kriegseintritt Rumäniens schwächte unterdessen die Position Falkenhayns entscheidend. Nach dem Scheitern seines

Verdun-Planes und der erfolgreichen Brussilow-Offensive standen die Mittelmächte am Rande des Abgrundes. Vom Reichskanzler Bethmann Hollweg unterstützt, entließ der Kaiser Falkenhayn am 29. August und ernannte Hindenburg zu seinem Nachfolger. Ludendorff wurde Erster Generalquartiermeister und war der eigentliche militärische Kopf der neuen, 3. OHL.[58] Falkenhayn wurde das Kommando über die 9. Armee übertragen, mit der er die von Rumänien ausgehende Bedrohung ausschalten sollte.

Hindenburg war von Bethmann Hollweg so vehement empfohlen worden, weil der Reichskanzler glaubte, mit der Autorität des »Helden von Tannenberg« auch einen unpopulären Friedensschluss innenpolitisch durchsetzen zu können. Er sollte jedoch bald erkennen, wie sehr er sich getäuscht hatte. Die neue OHL griff selbstbewusst und wirkungsvoll in die Politik ein, so dass sich der Spielraum der Reichsleitung nicht vergrößerte, sondern im Gegenteil noch erheblich verringerte.

Unterdessen reagierten die Deutschen überaus rasch auf den rumänischen Kriegseintritt. Generalfeldmarschall von Mackensen marschierte mit seiner aus deutschen, österreichisch-ungarischen, bulgarischen und türkischen Verbänden bestehenden Heeresgruppe in die Dobrudscha ein und entriss den Rumänen die Initiative. Die neu formierte 9. Armee unter dem Befehl von General von Falkenhayn bildete einen zweiten Angriffskeil, drängte die Rumänen aus Siebenbürgen und überwand im Westen der Walachei die Karpaten-Pässe. Bukarest wurde am 6. Dezember kampflos besetzt. Im Januar 1917 kamen die Kämpfe schließlich am Fluss Sereth zum Stillstand. Der größte Teil Rumäniens war von den Mittelmächten besetzt worden, insbesondere die wirtschaftlich wichtigen Getreideanbauregionen und die Erdölfelder von Ploesti.

Das Jahr 1916 hatte die erhoffte militärische Entscheidung des Krieges nicht gebracht. Falkenhayns Plan zur Ausschaltung Frankreichs und Englands war kläglich gescheitert. Es war noch

Der Verlauf der Ostfront im Ersten Weltkrieg.

nicht einmal im Ansatz gelungen, die Westmächte durch große Verluste friedensbereit zu machen. Stattdessen waren eigene wertvolle Reserven in der Schlacht von Verdun geopfert worden. Im Sommer 1916 brannte es dann an allen Ecken und Enden: An der Somme und in Galizien tobten verlustreiche Kämpfe. Am Isonzo starteten die Italiener ihren 6. Großangriff und konnten die Stadt Görz (heute: Gorizia, Italien) erobern. Zu allem Übel war Ende August auch noch Rumänien in den Krieg eingetreten. Es sprach gewiss für die operative Leistungsfähigkeit der OHL, dass die Krise gemeistert und zum Jahresende mit der Besetzung großer Teile Rumäniens sogar ein nicht unerheblicher Sieg gefeiert werden konnte. Indes stellte sich nun die Frage, wie es strategisch weitergehen sollte. Österreich-Ungarn war schwächer denn je. Am 21. November 1916 war der greise Kaiser Franz Joseph I. gestorben, und es war ungewiss, wie sich der Thronwechsel zu dem jungen Karl I. innenpolitisch auswirken würde. Wirtschaftlich und vor allem militärisch war das Land am Ende. Das Deutsche Reich verfügte zwar noch über weitere Reserven, aber der Hungerwinter 1916/17 machte unmissverständlich klar, dass auch Deutschlands Kraft merklich zu schwinden begann und man im tobenden Abnutzungskrieg am kürzeren Hebel saß.

Der bisherige Kriegsverlauf hatte gezeigt, dass eine Entscheidung zu Lande offenbar weder im Osten noch im Westen zu erringen war. Alle Erfolge auf den Nebenkriegsschauplätzen, sei es gegen Serbien, Rumänien oder möglicherweise zu einem späteren Zeitpunkt gegen Italien, konnten für den Kriegsausgang keine ausschlaggebende Rolle spielen. Für die 3. OHL gab es in dieser Lage nur noch einen Ausweg: Der U-Boot-Krieg, der schon zweimal abgebrochen worden war, musste endlich uneingeschränkt durchgeführt werden, um den Hauptgegner England in die Knie zu zwingen. Bethmann Hollweg und Vizekanzler Karl Helfferich standen daher bald einer Phalanx von Befürwortern des verschärften Seekrieges gegenüber, die mitnichten nur aus Militärs bestand. Selbst im Reichstag lehnten nur noch die

Das Unterseeboot. Nach einer Spezialzeichnung von M. Zambony.

Oben: Das Boot bei der Ueberwasserfahrt. Unten: Schematische Darstellung des Inneren eines getauchten Bootes.

Die U-Bootwaffe konnte die großen Hoffnungen der Öffentlichkeit nicht erfüllen. Der uneingeschränkte U-Boot-Krieg beschleunigte vielmehr die deutsche Niederlage entscheidend, da er den Kriegseintritt der USA herbeiführte. Darstellung in der »Illustrierten Kriegs-Zeitung« Nr. 40 aus dem Jahr 1915.

SPD und die Fortschrittliche Volkspartei den uneingeschränkten U-Boot-Krieg, der erstmalig auch gegen neutrale Handelsschiffe geführt werden sollte, ab. Der Kriegseintritt der USA schien dadurch zwar unvermeidbar, alle Fachleute versicherten aber, dass Großbritannien bis zum Herbst 1917 zusammenbrechen werde und sich die amerikanische Unterstützung bis dahin nicht auswirken könne. Die Ablehnung der deutschen Friedensresolution durch die Entente am 30. Dezember 1916 – hierauf wird später noch einzugehen sein – ließ die Position des Reichskanzlers schließlich unhaltbar werden. Am 9. Januar 1917 gab er resigniert nach. Ab dem 1. Februar 1917 wurde der Befehl gegeben, alle alliierten und neutralen Handelsschiffe in den Gewässern rund um England ohne Warnung anzugreifen.

Strategische Defensive: Das Kriegsjahr 1917

Das Deutsche Reich befand sich Ende des Jahres 1916 in einer schlechteren Lage als ein Jahr zuvor. Dennoch glaubten Hindenburg und Ludendorff – ähnlich wie Falkenhayn ein Jahr zuvor –, dass noch immer die Möglichkeit bestünde, die Entente mit militärischen Mitteln zum Frieden zu zwingen. Eine diplomatische Lösung zogen sie niemals ernsthaft in Betracht, somit auch nicht die Mäßigung der eigenen Friedensbedingungen.

1917 sollten also die U-Boote die Entscheidung erkämpfen. Dem Heer fiel die Aufgabe zu, in der Defensive zu verharren, die Fronten zu halten, dem Gegner weitere schwere Verluste zuzufügen und den Erfolg der Marine abzuwarten. Die 3. OHL beschloss, künftig nicht mehr jeden Fußbreit Boden bedingungslos zu verteidigen. Weit hinter der Front wurden Auffangstellungen errichtet, in die man sich notfalls zurückziehen konnte. Anfang Februar 1917 fiel die Entscheidung, den gesamten Frontbogen an der Somme zu räumen und sich auf die gut ausgebaute Siegfriedlinie – von den Alliierten Hindenburglinie genannt – zurückzuziehen. Dieser Rückzug brachte dem Gegner zwar einen größeren Geländegewinn, und es mussten wertvolle Versorgungseinrichtungen aufgegeben werden. Die Vorteile lagen jedoch auf der Hand: Die Frontverkürzung ermöglichte es, eine Reserve von 13 Divisionen zu bilden. Die Chancen, die alliierten Frühjahrsoffensiven halbwegs unbeschadet zu überstehen, waren somit erheblich größer, zumal durch diesen Schritt der zu erwartenden feindlichen Zangenbewegung viel von ihrer Wirkung genommen werden konnte. Zwischen dem 16. und 19. März zogen sich die deutschen Divisionen weitgehend unbehelligt in die neuen Stellungen zurück und hinterließen »verbrannte Erde«: Brücken, Straßen, Dörfer hatten sie mehr oder minder vollständig zerstört, um den Alliierten das Nachrücken zu erschweren.[59]

Unterdessen kündigte sich die große Frühjahrsoffensive von Briten und Franzosen an. Der neue französische Generalstabschef Georges Robert Nivelle war fest entschlossen, 1917 mit einer schwungvoll geführten Offensive die Front zu durchbrechen und das Deutsche Reich zum Frieden zu zwingen. Er wurde in seinen Plänen vom neuen britischen Premierminister David Lloyd George unterstützt, der ihm die britischen Expeditionsstreitkräfte – gegen den Widerstand von deren Oberbefehlshaber Feldmarschall Sir Douglas Haig – unterstellte. Angesichts der russischen Revolution im März 1917 und dem zu erwartenden Kriegseintritt der USA gab es auch in Frankreich gewichtige Stimmen, die eher für eine defensive Strategie plädierten, um nicht frühzeitig alle Reserven zu verbrauchen. Der gerade erst eingesetzte Nivelle konnte sich bei Staatspräsident Poincaré jedoch mit Hilfe einer Rücktrittsdrohung durchsetzen. Demnach sollten zunächst die Briten bei Arras angreifen, um die deutschen Reserven auf sich zu ziehen; anschließend würde der französische Hauptangriff westlich von Reims am Chemin des Dames, einem Höhenzug, der sich hervorragend zur Verteidigung eignete, die Schlacht entscheiden.

Am 9. April begann der britische Angriff. Von Panzern unterstützt gelang es, auf einer Breite von 18 Kilometern in die deutsche Front einzubrechen. Wie so oft – das Geschehen begann sich zu wiederholen – blieb Haig bald im Feuer der Verteidiger liegen. Mit den technisch wenig leistungsfähigen Panzern ließ sich (noch) keine Schlachtentscheidung herbeiführen. Viele wurden von der deutschen Artillerie zerstört, andere blieben im Trichterfeld stecken. Es zeigte sich erneut, dass sie sehr wohl dazu beitragen konnten, die ersten Verteidigungsstellungen zu überwinden, der ersehnte große Durchbruch überstieg jedoch ihre technischen Möglichkeiten.

Haig stellte die Angriffe bei Arras, die er nur auf Druck von Lloyd George ausgeführt hatte,[60] im Mai schließlich ein. Er war froh, nun den Rücken für sein Lieblingsprojekt frei zu haben: die Offensive in Flandern, die die deutschen U-Boot-Stützpunkte an der belgischen Küste ausschalten sollte.

Am 16. April begann der französische Sturm auf den Chemin des Dames, einen 30 Kilometer langen Höhenzug in der Picardie. Hier funktionierte die deutsche Abwehr besser als bei Arras. Im wirkungsvollen Feuer der deutschen Artillerie liefen sich die Franzosen bereits nach wenigen Stunden unter horrenden Verlusten fest. Allein in den ersten vier Tagen verlor Nivelle über 130 000 Mann, darunter 30 000 Gefallene.

Nivelles Offensive war damit bereits nach wenigen Tagen gescheitert. Er zeigte aber keine Einsicht. Die französischen Divisionen wurden immer wieder aufs Neue ins Feuer geschickt und »verheizt«. Zwar gelang es hier und da, in die deutschen Linien einzubrechen und dem Gegner schwere Verluste zuzufügen. Dies änderte aber nichts daran, dass die Attacken – wie so oft zuvor – in reine Gemetzel ausarteten. Die Moral der Truppen, die sich im dritten Kriegsjahr befanden, begann zu wanken. Am 29. April verweigerten Soldaten des 18. Infanterie-Regimentes den Gehorsam, da sie nicht in die vorderste Linie zurückkehren wollten. Rasch griff die Meuterei um sich und erfasste in unterschiedlicher Weise bald 68 Divisionen, somit zwei Drittel der Armee. Allerdings waren nur 5 Divisionen in größerem Umfang betroffen, alles Einheiten, die bei der Nivelle-Offensive schwer gelitten hatten. Ende Mai unterstützte sogar die Zivilbevölkerung von vier kleineren, frontnahen Städten den Aufruhr. Kommunistische Parolen machten die Runde. Der Widerstand war jedoch nicht politisch motiviert. Er richtete sich vor allem gegen die unsinnigen, nicht enden wollenden Offensiven und die schlechten Lebensbedingungen mit mangelhafter Verpflegung und Bezahlung – Zustände, wie es sie in dieser Form in der britischen und deutschen Armee nicht gab. Am 30. April musste Nivelle zurücktreten, und zwei Wochen später übernahm Pétain den Posten des Generalstabschefs. Mit einer Mischung aus hartem Durchgreifen und Entgegenkommen konnte er die Krise bis Ende August im Wesentlichen überwinden. 3427 Soldaten wurden verurteilt, 554 Todesurteile verhängt, von denen jedoch nur 49 vollstreckt wurden. Pétain erkannte, dass die Vorwürfe der Soldaten nicht unbegründet waren. Ihm gelang es, durch die Verbesserung von Verpflegung, Erholungsmöglichkeiten und Sold die Moral wieder zu heben. Zudem erteilte er weiteren Großoffensiven eine Absage. Bis die Amerikaner auf dem Kontinent eingreifen konnten – die Mobilisierung, Ausbildung und Verschiffung einer großen US-Streitmacht würde mindestens ein Jahr dauern –, galt es, in der Defensive auszuharren.[61] Lediglich einige örtlich begrenzte Überraschungsangriffe auf die deutschen Stellungen bei Verdun und Laffaux wurden Ende August und Ende Oktober erfolgreich durchgeführt. Der Geländegewinn war jedes Mal gering. Darauf kam es aber in dieser Situation auch nicht an. Nach der schweren Depression des Sommers 1917 waren die Erfolgsmeldungen vor allem in ihrer psychologischen Wirkung für die Stimmung im Land von großer Bedeutung.

Unterdessen begann Haig Ende Juli seine Großoffensive bei Ypern. Allen Erfahrungen zum Trotz glaubte er, den entscheidenden Sieg erringen zu können – den Franzosen sprach er ohnehin die dafür notwendigen moralischen Qualitäten ab. Die Briten konnten eine gewaltige Artilleriemassierung einsetzen. Bereits am ersten Angriffstag, dem 31. Juli, machten sie 6100 deutsche Gefangene – eine ungewöhnlich hohe Zahl. Das Kriegsglück war jedoch nicht auf der Seite Großbritanniens: In der Nacht vom 31. Juli zum 1. August begann es sintflutartig zu regnen. Da die Artillerie die künstlichen Entwässerungsanlagen der flandrischen Felder längst zerschossen hatte, verwandelte sich das Schlachtfeld binnen kurzem in einen bodenlosen Morast, auf dem kaum voranzukommen war. So wurde die 4. deutsche Armee unter General Friedrich Sixt von Arnim zwar schwer angeschlagen, weil er das Konzept der elastischen Verteidigung noch nicht weit genug umgesetzt und die vorderste Linie zu stark besetzt hatte. In dieser schweren Lage war der Dauerregen aber der wichtigste Verbündete der Deutschen. Nach monatelangen Kämpfen flaute die Schlacht Mitte November ab; nirgends war es gelungen, mehr als zehn Kilometer vorzudringen. Die Alliierten hatten 332000 Mann an Verlusten zu beklagen (darunter 8000 Franzosen), die Deutschen verloren 217000 Mann.[62]

Unterdessen etablierte sich Ende 1917 eine neue Art der Kriegführung, die den Charakter des Kampfes im Westen deutlich verändern sollte. Am 20. November 1917 brachen sieben britische Divisionen mit 360 Panzern tief in die deutschen Linien bei Cambrai ein. Sie trafen auf eine gänzlich unvorbereitete deutsche Abwehr. Zum ersten Mal in diesem Krieg läuteten in London zur Feier eines Erfolges die Kirchenglocken.[63] Am 30. November überraschten die Deutschen mit ihrem Gegenstoß die Briten und holten sich das verlorene Gebiet zurück. Sie setzten dabei zum ersten Mal in größerer Zahl ihre sogenannten Sturmtruppen ein: kleinere, gut ausgebildete und speziell ausgerüstete Einheiten, die unter Umgehung der feindlichen Abwehrzentren rasch bis zu den britischen Artilleriestellungen vordringen und diese ausschalten konnten.[64]

Während 1917 die gewaltigen Materialschlachten mit alles zermalmendem Artilleriefeuer, den Gasattacken, Panzerangriffen und dem Sturm Zehntausender Infanteristen durch eine lebensfeindliche Kraterlandschaft an der Westfront kein Ende fanden, gestaltete sich der Krieg an der Ostfront vollkommen anders. Im Winter 1916/17 gärte es gewaltig im Zarenreich. Das

Erste Erfolge einer neuen Waffengattung: Im November 1917 brachen britische Divisionen mit 360 Panzern tief in die deutschen Linien bei Cambrai ein.

Volk war nicht mehr bereit, die unerträglichen Belastungen des Krieges länger zu ertragen. Ein Weiteres tat der autokratische Regierungsstil von Nikolaus II., der letztlich zum Untergang des Zarismus beitrug. Am 15. März musste der Zar zurücktreten und einer von der Duma gestützten bürgerlich-demokratischen Regierung unter Georgi Fürst Lwow weichen. Als ein politischer Befreiungsschlag, der dem Land neue Kraft verliehen hätte, erwies sich dies freilich nicht. Nur eine begrenzte bürgerliche Schicht sah sich durch die neue Regierung repräsentiert. Die Masse des sich nach Frieden sehnenden Volkes konnte sich mit deren Kurs nicht anfreunden. Die Provisorische Regierung hielt unbeirrt an der Fortsetzung des Krieges fest. Sie versicherte den Westmächten, dass sie gewillt sei, die Operationen der Entente mit einer neuen Offensive zu unterstützen. So wollte sie sich ihre Ansprüche auf territoriale Gewinne etwa im Bereich des Bosporus und der Dardanellen sichern. Der politische Wille und die militärische Realität lagen jedoch weit auseinander. Die russische Armee befand sich – wie das ganze Land – in einem unaufhaltsamen Erosionsprozess, den die Deutschen durch Propaganda, Verbrüderungsaktionen und Waffenstillstände geschickt förderten. Im Frühjahr 1917 waren die Kämpfe an der Ostfront fast vollständig zum Erliegen gekommen. Der neue Kriegsminister, Alexander Kerenskij – übrigens der einzige Sozialist in der Regierung –, wollte mit einer erfolgreichen Sommeroffensive die zerfallende Moral der eigenen Truppen festigen und damit auch die Stellung seiner Regierung stärken. Am 30. Juni begann General Brussilow die sogenannte Kerenskij-Offensive, die jedoch nicht an die Erfolge des Vorjahres anknüpfen konnte. Die Angriffe brachen bald zusammen, die Kampfkraft der russischen Armee war damit endgültig gebrochen. Eine Gefährdung der deutschen Ostfront ging von ihr seit dem Spätsommer 1917 somit nicht mehr aus.[65]

Die entspannte Lage an der Ostfront ermöglichte es der OHL, im Herbst 1917 wieder eine begrenzte Offensive an einer Nebenfront ins Auge zu fassen. Die vollständige Besetzung Rumäniens wurde rasch zugunsten einer Offensive an der Italienfront verworfen. Das Deutsche Reich hatte sich von diesem »Privatkriegsschauplatz« Wiens bislang fast gänzlich fern gehalten. Dort hatte sich seit 1915 im kleineren Rahmen das wiederholt, was sich seit Herbst 1914 an der Westfront abspielte: In endlosen Materialschlachten erschöpften sich beide Seiten, ohne nennenswerte Geländegewinne erzielen zu können.

Die italienische Armee hatte elf Mal am Isonzo die österreichisch-ungarischen Stellungen angegriffen und war elf Mal blutig gescheitert. Die Österreicher konnten immerhin darauf verweisen, dass sie mit ihren zunehmend erschöpften Truppen einer Übermacht standgehalten hatten. Die einzige von ihnen gestartete Offensive – im Mai 1916 in Tirol – war aber ebenfalls erfolglos geblieben. Beide Seiten hatten im Herbst 1917 jeweils 600 000 Mann verloren, davon rund 200 000 Tote.[66] Am 24. Oktober begann die zwölfte Isonzoschlacht – und sie nahm einen Verlauf, mit dem wohl niemand gerechnet hatte. Den Italienern war aus verschiedenen Quellen die Angriffsabsicht der Mittelmächte bekannt. Die Wucht des Stoßes traf sie dennoch unvorbereitet. 1845 Geschütze schossen der 14. deutschen Armee den Weg frei. Eine derartige Artilleriemassierung war für diesen Kriegsschauplatz ungewöhnlich. Der zusätzliche Giftgaseinsatz erwies sich als besonders effektiv, da die italienischen Gasmasken gegen das neue Phosgengas wirkungslos waren. Nach drei Tagen brach die Front der 2. italienischen Armee zusammen. Nun gab es kein Halten mehr. Die Soldaten fluteten zurück, die gesamte Isonzofront löste sich auf. Die Mittelmächte erlebten noch einmal einen großen Sieg: Am 2. November konnte sogar der Tagliamento überschritten werden – einst war der Fluss als äußerste Grenze dessen bezeichnet worden, was man realistischerweise erreichen konnte. Nun ging es noch weiter vorwärts. Erst am Piave konnten die weitgehend intakte 3. italienische Armee und zehn rasch verlegte alliierte Divisionen Anfang Dezember die Offensive der deutschen und österreichisch-ungarischen Truppen stoppen. Ohne Zweifel war ein beeindruckender Erfolg errungen worden: Die Italiener verloren in dieser Schlacht 334000 Mann, davon allein 294000 Gefangene. Dies zeigte, wie wenig italienische Soldaten noch bereit waren, entschlossen zu kämpfen.[67] Dennoch gelang es den Mittelmächten nicht, Rom zum Frieden zu bewegen. Und wirtschaftlich betrachtet war die zwölfte Isonzoschlacht ein Pyrrhussieg. Die Vorbereitung der Offensive und der anschließende Abtransport der 14. deutschen Armee hatten die österreichischen Eisenbahnen derart in Anspruch genommen, dass die Versorgung der Städte mit Nahrungsmitteln und Kohle nicht mehr gewährleistet werden konnte. Für den bevorstehenden Winter 1917/18 bahnte sich eine Katastrophe an.[68]

Die zermürbenden Kämpfe des Jahres 1917 verstärkten die Auszehrung beider Lager, wobei der OHL bewusst war, dass ihre

Kraftreserven bald erschöpft sein würden. Der uneingeschränkte U-Boot-Krieg hatte nicht die vorausgesagten Erfolge erbracht. Obwohl die deutschen U-Boote 1917 5,7 Millionen Bruttoregistertonnen feindlichen und neutralen Schiffsraumes versenkt hatten, konnten Englands Einfuhren nicht entscheidend getroffen werden[69]. Nach den jahrelangen diplomatischen Kalamitäten mit den Vereinigten Staaten war zudem klar, dass ein solch massiver Bruch des internationalen Prisenrechts zum Kriegseintritt der Vereinigten Staaten führen musste.

Auch zu Lande sah die Lage nicht besser aus. Die Materialschlachten an der Westfront hatten auf beiden Seiten eine tief gehende Erschöpfung hervorgerufen. Das sinnlose Sterben in den Kraterlandschaften der französischen und flandrischen Schlachtfelder hinterließ gravierende Spuren bei den britischen, französischen und deutschen Soldaten. Die Kriegsmüdigkeit war in keinem Land mehr zu übersehen. Die politischen und militärischen Führungen waren jedoch – man ist geneigt zu sagen, wie immer – der Überzeugung, im nächsten Jahr endlich die Entscheidung zu eigenen Gunsten erzwingen zu können. In London und Paris hoffte man auf die frischen amerikanischen Truppen, die ab Herbst 1918 in Frankreich zum Einsatz kommen würden. In Deutschland wollte Ludendorff nach dem Frieden von Brest-Litowsk, der das Ausscheiden Russlands aus dem Krieg besiegelte, alle Kräfte auf die Westfront konzentrieren, um in einer letzten entscheidenden Anstrengung die Westmächte zur Aufgabe zu zwingen, noch bevor die Amerikaner wirkungsvoll in den Kampf eingreifen konnten.

Der letzte Trumpf: Die deutschen Frühjahrsoffensiven 1918

Die Ausgangslage für eine neue deutsche Offensive im Westen erschien auf den ersten Blick günstig: Im März 1918 standen fast 1,4 Millionen deutsche Soldaten[70] in Frankreich und Belgien. Erstmals waren die Deutschen den Alliierten zahlenmäßig leicht überlegen. Zudem war es in Italien und auch beim Angriff auf Riga im Herbst 1917 auf z.T. spektakuläre Weise gelungen, die feindlichen Linien zu durchbrechen. Offenbar hatte das deutsche Heer ein Mittel gefunden, um wieder zum Bewegungskrieg übergehen zu können. Die allgemeine Stimmung im Deutschen Reich hellte sich deutlich auf. Nach den großen Erfolgen hoffte man, bald einen glücklichen Kriegsausgang erkämpfen zu können. Angesichts des in Kürze zu erwartenden militärischen Eingreifens der Vereinigten Staaten war eine alliierte Verhandlungsbereitschaft von vornherein auszuschließen. Die Entscheidung musste also auf dem Schlachtfeld fallen.

Ludendorff entschied sich für eine große Angriffsoperation bei Saint-Quentin (Unternehmen »Michael«), da seiner Ansicht nach dort die besten Aussichten für einen Durchbruch bestanden. Falls »Michael« nicht erfolgreich verlaufen würde, sollte ein Angriff in Flandern unternommen werden (»Georg«). Ludendorff setzte somit keineswegs alles auf eine Karte und plante nicht eine einzige, große Entscheidungsschlacht. Es ging vielmehr darum, die feindliche Front auf eine »weiche Stelle« hin abzuklopfen und dann in den freien Raum vorzustoßen. Wo dieser Durchbruch erfolgen würde, war für Ludendorff zunächst zweitrangig. Daher kritisierte er auch die Generalität an der Front, die ihm zu viel von Strategie sprach. In diesem Zusammenhang machte er gegenüber dem bayerischen Kronprinzen Rupprecht die viel zitierte Bemerkung: »Wir hauen ein Loch hinein. Das Weitere findet sich. So haben wir es in Rußland auch gemacht.«[71]

So wie sich Ludendorff zur Jahreswende 1916/17 intensiv um die Verbesserung der Verteidigungstaktik gekümmert hatte, so bemühte er sich jetzt, die Truppe in den neuen erprobten Angriffsverfahren zu schulen. Sie basierten auf einer kurzen, aber überaus konzentrierten Artillerievorbereitung ohne langwieriges und damit auffälliges Einschießen[72] sowie einem schwungvollen Vorstoß der Infanterie, die stark befestigte Punkte möglichst umgehen sollte, um schneller in die Tiefe vordringen zu können.

Die größte Schwierigkeit der Offensive bestand jedoch nicht darin, die feindlichen Linien zu überrennen. Dass dies gelingen könnte, war relativ wahrscheinlich. Viel drängender war die Frage, was danach zu geschehen habe. Die Alliierten verfügten in Frankreich über ein sehr leistungsfähiges Eisenbahnnetz, so dass jeder Durchbruch von ihren Reserven rasch abgeriegelt werden konnte. Für einen durchschlagenden und somit politisch verwertbaren Erfolg kam alles darauf an, den einmal erzielten Durchbruch schnell auszuweiten und wie im August 1914 zum großräumigen Bewegungskrieg überzugehen. Hierfür fehlten jedoch alle Voraussetzungen: Die deutschen Divisionen verfügten lediglich über 23 000 Lkw, die wegen des Gummimangels zumeist eisenbereift und daher wenig leistungsfähig waren. Umso bedeutender war daher der Pferdebestand. Für die bevorstehende Offensive reichte allerdings weder die Zahl der Tiere noch deren Gesundheitszustand aus. Die große Futterknappheit hatte sie noch stärker ausgemergelt als die ebenfalls besorgniserregend schlecht verpflegten Soldaten. Es war ungeklärt, wie mit den unterernährten Tieren die Artillerie und vor allem deren Munition nach vorne gebracht werden sollten. Man bemühte sich zwar, die Angriffsdivisionen von »Michael« hinreichend mit Pferden auszustatten, dennoch war der gesamte Nachschub nur ungenügend gesichert.

Am 21. März eröffneten 6 600 Geschütze und 3 500 Granatwerfer ein wirkungsvolles Vorbereitungsfeuer. Dennoch gelang es nicht, die britischen Linien handstreichartig zu durchstoßen. Die Infanterie musste sich mühsam hindurchkämpfen und erlitt schwere Verluste. An diesem ersten Tag wurden 78 000 deutsche Soldaten getötet oder verwundet – der höchste Tagesverlust des Krieges. Am vorgesehenen Schwerpunkt der Offensive vor der Front der 17. Armee gewann der deutsche Angriff nur langsam an Boden. Ludendorff verlegte auf der Suche nach der »weichen« Stelle den Schwerpunkt immer weiter nach Süden, wo der Angriff schneller vorankam. Bald war hier ein großer Durchbruch erreicht. Doch der Erfolg konnte nicht ausgenutzt werden. Dies lag weniger an Ludendorffs mitunter wirrer Operationsführung, auch nicht daran, dass die vormarschierende Truppe zuweilen ausgedehnte Marschpausen in eroberten französischen Weinkellern einlegte – ein Phänomen, das bereits im Herbst 1917 in Italien aufgetreten war –, sondern vor allem an den mangelnden logistischen Voraussetzungen für den Bewegungskrieg. Es fehlten bewegliche, schnelle Verbände, die die Gunst der Stunde hätten nutzen können.

Die Alliierten hatten zweifellos dramatische Tage zu überstehen. Haig erwog zeitweise, ob es nicht besser sei, Frieden zu schließen.[73] Solange man die Nerven behielt, war eine entscheidende militärische Niederlage angesichts reichlich vorhandener Reserven und der deutschen Unbeweglichkeit jedoch nicht zu befürchten. Der Druck der Ereignisse führte am 4. April schließlich dazu, dass mit General Ferdinand Foch ein gemeinsamer Oberbefehlshaber der alliierten Streitkräfte ernannt wurde, um endlich eine ausreichende Koordination aller Frontverbände zu gewährleisten.

Am 5. April musste »Michael« eingestellt werden. Briten und Franzosen hatten 338 000 Mann, davon 90 000 Gefangene, sowie 1300 Geschütze verloren. Die deutschen Verluste – die aufgrund fehlender Reserven nicht mehr zu ersetzen waren – betrugen 239 000 Mann. Damit waren innerhalb von zwei Wochen genauso viele Soldaten ausgefallen wie in den fünfmonatigen Kämpfen um Verdun!

Ludendorffs Plan, im Westen noch eine militärische Entscheidung zu erreichen, bevor die Entente das geschwächte Reich zum Frieden zwingen würde, war gescheitert. Vor der Offensive hatte die Hoffnung auf einen glücklichen Kriegsausgang manchen Mangel verdecken können. Nun ließ die Moral der Truppe spürbar nach. Den Soldaten war bewusst, dass es jetzt nur noch bergab gehen konnte.[74] Ludendorff war zu diesem Zeitpunkt jedoch nicht mehr zu einer rationalen Lageanalyse fähig. Unbeirrt hielt er am Glauben fest, den Gegner militärisch doch noch bezwingen zu können. Mit der Realität hatte dies freilich nichts mehr zu tun. Von April bis Mitte Juli 1918 ließ er vier weitere Offensiven gegen die französische und britische Armee unternehmen, die wiederum einen z. T. erheblichen Geländegewinn, aber keine Entscheidung brachten. Die Offensivkraft des deutschen Westheeres hatte ihren Zenit längst überschritten, die letzten Reserven waren verbraucht. Am 18. Juli brach ein sorgfältig vorbereiteter Angriff der Franzosen, der von 750 Panzern unterstützt wurde, in die deutschen Linien ein und entriss den Deutschen endgültig die Initiative.

Der politischen Führung war bereits vorher die Ahnung gekommen, dass die Kriegsentscheidung nicht mehr auf dem Schlachtfeld erkämpft werden konnte. Ludendorff verbat sich aber vehement alle kritischen Äußerungen dieser Art, etwa vonseiten des Staatssekretärs des Auswärtigen Amtes, Richard von Kühlmann,[75] und beharrte auf seiner günstigen Lagebeurteilung. Erst am 29. September 1918, als sich das Westheer nach einer Reihe schwerer Niederlagen auf dem Rückzug und kurz vor der Auflösung befand, gestand sich Ludendorff endgültig ein, dass der Krieg verloren war.[76]

4 Neuordnung Europas? Die deutsche Außenpolitik zwischen Friedensinitiativen und Siegfrieden

Im August 1914 erwarteten viele in den Ländern der beteiligten Großmächte ein heftiges, aber kurzes Gewitter. Im neuen Jahr sollte der Krieg – wie auf dieser Postkarte – bereits Geschichte sein.

In Erwartung des Sieges

Anfang August 1914 erwartete die öffentliche Meinung in allen Ländern der beteiligten Großmachte ein reinigendes, kurzes, aber heftiges Gewitter, das Europa stark verändern würde. In den Hauptstädten herrschte die zuweilen recht diffuse Ansicht vor, dass es so nicht weitergehen könne. In Sankt Petersburg schaute man begierig auf die Meerengen, in Paris auf Elsass-Lothringen, Wien erstrebte die Zerschlagung Serbiens, Großbritannien die »Befreiung« Belgiens. Und Deutschland? Ähnlich nebulös wie die Ziele Wiens und vor allem Londons waren jene der Wilhelmstraße.[1] Gewiss, es ging darum, den »eisernen Ring« der Entente zu sprengen, das eigene Land zu neuer Stärke zu führen. Wie dies geschehen sollte, wusste Ende Juli und Anfang August allerdings noch niemand zu sagen. Ein auch nur ansatzweise klar umrissenes Bild, was mit dem bevorstehenden Krieg *konkret* erreicht werden sollte, lag nicht vor. In den ersten Augusttagen wartete man gespannt ab. Frühe Siegesmeldungen hatten die Euphorie derart angefacht, dass die absurdesten Kriegszielforderungen wie Pilze aus dem Boden schossen. Da die öffentliche Erörterung bis zum 27. November 1916 zunächst verboten war, wurden zahlreiche Denkschriften erstellt, die »vertraulich« verbreitet wurden. Allen voran verlangten Alldeutsche und Vertreter der Schwerindustrie weitreichende Annexionen, die das Deutsche Reich zum Gebieter Nachkriegseuropas machen sollten. Heinrich Claß, der Vorsitzende des Alldeutschen Verbandes, und August Thyssen skizzierten die Größe des künftigen Reiches in einem Schreiben an Bethmann Hollweg gar in hitlerschen Dimensionen.[2] Gewiss waren diese Forderungen nicht repräsentativ für die gesamte Bevölkerung. Sie verdeutlichen jedoch, dass der Krieg die Machtphantasien in ungeahnter Weise stimulierte. In der Vorkriegszeit waren ausufernde Annexionspläne allenfalls von wenigen Fanatikern, vor allem von extremen Vertretern des Alldeutschen Verbandes, öffentlich propagiert worden. Nun aber waren weite Kreise des Bürgertums rasch mit Expansionsbestrebungen bei der Hand, wobei die meisten Personen und Gruppen weit über das hinausgingen, was sie jemals in Friedenszeiten artikuliert hatten. Der Krieg rief offenbar Gelüste nach einer gewaltigen Machtausdehnung hervor. Endlich schien die Möglichkeit gekommen zu sein, das Deutsche Reich zu einer wahren Weltmacht emporzuheben, als neues Mitglied in den exklusiven Klub der Weltreiche einzuziehen und damit doch noch den Status zu erreichen, der im 20. Jahrhundert über Wohl und Wehe der Nationen entscheiden würde. Der Kriegsausbruch förderte binnen kurzem eine Diskussion zutage, die in den zehn Jahren zuvor fast versandet war – und zwar über die Frage, wie das Deutsche Reich angesichts immer mächtiger werdender Rivalen *langfristig* seine Zukunft sichern könne. Die Weltreichslehre der Jahrhundertwende, nach der man befürchten musste, dass im 20. Jahrhundert die drei riesigen Weltmächte USA, Großbritannien und Russland zu den alleinigen Gebietern der internationalen Politik aufsteigen würden, erlebte nun ihren zweiten Höhepunkt.[3]

Wenngleich in den Ländern der Entente in diesen Jahren so etwas wie die Weltreichslehre nicht debattiert wurde, herrschte auch hier die tief verankerte Überzeugung, für eine europäische bzw. weltweite Neuordnung kämpfen zu müssen. Alle Kriegsmächte waren somit auf grundlegenden Wandel ausgerichtet, die Rückkehr zum Status quo ante erschien ausgeschlossen. Über den Frieden – darin waren sich alle einig – sollte auf dem Schlachtfeld entschieden werden, nicht am Verhandlungstisch. Auffällig ist dabei, dass niemand eine Lösung parat hatte, die eine *stabile* Friedensordnung begründen konnte, d.h. ein System, das nicht auf der Unterdrückung eines Landes beruhte, sondern auf der Akzeptanz aller Großmächte.

Die unveränderte Radikalität der Kriegszieldiskussion – übrigens in allen beteiligten Ländern – war eng mit der Wirkungsmächtigkeit der Propaganda verbunden. Der Erste Weltkrieg war wie kein Konflikt zuvor ein Medienereignis, ein Kampf auch um Selbst- und Fremddarstellungen.[4] Vom ersten Tag an waren die Zeitungen voll von Artikeln, die den Konflikt zum Kampf um »Sein« oder »Nicht-Sein« überhöhten. Solche Sinndeutungen waren keineswegs nur von »oben« verordnet. Bereits im August 1914 fühlten sich Abertausende Deutsche bemüßigt, in allen denkbaren publizistischen Formen den Kampf von »Gut« gegen »Böse« zu beschwören, »das Deutsche« abzugrenzen vom vermeintlichen Wesen der verfeindeten Nationen, denen die Schuld am Krieg zukomme. Dem eigenen Handeln wurde eine quasi-religiöse Konnotation verliehen: Der Feind wurde als absolut niederträchtig hingestellt, der unehrenhaft und heimtückisch kämpfe. Gemeinsame Werte schien es nicht mehr zu geben. Eifrig beteiligten sich auch Wissenschaftler und Intellektuelle an den Debatten und verhalfen der Hasspropaganda mit ihren Argumenten zu einer noch größeren gesellschaftlichen Anerkennung. Auf diesen wohl bereiteten Boden konnte die staatliche Propaganda aufbauen. Sie wurde zum »Schwungrad des Krieges«[5] und konnte von der Bevölkerung immer mehr Anstrengungen für den Sieg fordern. Selbst in der zweiten Kriegshälfte, als der Leidensdruck immer größer wurde, wirkte die anfangs evozierte Sinndeutung noch lange nach. Die Massivität des Propagandakrieges war ein zweischneidiges Schwert, weil sie einerseits der Konstruktion einer geeinten Nation Vorschub leistete, andererseits aber die Politik unter Zugzwang setzte und es beinahe unmöglich machte, einen Kompromissfrieden zu schließen.

Im Krieg der Worte und Bilder waren die Alliierten freilich weit erfolgreicher als die Deutschen. Sie verfügten durch die Kontrolle der Unterseekabel über das weltweite Nachrichtenmonopol, aber auch über die geschicktere Argumentation und die griffigeren Argumente. Die »deutschen Barbaren und Hunnen« avancierten zu einem einprägsamen Feindbild, dem die deutsche Propaganda niemals ein Äquivalent entgegensetzen konnte.

Die aufkommende Kriegszieldiskussion und die Siegesmeldungen von den Fronten veranlassten Bethmann Hollweg, Richtlinien für einen möglichen vorläufigen Friedensschluss aufzustellen. Gemäß seines berühmten »Septemberprogramms« vom 9. September 1914 sollte das Hauptziel eines von Deutschland diktierten Friedens die Sicherung des eigenen Landes »nach Ost und West auf erdenkliche Zeit [sein]. Zu diesem Zweck muß Frankreich so geschwächt werden, dass es als Großmacht nicht neu erstehen kann, Rußland von der deutschen Grenze nach Möglichkeit abgedrängt und seine Herrschaft über die nichtrussischen Vasallenvölker gebrochen werden«[6]. Bethmann Hollweg hatte allerdings nur wenig konkrete Vorstellungen, wie dieses Ziel erreicht werden könnte. Die Annexion des französischen Erzbeckens von Longwy-Briey sowie die Umwandlung Belgiens in einen deutschen Vasallenstaat finden sich hier. Die Ziele im Osten und der Aufbau eines zusammenhängenden mittelafrikanischen Kolonialreiches wurden nicht näher ausgeführt. Der Kern seiner Überlegungen umfasste die Forderung nach dem

Auch propagandistisch wollte man den Gegner bekämpfen: Hindenburg bietet der Generalität der Entente Schach.

Aufbau eines mitteleuropäischen Wirtschaftsbundes von Frankreich, Belgien, Holland, Dänemark, Österreich-Ungarn, Polen und eventuell Italien, Schweden sowie Norwegen mit dem Deutschen Reich. »Dieser Verband, wohl ohne gemeinsame konstitutionelle Spitze, unter äußerlicher Gleichberechtigung seiner Mitglieder, aber tatsächlich unter deutscher Führung, muß die wirtschaftliche Vorherrschaft Deutschlands über Mitteleuropa stabilisieren.«[7]

In einem Moment überschwänglicher Siegeserwartung – die Nachricht von der Niederlage an der Marne hatte den Kanzler noch nicht erreicht – versuchte er mit diesen Richtlinien die Forderungen der Annexionisten zu entschärfen. Die Sicherung Deutschlands sollte nicht primär durch territoriale, sondern durch wirtschaftliche Expansion erreicht werden. Auch er knüpfte damit an die Weltreichslehre der Jahrhundertwende an und nahm die Gedanken seines Umfeldes – vor allem sein Vertrauter Kurt Riezler und der Industrielle Walther Rathenau sind hier zu nennen – dankbar auf.[8]

Das »Septemberprogramm« ist in vielerlei Hinsicht symptomatisch für die deutsche Kriegszielpolitik: Es enthält drei Kernforderungen, die bis Kriegsende nicht mehr aus der Diskussion verschwinden sollten: die deutschen Ansprüche auf Belgien, die in unterschiedlicher Form von der Annexion bis zum hier angedeuteten Vasallenverhältnis gestellt wurden, die Annexion des Erzgebietes von Longwy-Briey und der Aufbau eines wie auch immer gearteten mitteleuropäischen Wirtschaftsverbandes. Der letzte Punkt barg die geringste außenpolitische Brisanz, da die hochtrabenden Pläne schon *intern* heftig kritisiert wurden und die Umsetzung selbst einer Zollunion mit Österreich-Ungarn auf massive Widerstände in der Wirtschaft stieß. Zudem wird deutlich, dass Bethmann Hollweg über keine klare Linie verfügte. Vieles blieb bei ihm offen; er war nicht der Steuermann, der das Staatsschiff mit sicherer Hand durch die Wirren des Krieges hätte lotsen können. Seine »Politik der Diagonale« zwischen links und rechts war ein Lavieren, mit dem sich keine weitsichtige Perspektive etablieren ließ. Dementsprechend konnte es ihm auch nicht gelingen, die Kriegszieldiskussion zu lenken. Er war schon in der Vorkriegszeit nicht in der Lage gewesen, seine auf eine deutsch-britische Verständigung abzielende Außenpolitik innenpolitisch abzusichern oder gar die öffentliche Meinung in seinem Sinne zu beeinflussen. Erst recht scheiterte er im Krieg an dieser Aufgabe. Bereits im September 1914 beging er den folgenschweren Fehler, die Öffentlichkeit nicht über die militärische Lage aufzuklären,[9] sondern mit geschönten Nachrichten falsche Hoffnungen zu wecken.

Frieden, aber mit wem?

Als im November 1914 die Hoffnungen auf einen raschen militärischen Erfolg auf den Schlachtfeldern Flanderns versiegten, forderte Falkenhayn in aller Deutlichkeit von Bethmann Hollweg einen Separatfrieden mit Russland, möglichst auch mit Frankreich, um den vermeintlichen Hauptgegner England schlagen zu können. Nachdem die Mittel der Militärs zur Erringung des Sieges nicht auszureichen schienen, sollte die Politik den Weg zu einem erträglichen Frieden ebnen. Damit war die Diskussion darüber eröffnet, wer überhaupt der Hauptgegner des Reiches sei, ob man mit Russland oder besser mit Frankreich und/oder Großbritannien zu einem Ausgleich kommen müsse. Bethmann Hollweg hat niemals zu einer klaren Orientierung gefunden. Er neigte im weiteren Verlauf des Krieges eher zu einem Ausgleich mit den Westmächten. Seine Haltung blieb aber überaus schwankend und war abhängig vom Ausgang der jeweiligen Kampfhandlungen sowie von der öffentlichen Meinung. Gerade in Deutschland waren durch die geographische Mittellage zahllose Modelle eines »Siegfriedens« vorstellbar. Umso mehr hätte das Reich einer führenden Hand bedurft, einer klaren Ausrichtung, was mit diesem Krieg wo erreicht werden sollte.

Falkenhayn fand mit seinen Forderungen, einen Sonderfrieden mit Russland anzustreben, breite Unterstützung bei Alfred von Tirpitz und den altpreußischen Konservativen. Das Auswärtige Amt, hier vor allem Unterstaatssekretär Arthur Zimmermann, lehnte den Verzichtfrieden im Osten jedoch ab, da das Reich sonst seinen Einfluss in Südosteuropa und dem Nahen Osten verlieren würde.[10] Das Angebot des dänischen Königs, die Möglichkeit von Friedensverhandlungen auszuloten, konnte die Wilhelmstraße dann aber nicht ausschlagen.[11] Bethmann Hollweg glaubte allerdings, dass ein Separatfrieden mit dem Zaren nur aussichtsreich sei, wenn die Deutschen größere Erfolge im Osten vorzuweisen hätten. Immerhin war er, wenn auch widerstrebend, auf die Position Falkenhayns eingeschwenkt.

Die dänischen Friedensvermittlungen verliefen überaus zäh. Anfang April 1915 lehnte der Zar nachdrücklich das Angebot einer dänischen Vermittlung ab. Die großen Erfolge der eigenen Frühjahrs- und Sommeroffensive ließen auf deutscher Seite die Hoffnungen wieder wachsen, nach einem Sieg Russland durch das Angebot eines Status-quo-ante-Friedens aus der feindlichen

Koalition heraussprengen zu können. Falkenhayn wurde nun auch von Conrad von Hötzendorf unterstützt, der forderte, Russland »goldene Brücken« zu bauen und ihm »jede Demütigung« zu ersparen.[12] Der Kanzler legte unterdessen dem Zaren kein konkretes Angebot vor, sondern beließ es bei den Sondierungsversuchen des dänischen Staatsrates Hans-Niels Andersen. Obgleich die russische Armee verheerende Niederlagen erlitten hatte, änderte sich an der Entschlossenheit Petrograds nichts. Am 11. August beschloss der russische Ministerrat, auf kein Sonderfriedensangebot einzugehen, und sei es auch noch so günstig. Russland hielt sich somit an den Londoner Vertrag vom 5. September 1914. Die Furcht war zu groß, sich durch das Ausscheren aus der Kriegskoalition an die Mittelmächte zu binden und mit massiven Sanktionen insbesondere der Briten bestraft zu werden. Der Zar und seine politischen Berater waren unfähig, die Belastungsgrenzen des eigenen Landes zu erkennen und rechtzeitig aus dem Krieg auszusteigen, bevor der innenpolitische Druck nicht mehr zu kontrollieren war. Sie mussten diese Kurzsichtigkeit mit der totalen Niederlage bezahlen.

So bleibt festzuhalten, dass die Mittelmächte in der Erkenntnis ihrer quantitativen Unterlegenheit 1915 als einzige einen ernsthaften Friedensvorstoß unternahmen, obgleich auch sie einen allgemeinen Friedenskongress vehement ablehnten. Die Alliierten waren noch weniger dazu bereit. Mit dem Kriegseintritt Italiens war zudem jeder Versuch, sich mit Österreich-Ungarn zu vergleichen, zum Scheitern verurteilt.

Die Tatsache, dass das deutsche Heer im Westen wie im Osten tief in Feindesland stand, machte die politischen Parteien sowie die politische und militärische Führung nicht gerade gewogener, einen Ausgleichsfrieden anzustreben. Vielmehr erschien bei oberflächlicher Betrachtung die Gelegenheit günstig, dem Reich die ihm »gebührende« Stellung in Europa und der Welt zu verschaffen. Dabei richtete sich das Hauptaugenmerk *nicht* auf die klassischen Insignien einer Weltmacht, die Kolonien.[13] Vielmehr hielt man die Aufgabe für vordringlich, Deutschlands

Stellung in Europa abzusichern, und außer in der SPD dominierte die Überzeugung, dass dies auch durch Gebietserweiterungen zu geschehen habe. Allerdings gab es in diesem Punkt sehr unterschiedliche Auffassungen. Die Extremisten der rechten Parteien wollten das Ziel, Deutschland in den Rang einer Weltmacht zu erheben, schlicht mit der maximal möglichen Schwächung seiner Gegner erreichen. Allerdings war schon damals fraglich, ob es je hätte gelingen können, Deutschland so weit zu vergrößern, dass es sich mit den drei Weltreichen auf eine Stufe stellen konnte. Schon im Hinblick auf eine potentielle Autarkie in der Zeit nach dem Krieg hatte der Gedanke eines weiten mitteleuropäischen Staatenbundes etwas Bestechendes: Deutschland könnte seine Annexionen auf überschaubare Gebiete beschränken und seine Macht durch indirekten – ökonomischen – Einfluss erheblich vermehren.

Von den Alldeutschen bis hin zum rechten Flügel der Sozialdemokratie fand die Vorstellung vom Aufbau eines neuen Mitteleuropas weite Verbreitung. Friedrich Naumann hat mit seinem im Oktober 1915 publizierten Buch »Mitteleuropa« dieser Idee zu großer Popularität verholfen. Es wurde über 100 000 Mal verkauft und war neben Bismarcks »Gedanken und Erinnerungen« das meistverkaufte Werk im wilhelminischen Deutschland.[14] In dem derzeitigen Krieg gehe es darum, schrieb Naumann, »ob zwischen Rußland und England ein eigenes mitteleuropäisches Zentrum sich halten kann oder nicht. Die Menschheitsgruppe Mitteleuropa spielt um ihre Weltstellung. Verlieren wir den Kampf, so sind wir voraussichtlich ewig verurteilt, Trabantenvolk zu werden, (...) siegen wir nachhaltig, so erleichtern wir unseren Kindern und Enkeln die Arbeit, denn dann wird Mitteleuropa ins Grundbuch der kommenden Jahrhunderte eingetragen.«[15] Mitteleuropa müsse sich unter deutscher Führung zu einem einheitlichen Wirtschaftsblock zusammenfügen. Kern des Verbundes sollte ein Staatenbund zwischen dem Deutschen Reich und Österreich-Ungarn mit einem einheitlichen Wirtschaftssystem und einer gemeinsamen Heeresorganisation sein. Außerdem wünschte er sich eine enge wirtschaftliche Verbindung mit der Türkei. Zusammen mit den durch einen siegreichen Krieg erweiterten Kolonien entstehe so ein Verbund beachtlicher Ausdehnung. Die neutralen Staaten sollten sich erst nach Konsolidierung des Bundes Berlin-Wien entscheiden, ob sie beitreten wollten. Naumann erlegte sich damit bewusst Zurückhaltung auf, obgleich er einen gefestigten mitteleuropäischen Bund gewiss um mehrere kleine Staaten erweitert wissen wollte. Frankreich und Italien blieben aufgrund der Kriegsereignisse von vornherein außerhalb seiner Betrachtung.[16]

Angesichts der breiten Zustimmung zur Mitteleuropa-Konzeption könnte man vermuten, dass ihre Verwirklichung – trotz aller Unterschiede im Detail – rasch angegangen worden wäre. Das schöne Ideal einer mitteleuropäischen Solidargemeinschaft gegen die umliegenden Feindmächte, eines gewaltigen Bündnisses von Berlin nach Bagdad, wie es später hieß, hatte jedoch den gravierenden Nachteil, dass es sich letztlich nur um eine schlechte Tarnung deutschen Machtanspruches handelte. Es ging um die Anbindung der europäischen Nachbarn an das Deutsche Reich, nicht etwa um eine gemeinsame europäische Solidarität, die erst fünfzig Jahre später zaghaft aufkommen sollte.

Die Realitätsferne der Mitteleuropa-Idee wurde intern schon früh erkannt. Innenminister Clemens von Delbrück stellte den hochtrabenden Plänen des Kanzlers 1914 ein schlechtes Zeugnis aus. Einen mitteleuropäischen Wirtschaftschaftsverband, dies war schon nach kurzer Sichtung des Septemberprogramms klar, konnte es aus ökonomischen Gründen vorerst nicht geben. Allenfalls eine Zollunion mit Österreich-Ungarn kam in Frage.[17] Über die Konditionen war im Einzelnen noch zu sprechen.[18] Es begannen langwierige Verhandlungen, die bis 1918 andauerten und nicht zum gewünschten Erfolg führten.[19] Die Volkswirtschaften beider Länder wiesen ein viel zu unterschiedliches Niveau auf, als dass eine Annäherung hätte gelingen können.

Die Diskussion um eine wirtschaftspolitische Annäherung an die Donaumonarchie verknüpfte sich ab Sommer 1915 mit der Frage nach der Zukunft des soeben eroberten Kongresspolen.[20] Hier wurden drei Varianten diskutiert: Entweder schloss man das Gebiet dem Deutschen Reich oder Österreich-Ungarn an, oder man entließ es in eine noch näher zu definierende Form der Unabhängigkeit. Berlin und Wien vermochten sich indes nicht auf ein Modell zu einigen. Die Polenfrage blieb also zunächst offen, zumal die deutschen Spitzenmilitärs – allen voran Ludendorff – ohnehin nie viel von der austropolnischen Lösung gehalten hatten und Kurland, Litauen und Polen eher zur eigenen Machtexpansion nutzen wollten.[21] Auch Bethmann Hollweg neigte, vom Staatssekretär des Äußeren Gottlieb von Jagow kräftig unterstützt, immer mehr diesen Ideen zu, die auf die Schaffung eines Gürtels von Vasallenstaaten hinausliefen.

Mitte 1916 kam noch einmal Bewegung in die Polenfrage. Für die OHL rückte immer mehr der Wunsch in den Vordergrund, polnische Soldaten für den Kampf gegen Russland zu rekrutieren. Angesichts der verheerenden Niederlagen der k. u. k. Armee während der Brussilow-Offensive stimmte auch Wien dem Vorschlag zu, nach dem Krieg ein Königreich Polen zu schaffen und bereits während des Krieges diese Absicht zu proklamieren. Hindenburg und Ludendorff hofften, dass man allein durch diese Erklärung 250 000 Polen dazu bewegen könnte, sich freiwillig für den Kampf gegen Russland zu melden. Bis Kriegsende sollten die beiden Besatzungsmächte ihre polnischen Gouvernements behalten, eine Eingliederung in den deutschen Zollverein durfte wegen der österreichischen Vorbehalte nicht erfolgen.

Am 5. November 1916 wurde in Warschau das Königreich Polen proklamiert, allerdings ohne einen König und konkrete Grenzen zu benennen. Im Januar 1917 konstituierte sich ein polnischer Staatsrat und mit dem Nationalrat entstand ein provisorisches Parlament.[22] Damit war die Brücke zu einem Sonderfrieden mit Russland abgebrochen. Allerdings hat auch im Sommer 1916 nie eine reale Chance für eine solche Einigung bestanden.

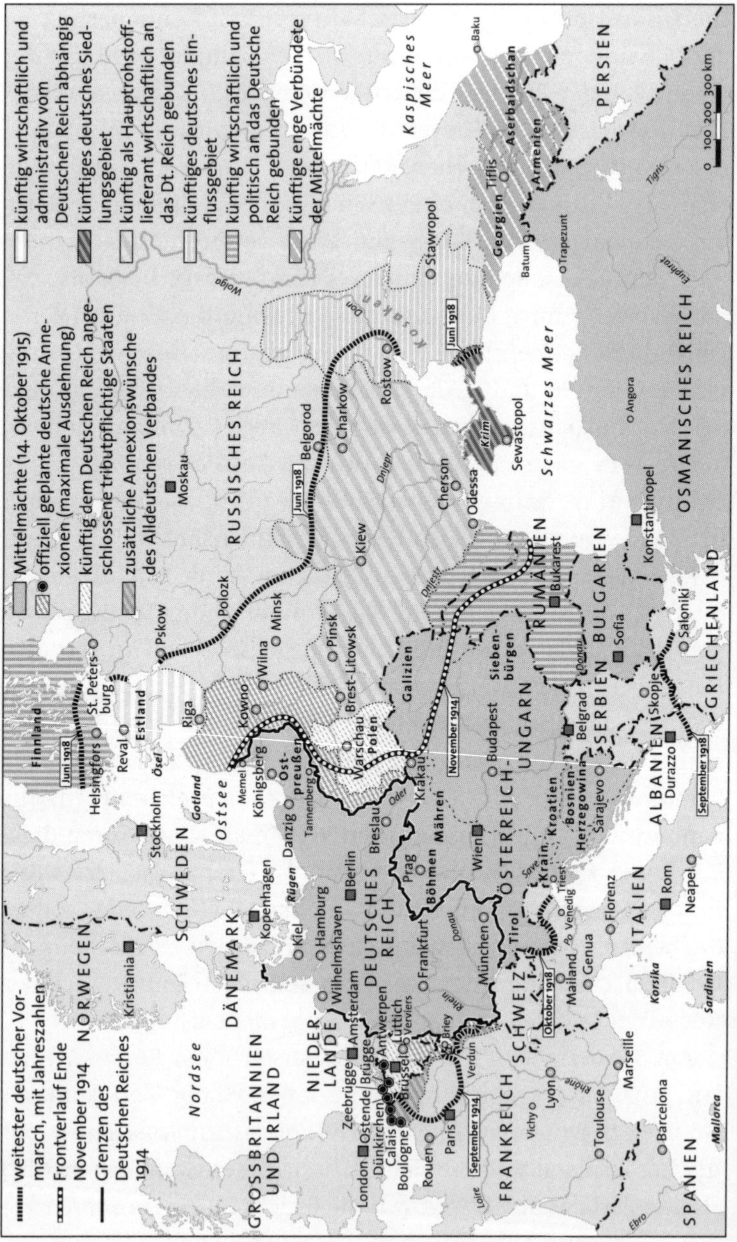

Deutsche Expansionspläne im Ersten Weltkrieg.

Der Zar war noch immer nicht zum Bruch des Vertrages von London zu bewegen, und das russische Parlament (die Duma) wurde von antideutschen Parteien beherrscht. Hinzu kam der große Einfluss der westalliierten Botschafter. Berlin hatte sich mit der Polenproklamation außenpolitisch nicht geschadet, weil ein Sonderfrieden mit Russland nie zur Debatte stand. Die mit der Staatsgründung verbundenen großen militärischen Hoffnungen erfüllten sich indes nicht: Bis April 1917 meldeten sich nur 4 700 Freiwillige, ein wahrhaft enttäuschendes Ergebnis, das angesichts der wankelmütigen Haltung der Mittelmächte nicht überraschen konnte. Selbst als Mitte 1917 endlich polnische Dienststellen an der Werbung beteiligt wurden, blieb ein Ansturm der Freiwilligen aus.[23]

Die Mittelmächte schafften es nicht, zu einer konsequenten Polenpolitik zu finden. Allerdings konnte diese vom Deutschen Reich und von Österreich-Ungarn auch kaum entwickelt werden, da einer Angliederung jeweils der Widerstand des Bündnispartners entgegenstand und die Gründung eines wirklich unabhängigen Polens schon aufgrund des dort frei werdenden nationalen und demokratisch-sozialistischen Gedankengutes den Intentionen der Mittelmächte zuwiderlaufen musste.

Je unwahrscheinlicher ein Separatfrieden mit Russland wurde, desto mehr verstärkten sich die Bestrebungen, im Osten einen Siegfrieden zu diktieren. Die militärische Lage schien dies nur zu bestätigen: Russland hatte 1915 Polen und Teile des Baltikums verloren und konnte selbst in der so erfolgreichen Brussilow-Offensive diesen territorialen Verlust nicht ausgleichen. Zudem hatte sich immer wieder gezeigt, dass die zaristischen Streitkräfte nur gegen die erschöpften und wenig kampfkräftigen Einheiten des k. u. k. Heeres größere Erfolge erzielen konnten, nicht jedoch gegen deutsche Divisionen. Warum sollte man also nachgiebig sein?

Im Hinblick auf die Einflussbereiche und territorialen Grenzen im Westen waren Politiker und Militärs seit Kriegsausbruch darauf aus, den Status quo zu verbessern. Forderungen, alles beim Alten zu belassen, gab es – sieht man einmal von der SPD ab – bis einschließlich 1916 nicht. Auch hier bestimmten das Verlangen nach Sicherheit und vor allem die eigenen militärischen Erfolge die Kriegsziele. Zentrales Objekt der Begierde war Belgien. Kein Mensch hatte vor 1914 davon gesprochen, dass das Deutsche Reich besondere Interessen in dem kleinen Land hätte wahren müssen. Gewiss tauchte in manchem Mitteleuropa-Plan unter »ferner liefen« auch Belgien als eines der Länder auf, die über kurz oder lang eine engere Verbindung mit Deutschland eingehen sollten. Einige Alldeutsche mögen noch auf die deutschsprachige Grenzregion im Südosten des Landes geschielt haben. Jetzt aber, nachdem Belgien fast vollständig von deutschen Truppen besetzt war, rückte es in den Mittelpunkt deutscher Begehrlichkeiten. Die Überlegungen reichten von der Annexion bis hin zum de jure unabhängigen Vasallenstaat.[24] Insbesondere die Marineführung beharrte darauf, dass die Inbesitznahme der belgischen Küste aus strategischen Gründen unverzichtbar sei. Es wurde somit nicht an einer neuen Friedensordnung gearbeitet, die Europa Ruhe und Stabilität gewähren sollte. Das Hauptaugenmerk lag vielmehr darauf, wie man die Ausgangsposition für den nächsten Krieg möglichst günstig gestalten konnte. Dass es nach dem Ersten Weltkrieg eine längere Friedensperiode geben könnte, schien überhaupt ausgeschlossen zu sein. Die Nationen waren so tief verfeindet, dass man einen stabilen Frieden nur durch Macht zu sichern suchte, nicht aber durch Ausgleich. Und so war durch die mehr oder minder umfangreiche Repression des Unterlegenen der nächste Krieg nicht gerade unwahrscheinlich – ein Vorgehen, das übrigens bei allen Großmächten (mit Ausnahme der Vereinigten Staaten) gleichermaßen anzutreffen war.

Das kompromisslose Festhalten der Reichsleitung an ihren Kriegszielen im Westen hat eine Verhandlungslösung mit England oder Frankreich praktisch unmöglich gemacht. Selbst die vielversprechenden Kontakte mit dem belgischen König Albert verliefen im Sande. Im Winter 1915/16 war es auf Anregung Alberts zu Gesprächen zwischen einem belgischen und einem deutschen Mittelsmann in Zürich gekommen. Beide Seiten hatten durchaus Interesse daran, die belgische Frage in einem bilateralen Meinungsaustausch zu lösen. Der Erste Weltkrieg war nicht der Krieg Belgiens; das Land hatte nichts zu gewinnen, jedoch viel zu verlieren. Für die deutsche Seite ergab sich die Möglichkeit, einen bedeutenden außenpolitischen Trumpf in die Hand zu bekommen, falls es gelingen würde, sich mit Albert über den zukünftigen Status von Belgien zu einigen. Angesichts der vom militärischen Sicherheitsdenken geprägten, überzogenen Forderungen Deutschlands nach Stützpunkten an der flandrischen Küste, dem Durchmarschrecht, der Beteiligung an der Verwaltung der Eisenbahnen und einem Zollanschluss endeten die Gespräche jedoch bald in einer Sackgasse. Während die Entente, die Wind von den deutsch-belgischen Kontakten bekommen hatte, am 14. Februar 1916 die Wiederherstellung der belgischen Souveränität als Kriegsziel proklamierte, erklärte Bethmann Hollweg am 5. April im Reichstag, dass die Rückkehr zum Status quo ante nicht in Frage komme.[25]

Ohnehin hat die rücksichtslose deutsche Besatzungspolitik die Distanz der Belgier zum Deutschen Reich weiter verstärkt. Zwar wurden die Autonomiebestrebungen der Flamen gefördert, in Gent eine flämische Universität eingerichtet und 1917 das Land in ein flämisches und ein wallonisches Verwaltungsgebiet aufgeteilt. Das für die Kriegswirtschaft zuständige preußische Kriegsministerium hat die politischen Bemühungen um die Flamen aber stets ignoriert und das Land rücksichtslos ausgebeutet. Die Deportation von 62 000 belgischen Arbeitern nach Deutschland zerstörte das deutsche Ansehen vollends. Immerhin gestand man sich diesen Fehler ein, erkannte die verheerende außenpolitische Wirkung und schickte die Arbeiter im März 1917 zurück.[26]

Mit den Westmächten gab es zunächst überhaupt keine ernst zu nehmenden Kontakte, da beide Seiten ihren Gegner mit militärischer Gewalt niederzuwerfen suchten. Erst im Mai 1916 haben französische Radikalsozialisten angesichts der Schrecken der Schlacht um Verdun Verbindungen zur deutschen Gesandtschaft in Bern aufgenommen. Ihnen schwebte vor, das sinnlose Blutvergießen endlich zu beenden, einen Ausgleich zwischen Paris und Berlin herzustellen und die Regierung Aristide Briand zu stürzen. Zu diesem Zeitpunkt waren Bethmann Hollweg und Falkenhayn noch davon überzeugt, dass die französische Widerstandskraft in der Hölle von Verdun allmählich zerbrechen werde. Dementsprechend umfangreich waren auch die Forderungen, die man in Bern präsentierte: Abtretung des Erzbeckens von Longwy-Briey, Belforts und des beherrschenden Vorgeländes der Festung Verdun sowie Räumung des Oberelsass.[27] Erneut war hier der Einfluss der OHL zu erkennen. Gewiss mag die subjektive Lageanalyse im Mai 1916 noch positiv gewesen sein. Dass selbst friedensbereite Kräfte auf solche Forderungen nicht eingehen konnten, lag jedoch auf der Hand, so dass sich der Verdacht aufdrängt, der Kanzler habe bewusst auf die militärische und nicht auf die politische Karte im Kampf gegen Frankreich gesetzt. Im Dezember 1916 nannte Staatssekretär Zimmermann dann nochmals die modifizierten deutschen Mindestforderungen: das Erzbecken von Longwy-Briey, Entschädigungszahlungen und koloniale Zugewinne. Im Gegenzug sei man bereit, Elsass-Lothringen die Autonomie innerhalb des Deutschen Reiches zuzugestehen. Auch diese Abmilderung führte natürlich zu nichts. Da die Franzosen nicht von der Rückgewinnung Elsass-Lothringens als Minimalziel abwichen, stand ein Ausgleich mit Frankreich niemals zur Diskussion. Es ist allerdings bezeichnend, dass sich Berlin trotz der schwindenden Kräfte der Mittelmächte nicht dazu durchringen konnte, im Westen zumindest den Status quo ante anzubieten, zumal angesichts des Stellungskrieges an der Westfront offensichtlich war, dass der Besitz des Erzbeckens von Longwy-Briey oder Belforts kaum über den Ausgang eines künftigen Krieges entscheiden würde. Der wankelmütige Kanzler war jedoch weder in der Lage noch willens, den letztlich kleingeistigen Forderungen der OHL eine klare Absage zu erteilen und das Primat einer Ausgleichspolitik durchzusetzen. Der Frieden hatte daher auch 1916 keine echte Chance. So makaber es klingen mag: Der Leidensdruck der Völker war noch nicht groß genug, um die Kabinette und Eliten zum Einlenken zu bewegen.

Die klare Ausrichtung der Westmächte auf einen Sieg und damit auch auf die Zerschlagung der Großmachtstellung des Deutschen Reiches zeigte sich einmal mehr in den Beschlüssen der Pariser Wirtschaftskonferenz vom 14. bis 17. Juni 1916. Hier wurde auf Betreiben Großbritanniens und Frankreichs der »Krieg« nach dem Krieg geplant. Selbst nach einem künftigen Friedensschluss sollte das Deutsche Reich wirtschaftlich diskriminiert und insbesondere seine Rohstoffzufuhr behindert werden. Es ging darum, die Weltwirtschaftsmacht Deutschland dauerhaft aus ihrer Position zu verdrängen und zu verhindern, dass Berlin nach dem Krieg die stark geschwächten Ententemächte wirtschaftlich dominierte. Diese bislang kaum beachteten Pläne gingen über die deutsche Mitteleuropa-Konzeption weit hinaus, da die europäische Wirtschaftsordnung offensiv zerstört werden sollte.[28] In Berlin dachte man gewiss daran, durch engere ökonomische Verbindungen seine Macht auszudehnen. Diese Pläne waren aber nicht offensiv gegen eine bestimmte Nation gerichtet, sondern sollten vor allem dazu dienen, sich der vermeintlichen wirtschaftlichen Dominanz der Weltreiche zu erwehren.

Die Beschlüsse der Pariser Wirtschaftskonferenz konnten jedoch ohnehin nicht umgesetzt werden, da insbesondere Russland viel zu sehr von einer engen Verbindung zum deutschen Markt abhängig war. Insofern erwiesen sich die Pläne der Alliierten doch als zu unrealistisch. Im Versailler Vertrag ließ sich dann auch nur die Einfrierung der deutschen Auslandsguthaben zur Störung des Außenhandels umsetzen, nicht aber die Kontrolle der Rohstoffmärkte.[29]

Von der Friedensresolution Bethmann Hollwegs zum amerikanischen Kriegseintritt

Die überaus angespannte militärische Lage des Sommers 1916 ließ bei Bethmann Hollweg schließlich doch den Gedanken an einen allgemeinen Frieden reifen, zumal bislang alle Versuche, einen Separatfrieden zu schließen, gescheitert waren. Er hatte erkannt, dass die gewaltigen Opfer auf beiden Seiten den Ausgleich aller Kriegsparteien möglich machen könnten und dass der von den Militärs so vehement geforderte uneingeschränkte U-Boot-Krieg nur noch durch eine politische Lösung des Konflikts verhindert werden konnte. Hierfür wollte er die Vermittlung des amerikanischen Präsidenten Woodrow Wilson in Anspruch nehmen, wenngleich dieser dem Konferenztisch fernbleiben sollte.

Der Weg zur Friedensresolution des Reichskanzlers glich einer Sisyphusarbeit. So stand nicht nur das Auswärtige Amt, sondern vor allem die allgemeine Stimmung im Land gegen ihn. In Unkenntnis der wirklichen militärischen Lage bestimmte der Traum von Annexionen und Siegfrieden das Bild. Wenngleich der Kanzler zeitweise in seinen Äußerungen diesem Druck durchaus nachzugeben schien, schaffte er es doch, die grundsätzliche Zustimmung des Kaisers, der OHL und auch Wiens für sein Vorhaben zu erstreiten. Hindenburg und Ludendorff gaben ihren Widerstand gegen die Resolution auf, nachdem Bethmann Hollweg die Proklamation eines polnischen Staates und die mit dem sogenannten »Hilfsdienstgesetz« angestrebte totale Mobilisierung der Bevölkerung für den Kriegseinsatz unterstützt hatte. Die Ablehnung der Friedensresolution war für die OHL ohnehin gewiss. Für sie ging es lediglich darum, die diplomatische Ausgangslage für einen uneingeschränkten U-Boot-Krieg zu verbessern. Als am 6. Dezember 1916 Bukarest in deutsche Hand fiel, entschloss sich Bethmann Hollweg, die Gunst der Stunde zu nutzen. Am 12. Dezember bot er der Entente in einer Reichstagsrede Friedensverhandlungen an. Stets darauf bedacht, die Rechte nicht zu brüskieren, betonte er die Stärke

Am 12. Dezember 1916 bot der Reichskanzler Bethmann Hollweg in einer Rede vor dem Berliner Reichstag der Entente Friedensverhandlungen an.

der deutschen Position nach dem letzten großen Sieg. Eine Aussprache war von vornherein unterbunden worden, weil die Friedensinitiative nicht durch die zu erwartende hitzige Debatte gefährdet werden sollte. Die Voraussetzungen hatte der Kanzler bewusst vage formuliert. Dasein, Ehre und Entwicklungsfreiheit der Mittelmächte müssten durch den Frieden gesichert werden, hieß es.[30]

Noch bevor die Antwort der Entente einging, trat Wilson am 18. Dezember[31] mit seiner seit langem geplanten Initiative an die Öffentlichkeit. Sein Vorschlag lief darauf hinaus, dass die Kriegsparteien die Fixierung auf einen Sieg aufgeben und mit amerikanischer Hilfe den Krieg auf einer Konferenz mit politischen Mitteln beenden sollten. Die Reaktionen auf Wilsons Vorstoß waren überaus zurückhaltend, da beide Seiten ihn verdächtigten, mit dem Gegner gemeinsame Sache zu machen. In

Paris und London wurde insbesondere die zeitliche Nähe zum deutschen Vorstoß als Indiz einer Komplizenschaft gewertet. Die Wilhelmstraße wies den Vorschlag Wilsons bereits am 26. Dezember unter Verweis auf die eigenen Bemühungen zurück. Ehe die Neutralen in das Geschehen eingebunden werden könnten, müssten sich zunächst die Kriegsparteien auf einer Konferenz vergleichen.[32] Die rasche Ablehnung, noch bevor die Entente reagiert hatte, zerstörte außenpolitisch viel Porzellan. In der Tat konnte man nun an dem Friedenswillen und der Aufrichtigkeit Berlins zweifeln. Das Auswärtige Amt indes wollte mit diesem Schritt nur verhindern, dass die Entente durch das Eingehen auf Wilsons Initiative einer Antwort auf die deutsche Note ausweichen konnte. Zudem sollte unbedingt vermieden werden, die eigenen Kriegsziele öffentlich zu nennen. Die negative Reaktion des Auslandes war schließlich absehbar.

Am 30. Dezember lehnte die Entente mit scharfen Angriffen den Vorschlag Bethmann Hollwegs ab. Die Mittelmächte trügen die alleinige Verantwortung für den Krieg, sie müssten das Selbstbestimmungsrecht der Völker anerkennen und die verletzten Rechte und Freiheiten wiederherstellen.[33] Auch nach zweieinhalb Jahren unerbittlicher Kämpfe der Armeen und der Propagandaapparate war somit ein diplomatischer Ausgleich nicht in Sicht. Beide Seiten waren noch immer auf den militärischen Sieg fixiert. Frankreich und Russland waren seit jeher nicht zu einem Ausgleich bereit, und nachdem David Lloyd George im Dezember 1916 das Amt des Premierministers übernommen hatte, schwenkte auch Großbritannien auf diese Linie ein. Zusammen mit seinem Außenminister Arthur James Balfour war er fest entschlossen, den Sieg über die Mittelmächte zu erringen.[34] Jedwede Friedensinitiative war somit in dieser Situation zum Scheitern verurteilt.

Bei den Mittelmächten sah die Lage nicht viel anders aus. Bethmann Hollweg war vielleicht der Einzige, der wirklich auf eine diplomatische Lösung hoffte. Allerdings hätte er sich die Rückkehr zum Status quo ante – wenn überhaupt – nur im Verlauf von Verhandlungen vorstellen können. Keinesfalls war er bereit, diesen Schritt als Vorleistung anzubieten, um überhaupt in Gespräche eintreten zu können. Innenpolitisch ließ sich diese Position angesichts der weitreichenden Forderungen der OHL ohnehin kaum durchsetzen. So hatte der Reichskanzler wohl mit dem Scheitern seines Versuches gerechnet, ihn aber doch unternommen, um das Reich außenpolitisch in einem günstigeren Licht darzustellen, bevor der kaum mehr vermeidbare Beginn des uneingeschränkten U-Boot-Kriegs das Ansehen des Reiches schwer beschädigen würde.

Spätestens zu diesem Zeitpunkt dürfte Bethmann Hollweg auch bewusst geworden sein, dass seine Hoffnung, durch die Popularität der neuen, 3. OHL auch einen innenpolitisch umstrittenen Frieden durchsetzen zu können, vergebens gewesen war. Hindenburg und Ludendorff setzten noch weit mehr als Falkenhayn auf Sieg und engten den Spielraum des Kanzlers massiv ein.

Im Januar 1917 spitzten sich die Ereignisse dann dramatisch zu. Am 9. Januar 1917 fiel im Großen Hauptquartier in Pleß die Entscheidung, am 1. Februar mit dem uneingeschränkten U-Boot-Krieg zu beginnen und das Schicksal des Reiches in die Hände von 140 U-Boot-Kommandanten zu legen.[35] Bethmann Hollweg leistete keinen nennenswerten Widerstand mehr. Die Entscheidung fiel, noch bevor die Entente auf die Note Wilsons reagiert hatte – ein eindeutiger Beleg dafür, dass man den Vorschlägen des amerikanischen Präsidenten ablehnend gegenüberstand. Einen Tag später teilten die Alliierten Washington widerwillig ihre eigenen Kriegsziele mit. Von der Rückgabe Elsass-Lothringens und der besetzten Gebiete war hier die Rede, ebenso vom Selbstbestimmungsrecht der Völker, was auf die Auflösung der Donaumonarchie und des Osmanischen Reiches abzielte.[36] Die Beschlüsse der Pariser Wirtschaftskonferenz wurden wohlweislich nicht genannt, da man die vehemente amerikanische Kritik bereits voraussah.

Als Wilson am 22. Januar 1917 ungeachtet seines gerade gescheiterten Vermittlungsversuches zum Frieden ohne Sieg auf Grundlage des Selbstbestimmungsrechts der Völker aufrief, griff Bethmann Hollweg nach diesem Strohhalm, um die ganz große Katastrophe vielleicht doch noch verhindern zu können. Die U-Boote waren jedoch bereits ausgelaufen, und die Militärs beharrten darauf, dass man sie nicht mehr zurückrufen könne. Der deutsche Botschafter in Washington, Johann Heinrich Graf von Bernstorff, hatte somit die undankbare Aufgabe, einen diplomatischen Spagat zu vollführen. Am 31. Januar musste er den Amerikanern mitteilen, dass am nächsten Tag das Deutsche Reich den uneingeschränkten U-Boot-Krieg beginnen werde. Zugleich erklärte er, dass man bereit sei, ihn einzustellen, wenn Wilson einen annehmbaren Frieden herbeiführen könne. Als Beweis des Vertrauens teilte Bernstorff inoffiziell die Friedensbedingungen Deutschlands mit, falls die Entente das deutsche Angebot vom 12. Dezember 1916 angenommen hätte: Rückgabe des Oberelsass, sichere Ostgrenzen, Rückgabe der von deutschen Truppen besetzten Gebiete vorbehaltlich wirtschaftlicher und strategischer Grenzberichtigungen und einer finanziellen Entschädigung, Sicherungsrechte in einem wiederhergestellten souveränen Belgien, Freiheit der Meere.[37] Wilson musste dieser Vorstoß reichlich absurd vorkommen. Die vorgegaukelte deutsche Gesprächsbereitschaft konnte den Bruch nicht mehr verhindern. Am 3. Februar ließ Wilson die diplomatischen Beziehungen abbrechen. Wenngleich die engsten Berater des Präsidenten, Außenminister Robert Lansing und Oberst House, gerade jetzt vehement auf den Kriegseintritt der USA drängten, zögerte Wilson noch und wollte abwarten, ob Berlin der Ankündigung Taten folgen ließ. Die Veröffentlichung des sogenannten Zimmermann-Telegramms am 1. März 1917 schuf dann die öffentliche Unterstützung für einen Kriegseintritt. Der Staatssekretär des Auswärtigen Amtes, Artur Zimmermann, hatte am 19. Januar über den deutschen Botschafter in Washington dem mexikanischen Präsidenten Venustiano Carranza ein Bündnisangebot für den Fall eines Krieges mit den Vereinigten Staaten unterbreitet und ihm die Rückeroberung weiter Teile der 1848/49 verlorenen Gebiete in Texas, Neu-Mexiko und Arizona in Aussicht gestellt.[38] Der britische Geheimdienst hatte dieses Telegramm abgefangen und Washington zugespielt. Nun schien es vor der eigenen Haustür eine unmittelbare militärische Bedrohung zu geben. Niemand hatte den Krieg vergessen, den amerikanische Truppen unlängst gegen mexikanische Guerillas geführt hatten. Als Mitte März 1917 bei der Versenkung von drei Handelsschiffen Amerikaner getötet wurden, war die letzte Hürde für einen Kriegseintritt gefallen. Am 2. April sprach Wilson vor dem Kongress und forderte das Land auf, sich am Kreuzzug der friedliebenden Demokratien gegen die militaristisch-aggressiven Autokratien zu beteiligen.[39] Am 6. April 1917 erklärten die Vereinigten Staaten dem Deutschen Reich den Krieg.

Rückblickend stellt sich die Frage, ob dieser Schritt angesichts der tiefen Verstimmung des deutsch-amerikanischen Verhältnisses über kurz oder lang nicht unvermeidbar gewesen ist, auch ohne die Wiederaufnahme des uneingeschränkten U-Boot-Krieges.[40] Bereits seit den 1890er Jahren waren die Beziehungen beider Länder von tiefem Misstrauen geprägt. In Deutschland wurden die ökonomische Potenz der Vereinigten Staaten und deren aggressive Außenhandelspolitik als Bedrohung empfunden. Die weitverbreitete Weltreichslehre ging im Kern auf ein wirtschaftliches Unterlegenheitsgefühl gegenüber den USA zurück. Während sich jeder dem anderen kulturell weit überlegen dünkte, wurden auch die machtpolitischen Ambitionen als Affront betrachtet – der in der Monroe-Doktrin artikulierte Anspruch der USA auf den amerikanischen Doppelkontinent genauso wie die deutschen Ansprüche in Europa und Übersee. Nach Kriegsausbruch stand eine prodeutsche Politik der Vereinigten Staaten daher niemals zur Debatte. Hinzu kamen die kulturelle Verbundenheit, aber auch das machtpolitische Arrangement zwischen London und Washington, die eine deutsch-amerikanische Annäherung von vornherein unmöglich machten. Andererseits:

Wenngleich die Alliierten wichtige finanzielle und materielle Unterstützung aus den USA erhielten, die ihnen den Abnutzungskrieg überhaupt erst ermöglichte, darf doch nicht verkannt werden, dass ein Kriegseintritt für Wilson und die amerikanische Bevölkerung zunächst nicht zur Diskussion stand, auch nicht nach seiner Wiederwahl 1916. Gewiss drängten Lansing und House massiv auf eine Intervention. Doch Wilson war auch über die britischen Blockademaßnahmen zutiefst verärgert und warnte am 27. November 1916 die amerikanischen Banken und Investoren vor weiteren Kreditvergaben an Großbritannien. Er war sich sehr wohl bewusst, dass nicht nur die Kriegsziele der Mittelmächte, sondern eben auch jene der Entente seinen Plänen einer liberalen Weltordnung entgegenstanden. Gerade die russischen Expansionspläne und die französischen Ambitionen in Richtung linkes Rheinufer sind in diesem Zusammenhang zu nennen und natürlich die Pariser Wirtschaftskonferenz mit ihrer Konzeption eines »Krieges nach dem Krieg«.

Bei aller Sympathie Amerikas für die Alliierten – man muss hier nochmals daran erinnern, dass die Deutschen das Feindbild Nr. 1 in den USA waren und dass insbesondere die Deutsch-Amerikaner dies intensiv zu spüren bekamen[41] – ist daher kaum vorstellbar, dass die USA ohne die äußeren Anlässe von U-Boot-Krieg und Zimmermann-Telegramm in den Krieg eingetreten wären, zumal die totale Niederlage der Westmächte nicht zu befürchten war.

Dieser Eskalation des Kampfes Vorschub geleistet zu haben, war somit der schwerste Fehler der deutschen Führung im Ersten Weltkrieg. Die Niederlage war jetzt nicht mehr aufzuhalten. Nur wenn die USA neutral geblieben wären, hätte das Reich noch die Chance auf einen glimpflichen Friedensschluss gehabt. Angesichts des Ausscherens Russlands aus dem Krieg und der enormen Verluste in den Materialschlachten 1917 machte sich in Großbritannien und Frankreich das Gefühl einer tiefen Resignation breit. Die Zeichen der Kriegsmüdigkeit waren im Volk wie auch in der Politik nicht zu übersehen. In dieser Situation im Herbst 1917 glich die Hoffnung auf das Eingreifen der Amerikaner für die Entente dem sprichwörtlichen Licht am Ende des Tunnels.[42] Nur wenn diese Hilfe ausgeblieben wäre, hätte ein Status-quo-ante-Frieden im Westen im Bereich des Möglichen gelegen. Dies hätte allerdings von der Reichsleitung und insbesondere von der OHL verlangt, von der Ausrichtung auf einen Siegfrieden Abschied zu nehmen. Doch diese Einsicht in die Realität fehlte den Verantwortlichen. Es erscheint unvorstellbar, dass die Reichsleitung jemals genügend Flexibilität hätte aufbringen können, um sich in einem günstigen Moment mit Großbritannien und Frankreich zu vergleichen. Das Beharren auf dem Versuch, im Osten *und* im Westen die eigenen expansiven Kriegsziele durchzusetzen und endlich den Durchbruch zur allseits respektierten, unabhängigen Weltmacht zu schaffen, stellte zur Jahreswende 1916/17 unwiderruflich die Weichen in Richtung Untergang.

Der Kriegseintritt der Vereinigten Staaten raubte der deutschen Außenpolitik den letzten Spielraum für einen Friedensschluss. Wollte man einen diplomatischen Ausweg aus dem Krieg weisen, blieb – so wissen wir heute – nur noch die Annahme der alliierten Friedensbedingungen. Innenpolitisch war ein solcher Schritt jedoch niemals durchzusetzen, dafür fehlte den deutschen Eliten das Bewusstsein einer drohenden Niederlage. Aufgrund der vergleichsweise hoffnungsvollen Entwicklung an den Fronten und einer realitätsfernen Propaganda rechneten sie eher damit, die eigenen Ziele durchsetzen zu können. Die deutsche Außenpolitik darf ab Frühjahr 1917 insofern auch nicht mehr unter dem Aspekt möglicher realer Friedenschancen gesehen werden. Sie liefert uns lediglich Aufschluss über den Grad der Realitätswahrnehmung auf Seiten der Reichsleitung und verdeutlicht die zunehmende Machtlosigkeit der Politik gegenüber einer immer dominanter auftretenden 3. OHL. Ein ständig wiederkehrender Disput durchzog dabei die Außenpolitik: Die Wilhelmstraße war 1917/18 darum bemüht, den Faden zu Friedensgesprächen nicht abreißen zu lassen und mit dem Faustpfand Belgien einen leicht verbesserten Status quo ante bellum im Westen auszuhandeln. Im Übrigen befürwortete man zwar eine Expansion im Osten, jedoch nur in Form einer indirekten Herrschaftserweiterung, nicht im Sinne von Annexionen. Demgegenüber bekämpften Hindenburg und Ludendorff scharf alle Ansätze von Friedensbestrebungen, da diese nur zur Beschneidung ihrer Kriegszielvisionen führen konnten. Sie vertraten bis weit in das Jahr 1918 hinein die Überzeugung, dass man dem Gegner mit dem Schwert in der Hand einen Frieden diktieren müsse.[43]

Friedensinitiativen im Krisenjahr 1917

Nach der Februarrevolution 1917 in Russland verhielt sich Bethmann Hollweg zunächst abwartend. Er betonte gegenüber Petrograd stets in allgemeinen Wendungen die Friedensbereitschaft, drückte sich aber davor, konkrete Ziele der deutschen Regierung bekannt zu geben. Über seine am 29. März abgegebene »Nichteinmischungserklärung«[44] wollte und konnte er nicht hinausgehen. Seitdem sich der Kanzler im März 1917 für innenpolitische Reformen ausgesprochen hatte, wurde er von den konservativen Kräften im Reich schwer bedrängt. Seine Stellung war schwächer denn je, so dass er in dieser Lage Petrograd kaum weitgehende Zugeständnisse – etwa einen Annexionsverzicht – machen konnte. Zudem darf nicht übersehen werden, dass sich auch Bethmann Hollweg mit der Aussicht, Teile des Baltikums von Russland loszulösen, durchaus anfreunden konnte und dass die militärischen Stellen nicht müde wurden, den baldigen Zusammenbruch der Westmächte vorauszusagen. Die deutsche Friedenspolitik blieb somit kraftlos. Ein ernst zu nehmender Versuch, den Machtwechsel in Russland zu einem Sonderabkommen zu nutzen, wurde nicht unternommen. Die Dominanz der OHL erstickte jedwede Überlegung in diese Richtung. Am 23. April legte die Reichsleitung in einer Konferenz in Bad Kreuznach die Kriegsziele fest.[45] Kaiser Wilhelm II. stand ganz unter dem Einfluss des militärischen Umfeldes und überbot gar noch die einschlägigen Annexions- und Reparationsforderungen. Bethmann Hollweg blieb vollkommen passiv. Seine Stellung war mittlerweile zu schwach, um ohne die Rückendeckung des Kaisers eine große Konfrontation durchstehen zu können. Er hielt die Beschlüsse der Kreuznacher Konferenz allerdings für Phantastereien und sah sie nicht als bindend an. Wenngleich die Politik den Expansionsbestrebungen von Kaiser und OHL ablehnend gegenüberstand, so machten die Kreuznacher Beschlüsse doch deutlich, dass die Friedensidee in Deutschland auch 1917 nicht zum Durchbruch kommen konnte. Und dies trotz der beunruhigenden Lage im Inneren, an den Fronten und der Schwäche der Bundesgenossen.

Im Sommer 1917 versuchte auch Papst Benedikt XV. kraft seiner moralischen Autorität, ein Ende der Kämpfe herbeizuführen. Da es keine offiziellen Verbindungen zwischen dem Vatikan und Berlin gab, liefen die Kontakte über den päpstlichen Nuntius in München, Eugenio Pacelli, dem Bethmann Hollweg am 26. Juni 1917 ein sensationell weitreichendes Angebot unterbreitete: Deutschland sei zur Wiederherstellung der vollen Souveränität Belgiens ohne weitere Vorbehalte bereit, wenn seine Unabhängigkeit auch gegenüber den Westmächten gesichert sei. Dieses einsame Vorpreschen des Kanzlers war insofern außergewöhnlich, weil niemand innerhalb der Reichsleitung – vorher und nachher nicht – zu einer solchen Vorleistung bereit war, ohne hieran weitere Bedingungen zu knüpfen. Was immer der Reichskanzler mit diesem Vorstoß bezweckt haben mag, es konnte nicht gelingen, da er im Juli wegen massiver Angriffe der Militärs und einer Reichstagsmehrheit gegen ihn zurücktreten musste. Sein Nachfolger Georg Michaelis war eine schwache Persönlichkeit, die sich gegen die OHL noch weniger durchsetzen konnte.

Angesichts dieser Schwäche kam dem neuen Staatssekretär des Auswärtigen Amtes, Richard von Kühlmann, eine zentrale Rolle bei der Gestaltung der Friedensinitiativen zu. Dieser war fest davon überzeugt, dass man angesichts der schwindenden Kräfte einen diplomatischen Ausweg aus dem Krieg finden musste und nicht auf die Erfolge der eigenen Waffen hoffen konnte. Anders als der Papst, dem die Vermittlung eines allgemeinen Friedenskongresses vorschwebte, wollte Kühlmann versuchen, sich mit Großbritannien zu verständigen. Hier glaubte er in der Opposition und auch im Kabinett eine Friedenspartei erkennen zu können.[46] Im Gegensatz zu Frankreich schien eine Einigung mit London somit denkbar zu sein. War diese erst einmal erreicht, konnte es sich auch das auf die Rückgewinnung Elsass-Lothringens zielende Frankreich nicht mehr leisten, abseits zu stehen.

Die Friedensinitiative des Papstes musste angesichts der Vorstellungen Kühlmanns von einer Einigung mit England erheblich an Wirkung verlieren. Am 1. August erfolgte das offizielle Vermittlungsangebot.[47] Die ersten Reaktionen Berlins am 12. August ließen die in dem früheren Angebot Bethmann Hollwegs signalisierte große Konzessionsbereitschaft jedoch vermissen. Frankreich und Italien lehnten es überhaupt ab, konkrete Antworten abzugeben. Selbst die USA verweigerten sich unter vehementen Beschimpfungen Deutschlands der Rückkehr zum Status quo ante bellum.[48] Lediglich London ließ eine zögerliche, zurückhaltende Verhandlungsbereitschaft erkennen. Angesichts dieser harten Haltung der Entente drängte der Papst energisch darauf, dass Deutschland eine entsprechende Proklamation über Belgien abgeben sollte. Am 11. September 1917 berief Kaiser Wilhelm II. den Kronrat ein, um diese Frage zu klären. Man einigte sich darauf, dass nach dem Krieg auf die flandrische Küste verzichtet werden könne, allerdings die Flamenfrage gelöst werden müsse und ein enger wirtschaftlicher Anschluss des Landes an das Reich erfolgen sollte. Diese konkreten Ziele wollte man indes dem Papst nicht mitteilen, um den besten Trumpf nicht vorzeitig auszuspielen.[49] Die offizielle deutsche Antwort vom 19. September begrüßte daher die Friedensvorschläge des Heiligen Stuhls, ansonsten beinhaltete sie jedoch nur Floskeln. Die Initiative des Papstes war damit endgültig gescheitert, und auch die von Kühlmann erhofften Verhandlungen mit England scheiterten schon im Ansatz. Trotz aller Friedensregungen in Europa war kein Land wirklich zu einem Ausgleichsfrieden bereit. Für die Westmächte gilt dies noch weit mehr als für die Mittelmächte.

Im Nachhinein betrachtet war es gewiss ungeschickt von Kühlmann, der Initiative des Papstes nicht die erste Priorität eingeräumt zu haben, um die Alliierten mit einer deutschen Verzichtserklärung bezüglich Belgien unter Zugzwang zu setzen. Kühlmann war nämlich zur Wiederherstellung der Souveränität des kleinen Landes bereit, wenn umgekehrt die Integrität des Deutschen Reiches, die Rückgabe der Kolonien, der Verzicht auf Reparationen und einen Wirtschaftskrieg nach dem Friedensschluss garantiert worden wären. Dies deckte sich zwar nicht mit den großen Zusagen Bethmann Hollwegs vom 26. Juni 1917, war aber immerhin mehr als nichts.

Die Neuordnung Europas

Den Endpunkt aller Hoffnungen auf einen Frieden markierten schließlich die Erklärungen Lloyd Georges und Wilsons im Januar 1918. Im Zusammenhang mit den Friedensverhandlungen in Brest-Litowsk hatte Kühlmann am 25. Dezember 1917 auf Druck von Russen und Österreichern die Bereitschaft verkündet, mit allen Gegnern auf der Grundlage des Verzichts auf gewaltsame Gebietserwerbungen und Entschädigungen über einen allgemeinen Frieden zu verhandeln. Am 5. Januar 1918 lief die Frist für das Angebot aus. Der britische Premierminister stellte am selben Tag in einer Rede die britischen Kriegsziele als moderat dar und unterließ die sonst üblichen Disqualifizierungen Deutschlands.[50] Obgleich die Rede in konservativen Kreisen Großbritanniens als defätistisch beurteilt wurde,[51] konnte dies allerdings nicht darüber hinwegtäuschen, dass ein echter Ausgleichsfrieden ohne die Abtretung Elsass-Lothringens an Frankreich für ihn nicht in Frage kam. Zwar verkündete er, dass man die Stellung Deutschlands in der Welt nicht zerstören wolle, doch das Gegenteil war zwischen den Zeilen unmissverständlich herauszulesen. Die Entente – daran konnte kein Zweifel bestehen – war nach wie vor zur Fortführung des Kampfes bis zum Sieg entschlossen. So wies der britische Premierminister David Lloyd George das befristete Friedensangebot Berlins und Wiens, das im Zusammenhang mit den Verhandlungen mit Russland abgegeben worden war, zurück.

Drei Tage später, am 8. Januar 1918, proklamierte Wilson seine berühmten 14 Punkte und gab damit der Weltöffentlichkeit zu verstehen, dass nicht nur die bolschewistische Regierung einen »gerechten« Frieden anstrebe, sondern auch die Vereinigten Staaten. Im Einzelnen forderte er:

1. Öffentlichkeit der Verträge und der diplomatischen Verhandlungen,
2. Freiheit der Meere für die Schifffahrt aller Nationen in Friedens- und Kriegszeiten,
3. Aufhebung aller wirtschaftlichen Schranken zwischen den Völkern,
4. kontrollierte Abrüstung,
5. unparteiische Regelung der Kolonialfrage,
6. Räumung des von Deutschland besetzten russischen Gebietes,
7. Wiederherstellung Belgiens,
8. Räumung Frankreichs und Rückgabe Elsass-Lothringens an Frankreich,
9. Abtretung der italienischsprachigen Gebiete Österreichs an Italien,
10. weitgehende Autonomie der Völker der Donaumonarchie,
11. Wiederherstellung Serbiens, Montenegros und Rumäniens,
12. Begrenzung des Osmanischen Reiches auf Kleinasien,

13. Errichtung eines polnischen Staates
    mit freiem Zugang zum Meer,
14. Gründung eines Völkerbundes.[52]

Wilsons 14 Punkte verdeutlichen, dass die Kriegsziele Washingtons und der Westmächte durchaus voneinander abwichen. London war niemals bereit, die Freiheit der Meere oder gar den freien Wirtschaftsverkehr zu garantieren. Auch die Kolonialfrage konnte angesichts der Interessen der immer selbstbewusster agierenden Siedlungskolonien (Dominions) Südafrika, Australien und Neuseeland kaum unparteiisch geregelt werden. Während Paris über die Rückgabe von Elsass-Lothringen hinausgehen wollte, gedachte auch Rom, nicht nur italienischsprachige Gebiete zu gewinnen. Allerdings: Wilson ging in einigen Punkten auch weiter als die Entente – so etwa mit der Forderung, durch die Abtrennung Ostpreußens vom Reich einen freien polnischen Zugang zum Meer zu schaffen. Zudem zielte Wilson mit großzügigen Hilfszusagen an die Russen darauf ab, dass diese vielleicht doch wieder zu den Waffen greifen könnten. Neben den Differenzen im Lager der Alliierten verdeutlicht dieses Kriegszielprogramm auch, wie sehr die USA auf eine Umgestaltung der europäischen Landkarte ausgerichtet waren.

Trotz aller Differenzen waren sich die Alliierten einig, dass die Mittelmächte zur Kapitulation gezwungen werden sollten. Berlin befand sich angesichts dieser Haltung in einer Zwickmühle. Niemand – selbst die Mehrheits-SPD nicht – hätte sich in einem Moment, in dem die Front im Osten nicht mehr existierte, auf derartige Bedingungen eingelassen. Dennoch war zumindest der Wilhelmstraße klar, dass angesichts der Schwäche des eigenen Landes und insbesondere der Verbündeten der Kampf bald beendet werden musste. Doch die Reichsleitung konnte den gordischen Knoten nicht zerschlagen. Kanzler Georg Graf von Hertling, der im November 1917 Georg Michaelis nachgefolgt war, flüchtete sich in wirkungslose Appelle an die Vernunft der Entente, jetzt Frieden zu schließen, und strich heraus, dass ein ehrlicher Friedenswille der Alliierten noch nicht erkennbar sei. Wilsons 14 Punkte, betonte er, könne man en bloc nicht akzeptieren. Die Integrität der Mittelmächte müsse gesichert sein. Ebenso wies er die Einmischung bei der Gestaltung der Zukunft Polens und des Friedens mit Russland zurück.

Am 21. März 1918 begann in Frankreich die deutsche »Michael«-Offensive, ohne dass man sie durch ein Friedensprogramm oder einen entsprechenden Appell flankiert hätte. Ludendorff, noch immer auf die Durchsetzung seiner Maximalziele fixiert, hatte dies zu verhindern gewusst. Dies belegt, wie sehr er zu jenem Zeitpunkt noch an den Sieg der Mittelmächte glaubte. Von einer »verpassten« Chance kann man an dieser Stelle jedoch nicht sprechen. Die Alliierten standen dank der Hilfe der USA im Frühjahr 1918 auf viel zu starken Beinen, als dass sie bereit gewesen wären, mit Berlin einen Verhandlungsfrieden zu schließen. Allerdings gab es in Deutschland auch kein Kriegszielprogramm, mit dem man öffentlich in die moralische Offensive hätte gehen können. So unterschiedlich die Pläne von Politik und Militär im Einzelnen auch sein mochten, so sehr waren sie doch auf eine mehr oder minder umfangreiche Machterweiterung des Reiches auf Kosten anderer ausgerichtet. Die Friedensverträge von Brest-Litowsk und Bukarest veranschaulichen dies deutlich.

Nach ihrer Machtübernahme am 6. November 1917 brauchten die Bolschewiki in Russland dringend Frieden, für den sie gegenüber dem Volk stets eingetreten waren. Das Land war am Ende seiner Kraft, eine Fortsetzung der Kämpfe ließ sich nicht mehr verantworten. Zudem betrachtete man die Forderung nach Frieden ohne Annexionen und Kontributionen auch als revolutionäre Kampfparole, die die unterdrückte Arbeiterklasse in anderen Ländern zum Aufstand gegen die noch immer kriegslüsternen Regierungen antreiben sollte. Am 22. Dezember begannen die Friedensverhandlungen mit Russland, in deren Verlauf ein scharfer Konflikt zwischen Kühlmann und der OHL entbrannte. Dabei darf nicht verkannt werden, dass sich auch das Auswärtige Amt für eine Expansion nach Osten einsetzte. Polen, Litauen und

Am 22. Dezember 1917 begannen die Friedensgespräche mit Russland in Brest-Litowsk. Historische Postkarte mit Bismarck als »steinernem Gast« am Verhandlungstisch.

Kurland sollten aus dem russischen Staatsverband herausgelöst werden. Über den Status Polens war man sich immer noch uneins – die Wilhelmstraße befürwortete nunmehr eine austropolnische Lösung; Litauen und Kurland sollten autonome Staatsgebilde werden, freilich mit enger wirtschaftlicher und politischer Bindung an das Reich. Die Pläne der OHL gingen darüber hinaus: Sie wollte eine dynastische Verknüpfung des gesamten Baltikums, also auch Livlands und Estlands, mit Preußen zustande bringen. Auf dem Kronrat vom 18. Dezember 1917 konnten sich Hindenburg und Ludendorff mit ihren Forderungen bezüglich Litauen und Kurland durchsetzen, über Livland und Estland wurde noch nicht entschieden.[53] Offiziell firmierten alle Ambitionen unter dem Deckmantel des Selbstbestimmungsrechts der Völker: Man proklamierte die Autonomie ohne Annexionen – sozusagen die Befreiung der Balten vom russischen Joch – und berief sich zugleich auf die Wünsche der deutschen Oberschicht. Natürlich ging es Berlin nicht um die volle Selbständigkeit dieser Staaten, sondern um Abhängigkeit, die sich die Militärs und der Kaiser als Vasallenverhältnis vorstellten. Zudem: Die deutsche Oberschicht, die in Litauen gar nicht vorhanden war, machte bestenfalls zehn Prozent der Bevölkerung aus und stand für eine monarchische Ordnung, die nicht dem Freiheitsstreben der Einwohner entsprach.

Als am 5. Januar 1918 die Frist für einen allgemeinen Friedenskongress wirkungslos verstrichen war, zeigten sich die Russen zu einem Sonderfrieden bereit. Der Verhandlungsführer der Bolschewiki, Leo Dawidowitsch Trotzki, zog die Verhandlungen allerdings bewusst in die Länge. Er erwartete, dass die Revolution bald auch in Deutschland und Österreich ausbrechen werde und man so vermeiden könnte, ihnen Konzessionen zu machen. Trotzki wusste zudem, dass die Mittelmächte es sich nicht leisten konnten, die Verhandlungen platzen zu lassen. Zu sehr mehrten sich bei ihnen innere Zerfallserscheinungen. Daher drängte besonders der österreichisch-ungarische Außenminister Ottokar Graf Czernin darauf, sich rasch mit den Bolschewisten zu einigen. Die OHL dachte indes nicht daran, sich auf Trotzkis Verzögerungstaktik einzulassen. Sie wollte den beginnenden Zerfall Russlands für die eigenen Pläne nutzen und insbesondere Estland und Livland gewinnen. Die deutschen Ritterschaften hatten bereits ein Schutzgesuch an das Reich gestellt, und am 22. Januar 1918 hatte sich die Ukraine für unabhängig erklärt. Am 9. Februar schloss Kiew Frieden mit den Mittelmächten. Der junge Staat gewann das ehemals polnische Cholmer Land und sagte im Gegenzug umfangreiche Getreidelieferungen zu. Ludendorff forderte nun eine erneute militärische Eskalation, gegen die sich Kühlmann noch heftig wehrte. Schließlich lieferte Trotzki selbst den Vorwand hierfür. Am 10. Februar brach er die Verhandlungen mit dem Hinweis ab, es solle weder Krieg noch Frieden herrschen. Er hatte sich intern gegen Wladimir Iljitsch Lenin durchsetzen können, der die Annahme der Bedingungen der Mittelmächte empfohlen hatte, um sich zunächst der innenpolitischen Stabilisierung des Regimes zuwenden zu können. Die OHL konnte daraufhin ihre harte Haltung auf dem Kronrat in Bad Homburg durchsetzen.[54] Die Kampfhandlungen wurden wieder aufgenommen. Am 19. Februar marschierten 60 Divisionen weiter nach Osten. Eine kampfkräftige Streitmacht stellten diese Einheiten zwar nicht dar, da ein Großteil der schweren Waffen und die besten Soldaten nach Frankreich abkommandiert waren. Sie stießen aber auch nicht mehr auf ernst zu nehmenden Widerstand und konnten auf den russischen Eisenbahnen zügig nach Osten vordringen. Am 23. Februar wurden die nunmehr verschärften Friedensbedingungen vorgelegt, am 1. März die Verhandlungen wieder aufgenommen. Zwei Tage später unterzeichneten beide Delegationen den Friedensvertrag von Brest-Litowsk.[55] Nun mussten auch Estland und Livland aus dem russischen Staat entlassen werden. Die russische Regierung war ferner gezwungen, ihre Truppen aus Finnland und Ostanatolien zurückzuziehen und die Ukraine anzuerkennen. Die Zukunft dieser Gebiete blieb allerdings offen. Auf eine Kriegsentschädigung wurde beidseitig verzichtet. Die Neubegründung deutsch-russischer Wirtschaftsbeziehungen sollte indes nicht auf der Grundlage des Handelsvertrages von 1904 erfolgen – wie es Kühlmann vorgeschwebt hatte –, sondern im Sinne von OHL und Kreisen der Großindustrie, also in Form eines verdeckten Knechtschaftsverhältnisses.

Der Frieden von Brest-Litowsk steckte nur einen Rahmen ab und ließ vieles offen. Eines wurde aber überdeutlich: In Deutschland waren Kräfte bestimmend, die keinen Ausgleich anstrebten, sondern rücksichtslos durchzusetzen suchten, was durch Waffenerfolge erreichbar war. Der notwendigen Stabilität der Nachkriegsordnung galt dabei nicht das geringste Augenmerk. Die Frage des moralischen Kredits im Ausland hatte sich ohnehin erübrigt.

Zudem drängte die desolate wirtschaftliche Lage des Reiches immer mehr dazu, die eigene Position der Stärke zur rücksichtslosen Ausbeutung des in Bürgerkrieg und Chaos stürzenden Russland auszunutzen. Zu diesem Zweck stießen deutsche Truppen im weiteren Verlauf des Jahres 1918 bis in den Kaukasus vor, um sich hier die bedeutenden Ölquellen zu sichern – ein Vorgehen, das zu erheblichen Spannungen mit der Türkei führte.[56]

Von ähnlichen wirtschaftspolitischen Motiven wurden auch die Friedensverhandlungen mit Rumänien geprägt. Das Land, das seit 1916 an der Seite Russlands gekämpft hatte, wurde von dem militärischen Zusammenbruch seines großen Bündnispartners mit in den Abgrund gerissen. Auf sich allein gestellt, hatte die Fortsetzung des Kampfes keinen Sinn mehr. Im Frieden von Bukarest vom 7. Mai 1918[57] musste Rumänien auf Drängen Bulgariens die ganze Dobrudscha abtreten. Berlin bestand darauf, dass das Land seine Öl- und Agrarwirtschaft weitgehend in die Dienste der Mittelmächte zu stellen hatte. Wieder siegte kurzfristige Raffgier über die Maxime der Vernunft, langfristig ein tragfähiges Verhältnis zwischen den Staaten aufzubauen.

5 Die Gesellschaft im Krieg

Spuren des technisierten Krieges in der Heimat: Ein erbeuteter englischer Panzer wird auf dem Marktplatz der Messestadt Leipzig einem staunenden Publikum präsentiert.

Wirtschaft und Finanzen

Am Vorabend des Ersten Weltkrieges beherrschte der Glaube an einen kurzen Krieg die Eliten des Deutschen Reiches. Wirtschaft, Politik und Militär rechneten zumindest in ihren offiziellen und öffentlichen Stellungnahmen mit einem kurzen, harten und siegreichen Kampf. Wie in den Einigungskriegen sollte in schnellen Vernichtungsschlägen die Entscheidung gesucht werden. Bei den Spitzenmilitärs gab es intern gewiss starke Vorbehalte gegen den Glauben, der nächste Krieg werde nur ein kurzes reinigendes Gewitter sein. Sie wussten um das militärische Vabanquespiel, auf das sie sich einließen. Konsequenzen zogen sie allerdings daraus nicht, so dass auch die breite Öffentlichkeit sich von dem propagierten optimistischen Zukunftsbild leiten ließ. Dementsprechend schien es überhaupt nicht notwendig zu sein, wirtschaftliche Vorbereitungen für den in Teilen der Gesellschaft erwarteten großen Krieg zu treffen. Die angehäuften Munitionsvorräte müssten nach allen Berechnungen für einen mehrmonatigen Kampf ausreichen, und auch die Volkswirtschaft würde die kurze Unterbrechung ihres geregelten Treibens leicht verkraften können. Der Gefahr einer möglichen englischen Seeblockade glaubte man ebenso gelassen entgegensehen zu können. Die Royal Navy könnte im schlimmsten Fall zwar den deutschen Überseehandel abschneiden. Über die neutralen Staaten wäre es dem Reich aber immer noch möglich, den Kontakt mit dem Weltmarkt aufrechtzuerhalten.[1] Nirgendwo sah die Reichsleitung einen dringenden Handlungsbedarf. So gab es zwar im Reichsamt des Innern seit 1912 eine ständige Kommission für Fragen der wirtschaftlichen Mobilmachung. Nennenswertes hat dieses Gremium bis August 1914 jedoch nicht geleistet.

Die finanzpolitischen Vorbereitungen waren ähnlich bescheiden. Friedrich der Große konnte 1740 mit den im Berliner Stadtschloss gelagerten acht Millionen Talern immerhin ein Jahr Krieg führen. Die Reichsbank dagegen hatte 1914 nur 205 Millionen Reichsmark als Kriegsreserve angelegt. Diese Summe reichte gerade einmal für wenige Kriegstage.[2] Es musste also rasch eine Lösung zur Finanzierung des Krieges gefunden werden. Die Reichsleitung entschloss sich, die Erhebung von speziellen Steuern zunächst zu vermeiden. Deutschland brachte die enormen Kriegskosten von 155 Milliarden Mark daher vor allem durch Kredite auf. Nur neun Milliarden, das heißt knapp sechs Prozent, stammten aus Steuereinnahmen. Alles in allem handelte es sich jedoch um gewaltige Summen. Zum Vergleich: Die Einnahmen des Reiches betrugen 1913 2,3 Milliarden Mark. Die Regierung erhielt – vom Reichstag ermächtigt – Kredite von der Reichsbank. Diese Verschuldung wurde dann zu einem Großteil mit Volksanleihen gedeckt. Bereits im September 1914 wurde die erste Kriegsanleihe aufgelegt. In Halbjahresabständen folgten dann bis zum Herbst 1918 acht weitere. Die Bevölkerung wurde durch die Propaganda an ihre patriotische Pflicht erinnert, dem

Staat durch die Zeichnung die notwendigen Geldmittel zur Verfügung zu stellen. Das Zeichnungsergebnis war dann auch ein Stimmungsbarometer: So brachte die erste Kriegsanleihe in der allgemeinen Begeisterungswelle der Augusttage 1914 mit 4,5 Milliarden Mark ein unerwartet hohes Ergebnis. Insgesamt wurden mit den Kriegsanleihen 95 Milliarden Mark aufgebracht.

Die gewaltigen Kosten des nicht endenden Kampfes belasteten die Finanzen des Reiches schwer und legten die Grundlagen für die Inflation des Jahres 1923.[3] Da in den ersten Kriegsjahren die Verschuldung bei der Reichsbank vollständig mit den Anleihen beglichen werden konnte, blieb der Inflationsdruck zunächst vergleichsweise gering. Ab 1916 verstärkte er sich jedoch erheblich, unter anderem weil die Anleihen zur Deckung der Schulden nicht mehr ausreichten. Die im Umlauf befindliche Geldmenge vermehrte sich deutlich, die Inflationsrate stieg sprunghaft an. Im Krieg waren die Opfer dieser Entwicklung in erster Linie jene Bevölkerungsgruppen, deren Gehälter nicht der fortschreitenden Teuerung angepasst wurden, das heißt vor allem Beamte und Rentner. Relativ gesehen traf es die höheren Beamten am schlimmsten. Ihr Realeinkommen sank um bis zu 50 Prozent.[4] So führte der Krieg zu völlig unerwarteten gesellschaftlichen Veränderungen: Der bürgerliche Mittelstand erlebte einen rapiden sozialen Abstieg und fand sich bald am Rande der Armut wieder. Hinzu kam, dass die Interessenverbände von Angestellten und Beamten – im Unterschied etwa zu den Gewerkschaften – kaum politischen Einfluss besaßen. Die Lage der meisten Industriellen war demgegenüber besonders günstig. Sie konnten fast ungehindert große Gewinne mit der Rüstungsproduktion machen. Im Glauben, dass Kosten keine Rolle spielen dürften, akzeptierten die Lenkungsreferate im Kriegsministerium oft jeden Preis. Im Übrigen profitierten davon auch die Industriearbeiter, da die Gewerkschaften nun hohe Lohnforderungen durchsetzen konnten.[5] So war es bald auch mit der Einheit der Arbeiterschaft nicht mehr weit her, da die Rüstungsbetriebe im Vergleich zu den nichtkriegswichtigen Betrieben dreimal so hohe Löhne zahlten. Wenngleich auch die Industriearbeiter unter dem harten Kriegsalltag zu leiden hatten, vermochten sie ihre soziale Stellung gegenüber dem Mittelstand und den Unterschichten deutlich zu verbessern.

Eine vernünftige Preis- und Lohnpolitik, die in Anbetracht der ohnehin schon schlechten Finanzlage um ein niedriges Kostenniveau bemüht sein musste, gab es im Reich nicht.[6] Dabei war es dringend geboten, die private Kaufkraft zur Eindämmung der Inflation möglichst niedrig zu halten. Die verantwortlichen Beamten durchschauten indes die Folgen ihrer laxen Haltung nicht. Sie waren mit der finanzpolitischen Steuerung von Deutschlands Kriegswirtschaft vollkommen überfordert. Allerdings muss erwähnt werden, dass die Reichsleitung keineswegs blind in ihr Verderben rannte. Sie war sich der monetären Gefahren durchaus bewusst, hoffte jedoch, die Kriegskosten nach einem Siegfrieden dem Gegner aufbürden zu können, um so den eigenen Haushalt wieder zu konsolidieren. Die Vorstellung, ihre Feinde die Zeche bezahlen zu lassen, war im Übrigen bei allen Großmächten verbreitet.

Ähnlich wie in der Finanzpolitik ging Deutschland auch in den anderen ökonomischen Bereichen, wie der Industrieproduktion, der Arbeiterfrage und der Ernährung der Bevölkerung, unvorbereitet in den Krieg.[7] Obgleich das Scheitern des deutschen Kriegsplans bereits drei Monate nach Kriegsbeginn offenkundig war, blieb eine durchgreifende, effiziente und zentral geleitete wirtschaftliche Mobilmachung aus. Die deutsche Kriegswirtschaft war daher trotz etlicher Innovationen von Halbheiten gekennzeichnet. Die britische Blockade unterband kurz nach Kriegsbeginn fast alle Überseezufuhren. Dadurch verlor die zweitgrößte Wirtschaftsmacht und eine der führenden Handelsnationen der Welt 90 Prozent ihrer Importe. Die Verbündeten und die wenigen neutralen Staaten konnten diesen Aderlass nicht ausgleichen. Der Außenhandel des Reiches fiel von einem Gegenwert von 5,9 Milliarden Dollar 1913 auf 800 Millionen Dollar 1917.[8] Das Land glich somit einer belagerten Festung, bei der sich nur noch auf Schleichwegen Waren hinein- und hinausschmuggeln ließen. Bereits vor der Jahrhundertwende hatten Wirtschaftsfachleute auf die große Verwundbarkeit Deutschlands im Falle eines langen Krieges hingewiesen. Ihre Forderungen nach Autarkie und merkantiler Handelspolitik fanden jedoch nur während der Konjunkturkrise um 1901 Gehör,[9] danach wischten die positiven Wirtschaftsdaten die Ängste vom Tisch. Bereits kurz nach Kriegsbeginn war auf den ersten Blick erkennbar, dass sich das Reich in einer überaus kritischen Lage befand: Kohle war der einzige Rohstoff, der im eigenen Land in großen Mengen vorhanden war. 1913 wurden 50 Prozent aller in Deutschland verarbeiteten Eisenerze importiert; bei anderen Metallen, wie dem Stahlhärter Mangan sowie Kupfer, Blei und Zink, wurde praktisch der gesamte Bedarf importiert. Nicht anders sah es bei Kautschuk, Erdöl und vor allem bei den für die Munitions- und Düngemittelherstellung essentiellen Nitraten aus.[10]

Bezeichnenderweise waren es zwei Personen außerhalb der Regierung, die die Aufmerksamkeit auf die prekäre Rohstofflage lenkten: Walther Rathenau, Präsident der AEG – eines der größten deutschen Unternehmen –, und Wichard von Moellendorff, leitender Angestellter in der Metallabteilung der AEG. Eine von ihnen angeregte Umfrage bei 900 großen Industriebetrieben ergab im August 1914, dass die vorhandenen Rohstoffvorräte meist nur noch ein halbes Jahr ausreichten. Somit drohte der deutschen Kriegführung schon aus rein wirtschaftlichen Gründen eine rasche Niederlage. Unter Führung des einflussreichen Rathenau wurde am 13. August 1914 die Kriegsrohstoffabteilung (KRA) im preußischen Kriegsministerium eingerichtet.[11] Damit war eine zentrale Stelle für die Erfassung und Bewirtschaftung der industriellen Rohstoffe eingerichtet worden, die für das gesamte Reich zuständig war, auch für Sachsen, Württemberg und Bayern. Rathenau gelang es trotz mannigfaltiger Schwierigkeiten, die freien Kräfte der Wirtschaft im Sinne einer effizienten Rohstoffgewinnung und -verteilung zu organisieren.

Nachdem die Aufbauarbeit geleistet war, übernahm am 1. April 1915 ein Offizier, Major Josef Koeth, den Platz Rathenaus. Innerhalb der von Fehlschlägen und Ineffizienz geprägten deutschen Kriegswirtschaft markierte die Tätigkeit der Kriegsrohstoffabteilung einen entscheidenden Wendepunkt. Ihr durchschlagender Erfolg ermöglichte überhaupt erst die Weiterführung des Kampfes über das erste Kriegsjahr hinaus. Rathenau und Koeth schränkten den zivilen Verbrauch von Mangelrohstoffen drastisch ein und versuchten zugleich mit allen Mitteln, die knappen Vorräte zu vermehren. Eine eigene Abteilung befasste sich mit der zentralen Steuerung von Im- und Exporten. Sie organisierte die Eisenerzzufuhren aus Schweden, die dank der deutschen Seeherrschaft in der Ostsee den ganzen Krieg über aufrechterhalten werden konnten, und die Chrom- und Manganlieferungen aus der Türkei. Über Genua wurden bis zum Frühjahr 1915 große Mengen Baumwolle aus den USA bezogen. Auch die besetzten Gebiete wurden voll in die Rohstoffgewinnung integriert. Aus Belgien und Nordfrankreich bezog man Kohle, aus dem französischen Teil Lothringens Eisenerze, aus Serbien Kupfer. Die größte und bedeutendste Leistung war allerdings die künstliche Herstellung von Stickstoff, dem Grundstoff zur Pulver- und Düngemittelherstellung. Bereits vor dem Krieg hatten Fritz Haber und Carl Bosch ein Verfahren entwickelt, mit dem Stickstoff aus der Luft gewonnen werden konnte. Rathenau sorgte nunmehr dafür, dass die vorhandenen Produktionsanlagen erheblich erweitert wurden. Deutschland konnte sich so unabhängig machen von der Einfuhr von Chilesalpeter, dem bis dahin einzigen Grundstoff zur Stickstoffgewinnung. Die Maßnahmen kamen keinen Augenblick zu spät: Im November 1914 hatte das deutsche Heer alle Munitionsvorräte verschossen. Die laufende Produktion war angesichts rasch schwindender Stickstoffvorräte so gering, dass der Krieg über kurz oder lang »auszutrocknen« drohte.[12] Erst die industrielle Stickstoffsynthese stellte die Munitionsversorgung des Heeres für die Dauer des Krieges sicher.[13] Die erfolgreich tätige Kriegsrohstoffabteilung konnte natürlich die schlechten ökonomischen Rahmenbedingungen nicht verändern. Es gelang ihr jedoch, die knappen Ressourcen optimal auszunutzen. Die anderen großen Wirtschaftsbereiche standen vor ähnlichen Aufgaben. Auch sie mussten die Probleme der Kriegszwangswirtschaft lösen, konnten aber nicht annähernd an die Erfolge der Rohstoffbewirtschaftung anknüpfen.

So war an die Bereitstellung einer ausreichenden Anzahl von Arbeitskräften für die Rüstungsproduktion überhaupt nicht gedacht worden. Im Überschwang patriotischer Gefühle meldeten sich zahllose Facharbeiter freiwillig an die Front. Auch die Einberufungspraxis war planlos und nahm auf die Belange der Wirtschaft keine Rücksicht. Ende 1914 hatte bereits ein Drittel der Industriearbeiterschaft den Arbeitskittel gegen die Uniform getauscht. Gemäß den allzu optimistischen Vorkriegsprognosen rechnete man im Falle eines Krieges mit erhöhter Arbeitslosigkeit, keineswegs jedoch mit einem Mangel an Arbeitskräften. Gewiss traf diese Erwartung für einen mehrmonatigen Feldzug zu, da durch die Blockade etliche Industriezweige zusammenbrachen. In einem lange dauernden Weltkrieg lagen die Dinge jedoch anders: Die Armee verschlang durch die enormen Verluste an der Front und durch die Aufstellung neuer Truppen riesige personelle Ressourcen. Insgesamt durchliefen 13 250 000 Männer die deutschen Streitkräfte, somit 20,4 Prozent der Gesamtbevölkerung.[14] Infolge dieses enormen Personalbedarfs gab es bereits wenige Monate nach Kriegsausbruch keine Arbeitslosigkeit mehr. Nunmehr ging es darum, die wachsenden Bedürfnisse von Armee und Wirtschaft miteinander in Einklang zu bringen. Letztlich war dieses Problem nicht wirklich zu lösen. Es galt vielmehr, den Mangel möglichst effektiv zu verwalten.

Allerdings war die Kriegswirtschaft im Ersten Weltkrieg ineffizient organisiert. Die Rüstungsproduktion und das Ersatzwesen unterstanden dem preußischen Kriegsministerium. Dieses war jedoch auf die Zusammenarbeit mit den 25 Stellvertretenden Kommandierenden Generälen angewiesen, die die Exekutivgewalt in den Wehrkreisen innehatten[15] und auch darüber entschieden, wer zum Kriegsdienst eingezogen und wer zurückgestellt wurde. Eine einheitliche Lenkung dieser wichtigen Beschlüsse fand nicht statt, da die Stellvertretenden Kommandierenden Generäle unabhängig und entsprechend unterschiedlich handelten. 1915 wurde im Kriegsministerium zwar eine Abteilung für das Zurückstellungswesen geschaffen. Diese war aber nicht weisungsbefugt und konnte nur Richtlinien erstellen. Das Hauptproblem der deutschen Kriegswirtschaft war diese Zergliederung, die ein abgestimmtes Vorgehen unmöglich machte. So war die Kriegsrohstoffabteilung als einzige Rüstungsinstanz für das gesamte Reich zuständig. Die Beschaffung von Munition und Kriegsmaterial übernahmen Preußen, Sachsen, Bayern und Württemberg hingegen in eigener Regie.

Ungeachtet aller Schwierigkeiten passte sich die Friedenswirtschaft notgedrungen der Situation im Krieg an. Wenngleich die Produktivität der Industrie unter den erschwerten Bedingungen der Feindseligkeiten um ein Drittel niedriger lag als zu Friedenszeiten,[16] stieg die Produktion von Waffen und Munition 1915 und 1916 langsam aber stetig an. Den Bedürfnissen der Front konnte man so bis zum Sommer 1916 im Wesentlichen gerecht werden.

Als Hindenburg und Ludendorff im August 1916 die OHL übernahmen, bemühten sie sich, unter dem Eindruck der verheerenden eigenen Verluste durch die alliierten Offensiven des Sommers 1916 die Kriegführung grundlegend zu reorganisieren und auch die letzten Kräfte der Heimat zu mobilisieren. Neben der Einführung neuer Kampftaktiken und Ausbildungsmethoden ging es nun vor allem darum, den Ausstoß an Waffen und Munition drastisch zu steigern – dies sollten das Hindenburgprogramm und das »Hilfsdienstgesetz« sicherstellen. Außerdem wollte man die drohende Demoralisierung von Front und Heimat durch intensive Propagandatätigkeit verhindern. Alle vier Maßnahmen sind dabei als integrale Bestandteile eines umfassenden Reformprogramms anzusehen, um »dem Krieg zu geben, was des Krieges ist«[17].

Das von der 3. OHL am 31. August 1916 erlassene Hindenburgprogramm schrieb vor, den Rüstungsausstoß schlagartig um ein Vielfaches zu steigern, um mit der Rüstungsproduktion der Gegner nicht nur Schritt zu halten, sondern sie noch zu überflügeln.[18] Die Pulverproduktion sollte binnen weniger Monate verdoppelt, die Fertigungszahlen von Maschinengewehren und Geschützen gar verdreifacht werden. In diesem Programm waltete die Brechstange statt der Vernunft. So konnte man zu Recht kritisieren, dass es zwischen der Munitions- und der Geschützherstellung keine direkte Korrelation mehr gab, und es war fraglich, ob eine derart gewaltige Produktionssteigerung die Kräfte des Reiches nicht schlichtweg überforderte. Immerhin führte das Hindenburgprogramm zu einigen wesentlichen Verbesserungen der Rüstungsorganisation.

Am 16. September 1916 wurde das Waffen- und Munitionsbeschaffungsamt als zentrale Leitstelle für die Herstellung von Kampfgerät im preußischen Kriegsministerium gebildet. Am 1. November 1916 erfolgte dann die Bildung einer übergeordneten Stelle für die gesamte Rüstungsproduktion. Das sogenannte Kriegsamt war zwar de jure dem Kriegsministerium unterstellt, de facto war es aber unabhängig. Ihm unterstanden die Kriegsrohstoffabteilung, das neue Waffen- und Munitionsbeschaffungsamt, die Abteilung für Ein- und Ausfuhr sowie das Kriegsersatz- und Arbeits-Departement. Allerdings verfügte das Kriegsamt, dessen Leitung der populäre Chef der Eisenbahnabteilung im Generalstab, Wilhelm Groener, übernahm, nicht über uneingeschränkte Befehlsgewalt. So blieb etwa die Stellung der Stellvertretenden Generalkommandos weitgehend ungebrochen. Eine Wirtschaftsdiktatur, wie sie etwa das britische Munitionsministerium ausübte, wurde während des Ersten Weltkrieges in Deutschland nicht errichtet.

Unterdessen erwiesen sich die Planziele des Hindenburgprogramms zunächst als unerreichbar. Das Bemühen, die Produktion binnen weniger Monate zu verdoppeln oder gar zu verdreifachen, führte zu einem heillosen Chaos. Es gab keine Prüfung, ob die Firmen, die begierig lukrative Aufträge an sich zogen, diese überhaupt erfüllen konnten. So wurden die hohen Erwartungen der OHL bald enttäuscht. Im Winter 1916/17 ging die Produktion sogar kurzzeitig zurück. Die hektischen Versuche, zahlreiche neue Fabriken aus dem Boden zu stampfen, führten zu einem unkontrollierten Bauboom, der wesentlich dazu beitrug, dass das überlastete Transportsystem vollends zusammenbrach. Der Mehrfrontenkrieg hatte das Eisenbahnnetz schwer belastet. Der harte Winter 1916/17 ließ zudem die Flüsse zufrieren, so dass die Kapazitäten der Binnenschifffahrt ausfielen. Der zusätzlichen Belastung durch das Hindenburgprogramm war die Eisenbahn schließlich nicht mehr gewachsen. In den Wintermonaten war der Kollaps nicht mehr zu vermeiden. Städte und Rüstungsfirmen konnten in dieser Zeit nicht mehr ausreichend mit Kohle versorgt werden – mit verheerenden Folgen für die Not leidende Zivilbevölkerung und die Industrie. Der lebenswichtige Energieträger Kohle war aber nicht nur wegen der Transportkrise knapp. Aufgrund der reichen Vorkommen hatte man lange auf eine zentrale und damit effizientere Lenkung der Kohlewirtschaft verzichtet. Auch der Mangel an Facharbeitern machte sich nach zweieinhalb Kriegsjahren deutlich bemerkbar. So konnte die geförderte Kohlemenge nicht mit dem Bedarf Schritt halten, zumal Deutschland auch noch seine Verbündeten beliefern musste. Somit waren die Kohle und in Abhängigkeit davon auch der Stahl trotz günstiger Voraussetzungen inzwischen knapp. Die geplanten Produktionssteigerungen des Hindenburgprogramms ließen sich schon aus diesem Grund ad hoc nicht realisieren.

Trotz unerreichter Planziele, Transportchaos, unkontrollierten Baubooms und Rohstoffmangels stiegen die Produktionszahlen im Frühjahr 1917 schließlich wieder an. Der Ausstoß von Geschützen und Maschinengewehren übertraf zu Jahresende sogar die Vorgaben des Hindenburgprogramms. Die im Herbst 1916 anvisierte Munitionsproduktion von 12 000 Tonnen monatlich wurde im Frühjahr 1918 erreicht. Dies war gewiss ein beachtlicher Anstieg der Rüstungsproduktion, der einen wichtigen Beitrag zur Abwehr der britischen Flandernoffensive 1917, zu den Angriffserfolgen insbesondere in Italien und vor allem zur Herstellung der eigenen Offensivfähigkeit im Frühjahr 1918 leistete. Indes wären diese Erfolge auch ohne den Hauruck-Befehl der 3. OHL vom 31. August 1916 bei einer langsameren und geordneteren Steigerung erreicht worden. Das Hindenburgprogramm hat daher mit seinen realitätsfremden Vorgaben nur unnötige Belastungen geschaffen[19] – einmal mehr ein Beleg dafür, dass Hindenburg und Ludendorff wie die meisten Militärs ihrer Zeit nur wenig von wirtschaftlichen Zusammenhängen verstanden. Bei Betrachtung der Konzeption des uneingeschränkten U-Boot-Krieges ergab sich ein ähnlicher Befund.

Alle Anstrengungen, die seit den Sommerschlachten des Jahres 1916 immer stärker zum Tragen kommende Materialüberlegenheit der Westalliierten auszugleichen, schlugen jedoch fehl. Bei freiem und mehr oder minder ungestörtem Zugang zum Weltmarkt stiegen deren Produktionszahlen rascher als die der Deutschen. Diese konnten aber zumindest einen gewissen Anschluss halten. Wenngleich sie quantitativ unterlegen waren, wurden sie doch nicht deklassiert – ein wesentlicher Unterschied zum Zweiten Weltkrieg.[20]

Das Hindenburgprogramm wurde flankiert durch das »Hilfsdienstgesetz«, mit dem nunmehr alle irgendwie verfügbaren Arbeitskräfte für den Kriegseinsatz mobilisiert werden sollten. Im September 1916 schlug Ludendorff vor, eine Arbeitspflicht für alle Nichtsoldaten einschließlich der Frauen einzuführen. Künftig sei auch sonntags zu arbeiten, und die männlichen Jugendlichen sollten eine vormilitärische Ausbildung erhalten. Die Universitäten sollten ihren Lehrbetrieb einstellen, jetzt würden alle Hände an der Front oder in den Fabriken gebraucht. Reichskanzler Bethmann Hollweg und Innenminister Karl Helfferich wiesen das Ansinnen Ludendorffs als unnötig hart zurück. Ein allgemeiner Arbeitszwang werde keine weiteren Arbeitskräfte erfassen können, da bereits jeder verfügbare Mann eingesetzt sei. Zudem wollten schon jetzt mehr Frauen arbeiten, als vermittelt werden könnten. Auch in diesem Bereich sei somit kein zusätzliches Potential vorhanden. Die Militärs ließen jedoch nicht locker. Sie waren von der Notwendigkeit überzeugt, mit staatlichen Zwangsmaßnahmen weitere Kräfte für Industrie und Front mobilisieren zu können. Nur so könne der Krieg noch gewonnen werden. Der Leiter des Kriegsamtes, Wilhelm Groener, machte geltend, dass die ständige Arbeiterfluktuation in den Betrieben nur mit Zwangsmaßnahmen eingeschränkt werden könne. Außerdem galt es, weiblichen Ersatz für die zahlreichen Verwaltungssoldaten einzustellen, um so neue Kräfte für die Front mobilisieren zu können. Ende Oktober hatte Groener Bethmann Hollweg überzeugt. Die OHL verlangte, dass die zweifellos unpopulären Zwangsmaßnahmen mit einem Gesetz und nicht nur einer Bundesratsverordnung in die Tat umgesetzt werden sollten. Ludendorff wollte den Reichstag einschalten, um mit der Zustimmung der Volksvertretung eine breitere Akzeptanz in der Bevölkerung zu erhalten.

Er ahnte allerdings nicht, welche Geister er dabei rufen würde. Die Gewerkschaften standen der Idee des »Hilfsdienstes« – so wurde die Arbeitspflicht in patriotischer Verkleidung genannt – durchaus aufgeschlossen gegenüber. Sie ließen sich ihre Zustimmung jedoch teuer erkaufen. Nach langem Ringen ging die Regierung schließlich auf die Forderungen der Gewerkschaften ein. Am 2. Dezember 1916 stimmte der Reichstag mit 235 gegen 19 Stimmen dem »Hilfsdienstgesetz« zu. Damit wurde mit Wirkung vom 5. Dezember die Arbeitspflicht aller männlichen Deutschen zwischen 16 und 60 Jahren eingeführt. Jedem Dienstpflichtigen konnte notfalls unter Anwendung von Zwangsmaßnahmen ein Arbeitsplatz zugewiesen werden. Ein Arbeitsplatzwechsel oblag fortan der Genehmigung von Schiedsausschüssen, in denen auch die Gewerkschaften vertreten waren. Sie sollten künftig auch bei innerbetrieblichen Konflikten in Erscheinung treten. Die SPD hatte durchgesetzt, dass bessere Arbeitsbedingungen als legaler Grund für den Arbeitsplatzwechsel zugelassen wurden. Zudem konnten nunmehr nicht kriegswichtige Betriebe geschlossen werden.[21]

Die Erwartungen an das »Hilfsdienstgesetz« wurden in der Folgezeit jedoch noch weit mehr enttäuscht als beim Hindenburgprogramm. Wie Bethmann Hollweg orakelt hatte, konnten keine nennenswerten zusätzlichen Arbeitskräfte gewonnen werden. Die hohen Lebenshaltungskosten zwangen ohnehin jeden zu arbeiten, und zwar dort, wo viel Geld verdient werden konnte: in der Rüstungsindustrie. Die Wohlhabenden, die bislang nicht arbeiten mussten, konnten aufgrund ihrer guten Beziehungen dem Hilfsdienst meist entgehen. Auch die Eindämmung der ständigen Arbeiterfluktuation gelang nicht. Im Gegenteil, die legale Verankerung des Wechsels wegen einer Verbesserung der Arbeitsbedingungen stellte eher einen Anreiz dar, sich eine lukrativere Anstellung zu suchen. Das »Hilfsdienstgesetz« erlangte seine eigentliche Bedeutung somit nicht durch die Förderung der Rüstungsindustrie. Entscheidend war vielmehr seine sozialpolitische Relevanz: Die Gewerkschaften stiegen zum anerkannten Verhandlungspartner auf. Der Machtanspruch der Industriellen, unumschränkt über die inneren Angelegenheiten in den Betrieben zu befinden, war gebrochen und damit der Grundstein zur gewerkschaftlichen Mitbestimmung gelegt.

Das Problem knapper Arbeitskräfte blieb unterdessen ungelöst. Es war angesichts des enormen Menschenbedarfs von Front und Rüstungsindustrie letztlich auch nicht zu lösen. Bereits in den ersten Kriegsmonaten hatten die Betriebe im Durchschnitt 30 bis 40 Prozent ihrer Facharbeiter verloren. Diese Menschen waren kaum zu ersetzen. Da das Anwerben ausländischer Arbeiter aus den besetzten Gebieten kaum Erfolg versprach, forderte das preußische Kriegsministerium immer wieder die zwangsweise Verbringung ausländischer Arbeiter nach Deutschland. Die massiven Proteste beim Einsatz von 62000 belgischen Zwangsarbeitern veranlassten Berlin, diesen Versuch der Arbeiterbeschaffung zumindest im Westen einzustellen. Die Produktionssteigerungen konnten schließlich nur erreicht werden, weil immer mehr wehrdienstfähige Männer zurückgestellt wurden – im April 1918 war ihre Zahl allein in Preußen auf 1,1 Millionen angewachsen – und man bis 1918 gut 700 000 vor allem polnische Zwangsarbeiter im Reich beschäftigte. Außerdem wurden von den 2,5 Millionen Kriegsgefangenen immer mehr zum Arbeitseinsatz herangezogen. Von den im August 1916 gefangenen feindlichen Soldaten arbeiteten 90 Prozent, knapp die Hälfte davon in der Landwirtschaft.[22]

Angesichts der Knappheit an personellen Ressourcen wäre es umso dringender gewesen, auch die Frauen in vollem Umfang in das Wirtschaftsleben einzubinden. Die Zahl der weiblichen Arbeitskräfte in der metallverarbeitenden Industrie stieg zwar erheblich an. So beschäftigten die Kruppwerke zu fast 40 Prozent Frauen. Dies ergab sich jedoch aus einer Wanderungsbewegung bereits arbeitstätiger Frauen, die ihre Arbeitsplätze im Hauswirtschaftsbereich oder der Textilindustrie verließen und Tätigkeiten in den kriegswichtigen Fabriken aufnahmen, da sie dort besser bezahlt wurden. Die Frauenlohnarbeit insgesamt nahm kriegsbedingt nur wenig zu. Das bürokratische Chaos, die aus der engen Bindung an Familie und Wohnort resultierende geringe Mobilität und auch Vorbehalte der Betriebe standen einer umfassenderen Mobilisierung der Frauen für die Rüstungswirtschaft im Wege. Im Übrigen kam es trotz der nicht zu bestreitenden Errungenschaften der Frauen – etwa ihrer deutlich gestiegenen Löhne – nicht zu einer dauerhaften Emanzipation. Die gesellschaftliche Rolle der Frau veränderte sich nicht, und alle beteiligten Interessenorganisationen und Behörden waren sich darüber einig, dass die Frauen nach dem Krieg die Arbeitsplätze der Männer wieder zu räumen hatten.[23]

Es sagt viel über den inneren Zustand des Reiches aus, dass es trotz der bedrohlichen Kriegslage niemals gelang, eine effiziente Strukturierung der Kriegswirtschaft vorzunehmen und das Kompetenzwirrwarr zu beseitigen. Die Leistungsfähigkeit der Kriegswirtschaft hing nicht nur von den vorhandenen Ressourcen, sondern eben auch von der Kunst, diese zu nutzen, ab. Und in diesem Bereich muss man dem Deutschen Reich schlechte Noten ausstellen.

Die Anstrengungen im materiellen und personellen Bereich wurden durch Maßnahmen in der geistigen Kriegführung flankiert. Bereits bei der Vorlage des »Hilfsdienstgesetzes« im Reichstag am 29. November 1916 hatte Generalleutnant Groener von den Abgeordneten gefordert, sie sollten dafür sorgen, »dass der richtige Geist hinauszieht«[24]. Die OHL wollte es aber nicht bei Appellen belassen. Die militärischen Krisen des Jahres 1916 und insbesondere die katastrophale Versorgungslage hatten sich verheerend auf die Stimmung der Bevölkerung ausgewirkt. Mit einer intensiven Aufklärungstätigkeit, ab September 1917 »Vaterländischer Unterricht«[25] genannt, wollte man die »selbstlose Hingabe« und die »opferfreudige und zuversichtliche Stimmung«[26] aufrechterhalten bzw. wiederherstellen. Eine Heerschar von Unterrichtsoffizieren sollte mit Vorträgen und Werbematerialien in der Heimat und an der Front den Sinn der tagtäglichen Opfer verdeutlichen und verhindern, dass die immer stärker abnehmende Opferwilligkeit weiter nachließ.[27] Indes gelang es mit dieser Maßnahme nicht, die Stimmung von Soldaten und Zivilbevölkerung nennenswert zu verbessern, da sich die Rahmenbedingungen – schlechte Ernährungslage, ausbleibende militärische Erfolge – nicht veränderten.[28]

Ernährung

Deutschland importierte vor dem Krieg etwa ein Drittel aller Nahrungsmittel, wobei die Zahlen für die einzelnen Bereiche sehr unterschiedlich waren. So wurden nur zehn Prozent des Brotgetreidebedarfes eingeführt, aber 50 Prozent der Milchprodukte, 35 Prozent der Eier und fast alle Pflanzenfette. Zudem lieferte Russland über vier Millionen Tonnen Kraftfutter und deckte damit den gesamten Bedarf der deutschen Viehwirtschaft. Trotz dieser Abhängigkeit vom Ausland wurden weder von zivilen noch von militärischen Stellen nahrungswirtschaftliche Kriegsvorbereitungen getroffen. Der offizielle Glaube an den kurzen Feldzug und die Hoffnung, über die neutralen Staaten Nahrungsmittel einführen zu können, ließen eine Bevorratung als überflüssig erscheinen. Das Reich ging somit ohne Reserven in den Krieg.[29] Im Sommer 1914 konnte die gute Ernte vollständig eingebracht werden. Zudem wurden größere Nahrungsmittelbestände in den besetzten Gebieten erbeutet. Da zunächst auch die militärischen Operationen nach Plan zu laufen schienen, gab es keinerlei Reglementierungen. So war etwa in den ersten Kriegsmonaten der Verbrauch an Kuchen höher als im Frieden.[30] Erst mit dem Scheitern des deutschen Angriffs im Westen und dem Anziehen der Preise setzte sich im Herbst 1914 allmählich die Erkenntnis durch, dass der Staat nicht umhin kam, sich stärker um die Lebensmittelbewirtschaftung zu kümmern. Der Staatssekretär des Reichsamtes des Innern, Clemens von Delbrück, hatte durchaus erkannt, dass es problematisch werden könnte, die nächste Ernte zu erreichen. Von einer schweren Krankheit gezeichnet, brachte er jedoch nicht mehr die Kraft zu energischem Handeln auf. Unfähig, die Ernährungswirtschaft klar zu organisieren, tat er nichts, um die anstehenden Probleme zu lösen.

Wie im Falle der Rohstoffbewirtschaftung ging ein erster Anstoß zur Umstellung auf kriegsbedingte Zwangswirtschaft nicht von staatlichen Behörden aus. Auf Initiative des Hamburger Reeders Albert Ballin wurde eine private Gesellschaft zum Ankauf von ausländischem Getreide gegründet. Im Januar 1915 folgte die Gründung der »Zentraleinkaufsgenossenschaft«. Sie besaß allerdings kein Monopol für den Import – mithin ein weiterer Beleg für die verworrene Organisation der deutschen Kriegswirtschaft. So waren etwa die Intendanturen der Armee bis Kriegsende unabhängig. Zu einer völligen Zentralisierung des Importhandels kam es daher nicht.

Die Seeblockade durch die Royal Navy zwang das Reich dazu, alle noch irgendwie verfügbaren Handelsbeziehungen auszunutzen. Österreich-Ungarn hatte genug Schwierigkeiten mit sich

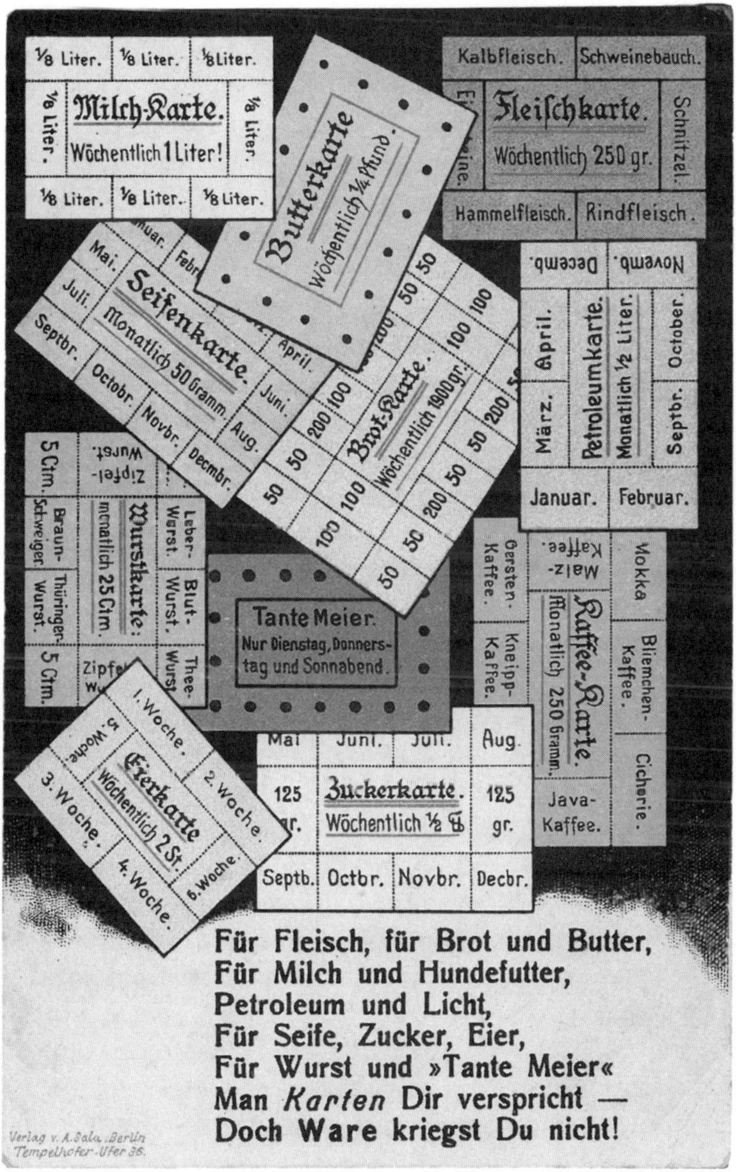

Es gab Postkarten, die nicht mit Kritik sparten – wie hier an der schlechten Versorgungslage. Die Zensur nahm an solchen Motiven erstaunlich selten Anstoß.

selbst und fiel als Lieferant von Mangelprodukten aus. So blieben nur die wenigen neutralen Länder, die man noch erreichen konnte. Bereits vor 1914 hatte man die besondere Rolle der Niederlande für die deutsche Lebensmittelversorgung in einem großen Krieg erkannt. In der Tat lieferten nicht nur die skandinavischen Länder, sondern vor allem auch Holland zunächst große Mengen an Nahrungsmitteln nach Deutschland. So gelangte etwa amerikanischer Weizen via Rotterdam auf den Tisch der deutschen Verbraucher. Die Lebensmittelimporte aus Holland waren eine bedeutende Stütze der deutschen Nahrungsmittelversorgung insbesondere 1915/16. Allerdings reichten die gelieferten Mengen nie aus, um dem eklatanten Mangel im Reich grundsätzlich abhelfen zu können. Das Prinzip der »Luftröhre«, mit dem man hoffte, die britischen Blockademaßnahmen umgehen zu können, ging also letztlich nicht auf. London erkannte bald die Lücke im Ring um die Mittelmächte, bezog die Niederlande in die Sperrmaßnahmen mit ein und setzte Den Haag zunehmend unter Druck, den Handel mit Deutschland einzuschränken, so dass diese Quelle ab Mitte 1916 versiegte.[31]

Das bedeutende Agrarexportland Rumänien blieb zwar zunächst neutral. Die Hoffnungen auf umfangreiche Getreideimporte von dort erfüllten sich anfangs jedoch nicht, da Bukarest mit der Entente sympathisierte und im Frühsommer 1915 sogar mit dem Gedanken einer Kriegserklärung an die Mittelmächte spielte. Der große Siegeszug nach der Durchbruchsschlacht von Gorlice-Tarnów verhinderte dann nicht nur, dass Rumänien zu den Waffen griff. Er öffnete auch das Tor für die dringend benötigten Getreidelieferungen. Im November 1915 konnte ein Handelsvertrag geschlossen werden, der den Mittelmächten die Weizenüberschüsse des Landes sicherte. Von Dezember 1915 bis August 1916 wurden im Austausch mit Industriegütern 1,2 Millionen Tonnen Getreide nach Deutschland exportiert, Österreich-Ungarn erhielt noch einmal die gleiche Menge. Diese Lieferungen waren überaus wertvoll. Dennoch konnten sie nicht verhindern, dass die Lage im Herbst 1916 zunehmend kritisch wurde. Die Leistungsfähigkeit der eigenen Landwirtschaft, die bereits zu Friedenszeiten die Bevölkerung nicht vollständig ernähren konnte, sank unter den schwierigen Kriegsbedingungen um 40 Prozent. Die Armee requirierte die besten Zugtiere, die Zahl der Arbeitskräfte sank trotz des Einsatzes von polnischen Zwangsarbeitern und Kriegsgefangenen um 60 Prozent, und die synthetische Nitraterzeugung floss fast ausschließlich in die Munitionsherstellung, so dass es bald an Düngemitteln fehlte. Außerdem erlitten alle Ernten seit 1915 deutliche Einbußen aufgrund des schlechten Wetters. Unter diesen Bedingungen sanken die Erträge der Landwirtschaft dramatisch. Die Bauern hielten zudem oftmals ihre Bestände zurück, um höhere Preise zu erzielen. Im Winter 1915/16 mussten die Rationen der zwangsbewirtschafteten Lebensmittel auf 60 Prozent des durchschnittlichen Friedensverbrauchs gesenkt werden. So erhielt der Verbraucher nur etwa 200 Gramm Mehl pro Tag. Das sehr nasse Frühjahr des Jahres 1916 schädigte vor allem die Kartoffelernte, die jetzt noch nicht einmal die Hälfte der Vorkriegserträge erbrachte.

Im Winter 1916/17 war die Ernährungslage in Deutschland katastrophal. Steckrüben mussten die nicht vorhandenen Kartoffeln ersetzen, die Brotzuteilungen wurden auf 170 Gramm pro Kopf und Tag gesenkt. Die OHL erkannte die Not und gab einen Teil der Armeeverpflegung für die Zivilbevölkerung frei. Volksküchen wurden eingerichtet, in denen eine warme Mahlzeit, meist Eintopf, eingenommen werden konnte. Dies konnte die Katastrophe aber nicht verhindern. Die durchschnittliche Kalorienzuteilung für den Normalverbraucher fiel im »Steckrübenwinter« auf 1 200 Kalorien pro Tag ab – wobei es regional allerdings erhebliche Unterschiede gab.[32] Für die Soldaten war mit 2 200 Kalorien der Mindestbedarf eines Erwachsenen knapp sichergestellt. Der Vorkriegsdurchschnittsverbrauch hatte bei 3 000 Kalorien gelegen. 1917 gab es dann die schlechteste Getreideernte des Krieges. Sie erbrachte im Durchschnitt nur 60 Prozent der Vorkriegserträge. Immerhin verbesserte sich das Ergebnis der Kartoffelernte, so dass der Bevölkerung ein zweiter Steckrübenwinter erspart blieb. Die Brotration verringerte sich unterdessen immer mehr. Im Sommer 1918 betrug sie nur noch 160 Gramm pro Tag.[33]

Die schlechte Ernährung hat die Gesundheit der Bevölkerung massiv beeinträchtigt. Wenngleich kaum jemand im klassischen Sinne verhungert sein dürfte, wurden die geschwächten Körper immer krankheitsanfälliger – und dies mit verheerenden Folgen. Tausende starben an Lungenentzündung oder Tuberkulose. 1918 wütete dann die Spanische Grippe. Wieviel Menschen in Deutschland den Folgen der schlechten Versorgungslage zum Opfer gefallen sind, ist nach wie vor umstritten. Das Reichsgesundheitsministerium bezifferte in einer Denkschrift vom 16. Dezember 1918 die Zahl auf knapp 763 000 Personen, wobei hier die Opfer der verheerenden Grippewelle von 1918/19 noch nicht eingerechnet waren.[34] Emil Eugen Roesle kam 1928 in seinen Untersuchungen auf 633 000 Tote, inklusive der 209 000 Grippeopfer. Weitere Berechungen aus dem Jahr 1944 beziffern die Todeszahlen auf 733 000.[35] Wenngleich sich die genaue Zahl vermutlich nicht mehr ermitteln lassen wird, so ist doch unzweifelhaft, dass die Mangelernäherung einen gewaltigen Aderlass gefordert hat, zumal das Leiden mit der Unterzeichnung des Waffenstillstandes keineswegs vorbei war. Die Alliierten haben die Blockade des praktisch wehrlosen Landes erst nach Unterzeichnung des Versailler Vertrages am 12. Juli 1919 aufgehoben.[36] So sind auch nach November 1918 noch Tausende Deutsche an den indirekten Folgen der Mangelernährung gestorben.

In Anbetracht von zwei Millionen gefallenen deutschen Soldaten verdeutlicht dies, wie sehr auch die Heimat unter diesem Krieg gelitten hat. Im Ersten Weltkrieg sind somit weit mehr deutsche Zivilisten dem Hunger zum Opfer gefallen als den alliierten Bomben im Zweiten Weltkrieg (rund 400 000 Tote).[37]

Der Nahrungsmittelmangel bewirkte, dass bald ein tiefer Riss durch die Gesellschaft ging. Während sich in den Städten endlose Schlangen vor den Lebensmittelgeschäften bildeten und die

Menschen stundenlang ausharrten, um ein paar Eier oder etwas Fleisch zu ergattern, gab es andere, die keine Not litten. Die Knappheit betraf nicht alle Bevölkerungsgruppen in gleichem Maße, und dies rührte nicht nur daher, dass die wenigen Vermögenden sich zu jedem Preis auf dem Schwarzmarkt bedienen konnten. Viel bedeutender war, dass man die Lebensmittelverteilung niemals effektiv und gerecht zu organisieren vermochte. Alle Zwangsmaßnahmen zur Lebensmittelrationierung und Preisfixierung blieben Stückwerk. Die Gründung des Kriegsernährungsamtes am 22. Mai 1916 war ein Schritt in die richtige Richtung, vermochte die Verteilungsprobleme aber nicht zu lösen. Nach wie vor stand die Hunger leidende Masse in den Städten der besser versorgten Bevölkerung der ländlichen Gebiete gegenüber. Die Verwaltung wurde ebenfalls von diesem Konflikt erfasst. So vertraten die Stellvertretenden Kommandierenden Generäle und das preußische Innenministerium meist die Interessen der Städte, während das preußische Landwirtschaftsministerium sich vehement gegen Preisregulierungen und die Beschlagnahme von Nahrungsmitteln wandte.

Obgleich sich Deutschland durch die Blockade, die witterungsbedingt schlechten Ernten und die diversen Belastungen des Krieges ernährungswirtschaftlich in einer äußerst angespannten Lage befand, löste erst die Unfähigkeit der Reichsleitung, eine effektive Nahrungsmittelverwaltung aufzubauen, die Katastrophe aus. Regionalstudien zeigen, dass die Ressourcen bei einer effektiven Verwaltung für eine Mindestversorgung der Bevölkerung durchaus ausgereicht hätten.[38]

Innenpolitik

Am Vorabend des Ersten Weltkrieges befand sich Deutschland innenpolitisch in einer überaus problematischen Lage. Die SPD stand im Zenit ihrer Macht. Sie stellte 110 von 397 Abgeordneten im Reichstag und verfügte mit einer Million Mitgliedern mit Abstand über die größte Massenbasis. Mit ihren Reform- und

Revolutionsforderungen war sie im politischen System allerdings weitgehend isoliert. Die bürgerlichen Parteien konnten durch die Einführung einer parlamentarischen Demokratie nur verlieren. Reformwillige Mehrheiten gab es somit nicht. Insbesondere die Konservativen blockierten jeden noch so kleinen Ansatz innenpolitischer Veränderungen. Im Reichstag waren sie zwar nur die drittstärkste Fraktion, aber im preußischen Landtag, der noch immer nach dem Dreiklassenwahlrecht des Jahres 1849 gewählt wurde, besaßen sie die absolute Mehrheit. Da der Reichskanzler in Personalunion auch preußischer Ministerpräsident war, kam ihnen quasi eine staatstragende Bedeutung zu. Aber selbst mit den so regierungstreuen Konservativen wurde für den Reichskanzler eine Zusammenarbeit immer schwieriger. 1913 weigerten sie sich vehement, der Finanzierung der Heeresvermehrung durch direkte Steuern zuzustimmen. Lediglich mit einer Links-Mitte-Koalition unter Ausschluss der Konservativen gelang es Bethmann Hollweg, die Vorlage durch den Reichstag zu bringen. Die Regierung war somit gezwungen, mit den als Feinden verunglimpften Sozialdemokraten zusammenzuarbeiten. Der Kanzler verzichtete daher bis zum Kriegsbeginn darauf, weitere Gesetze ins Parlament einzubringen.

Einflussreich blieb das Parlament dennoch. Seit 1913 war der Reichstag nämlich in der Lage, dem Kanzler sein Misstrauen auszusprechen. Damit konnte er zwar nicht dessen Rücktritt erzwingen, aber doch unzweifelhaft Druck auf ihn ausüben. Nach der »Zabern-Affäre«, in der Bethmann Hollweg das empörende Auftreten preußischer Soldaten in dem kleinen elsässischen Städtchen Zabern verteidigte musste, nutzte der Reichstag dieses Mittel und sprach ihm mit überwältigender Mehrheit das Misstrauen aus. Nur die Konservativen machten bei diesem Aufstand des Parlaments gegen den Kanzler nicht mit.

Bethmann Hollweg war sich in den letzten Julitagen des Jahres 1914 der brisanten Lage in Deutschland vollauf bewusst. Nachdem der außenpolitische Kredit verspielt war, ging es nun darum, das Volk geschlossen in den Krieg zu führen. Der Kanzler

Rosa Luxemburg und Karl Liebknecht, die Wortführer der radikalen Linken im Deutschen Reich.

konnte froh sein, dass es ihm gelang, Russland den Schwarzen Peter des Aggressors zuzuschieben. Die am 30. Juli beschlossene und einen Tag später begonnene russische Generalmobilmachung war das Feigenblatt, hinter dem selbst die Parteiführung der SPD die Verteidigung des Vaterlandes gegen die zaristisch-autokratische Aggression proklamieren konnte. Das Feindbild Russland machte es den meisten SPD-Abgeordneten leicht, die Ressentiments gegen die eigene Regierung zumindest für den Augenblick zu begraben und der Vorstellung von »Volksgemeinschaft« und nationalen Pflichten Raum zu geben. Die Partei wusste also sehr wohl zwischen dem Staat, den sie ablehnte, und der Nation, die sie verteidigen wollte, zu unterscheiden. Nicht unwesentlich war in diesem Zusammenhang, dass die Sozialistische Internationale im Angesicht des Krieges in nationale Lager zerfiel und die Freien Gewerkschaften bereits am 2. August den Verzicht auf jede Art von Arbeitskampf erklärt hatten. Am

3. August beschloss die SPD-Fraktion nach einer heftigen Diskussion mit 78 : 14 Stimmen, dass sie am nächsten Tag, zusammen mit den anderen Reichstagsparteien, den Kriegskrediten der Regierung zustimmen werde. Die überwiegende Mehrheit der Abgeordneten erkannte die Chance, endlich aus der Rolle des angeprangerten Feindes herauszutreten, auf den Staat zuzugehen, mit ihm zusammenzuarbeiten und die SPD aus der Isolation herauszuführen, um so schließlich auch zu Reformen im Sinne der Arbeiterbewegung zu kommen. Ähnliche Phänomene waren auch in anderen europäischen Ländern, insbesondere in Frankreich, zu beobachten. Der Wunsch der SPD-Politiker nach nationaler Integration war letztlich der entscheidende Grund für die Burgfriedenspolitik – eine Haltung, die sich bereits 1913 mit der Zustimmung zur Heeresvorlage angedeutet hatte.[39]

Eine Strategie für den Kriegsfall gab es in der SPD jedoch nicht. So blieb es zunächst bei der regierungsfreundlichen Politik. Die parteiinternen Bruchlinien ließen sich allerdings nicht sehr lange verbergen. Neben der Mehrheitsmeinung im Sinne von Kooperation und Reformen kristallisierten sich zwei weitere Gruppen heraus: Zum einen die radikale Linke mit ihren Wortführern Rosa Luxemburg und Karl Liebknecht, die an der Idee des revolutionären Klassenkampfes festhielten und die Ansicht vertraten, der Krieg sei ein imperialistischer Konflikt, der nur durch die Revolution überwunden werden könne. Luxemburg und Liebknecht gründeten 1916 den Spartakusbund und später die KPD. Eine zweite, stärkere Gruppe um den zweiten Parteivorsitzenden Hugo Haase verurteilte den Krieg ebenfalls als Produkt imperialistischer Machtkämpfe, lehnte jedoch eine Revolution in Kriegszeiten ab. Vielmehr schwebte ihr vor, den Konflikt durch Kooperation mit den sozialistischen Parteien der anderen Länder zu beenden. Trotz der gravierenden Meinungsverschiedenheiten war diese gemäßigtere Minderheit um die Einheit der SPD bemüht. Die Bruchlinien zwischen den Flügeln folgten dabei keineswegs der alten Aufteilung zwischen Marxisten und Reformern.

Im Dezember 1915 brach der Konflikt dann in voller Schärfe aus: Die innerparteiliche Opposition ließ sich von der Mehrheit nicht mehr das Wort verbieten. Im Reichstag votierten 20 SPD-Abgeordnete gegen die Kriegskredite. Anschließend wurde das Vorgehen im Plenum auch noch offen begründet, obgleich jedwedes Sonderverhalten einzelner Abgeordneter strikt untersagt worden war. Die Fraktionsführung konnte mit letzter Kraft die Wogen noch einmal glätten und die Spaltung verhindern. Als Haase am 24. März 1916 erneut im Parlament das Wort ergriff, entzog die Fraktion den »Abweichlern« die Parteirechte. Diese bildeten daraufhin unter dem Namen »Sozialdemokratische Arbeitsgemeinschaft« eine neue Fraktion. Im April 1917 gründeten sie schließlich eine neue Partei: die Unabhängige Sozialdemokratische Partei Deutschlands (USPD)[40], die sich in der Folge als zweite, wenn auch deutlich schwächere sozialdemokratische Kraft etablierte. Sie zählte nach eigenen Angaben im Herbst 1917 rund 120 000 Mitglieder und stellte 1918 lediglich 24 Abgeordnete. 57 von 357 Wahlkreisorganisationen gingen bis zum Herbst 1917 zur USPD über. Besonders erfolgreich war sie in den großen Industriestädten wie Berlin, Leipzig oder Frankfurt am Main.

Die Spaltung der SPD zeigt bereits, dass der Krieg die innenpolitischen Probleme des Landes nur kurzzeitig verdeckt hatte. Dies galt sowohl für die Sozialdemokratie als auch für die Parteienlandschaft insgesamt. Die unterschiedlichen Vorstellungen über einen zukünftigen Frieden und die Frage der demokratischen Reformen zementierten die innenpolitische Spaltung. Konservative, Nationalliberale und Zentrum hofften auf einen Siegfrieden, der Deutschland mehr oder minder umfangreiche Gebietsgewinne bescheren sollte. Zunächst herrschte der Glaube vor, durch diesen äußeren Machtgewinn die weitere Demokratisierung, ja die gefürchtete Revolution vermeiden zu können. Sie wurden in ihrem Bestreben von den außerparlamentarischen »Pressure-Groups« unterstützt, wie den Alldeutschen, den Wirtschaftsverbänden und der 1917 gegründeten »Vaterlandspartei«, einem nationalistischen, antienglischen Verband mit rund

1 250 000 Mitgliedern.[41] Dem standen die SPD und die linksliberale Fortschrittspartei gegenüber, die sich dem Kampf für innenpolitische Reformen verschrieben hatten und Annexionen – von wenigen Ausnahmen abgesehen – strikt ablehnten. Einzig die Gruppe um den Nationalliberalen Gustav Stresemann trat für einen Siegfrieden *und* die weitere Parlamentarisierung ein.

Der moderate und staatstragende Kurs der SPD nach Kriegsausbruch lockerte den Zusammenhalt der bürgerlichen Parteien spürbar, da sie das einende Feindbild verloren. Für die innenpolitische Entwicklung war es dann von entscheidender Bedeutung, dass das Zentrum sich von den Konservativen löste und für eine Parlamentarisierung des Reiches eintrat. Dabei musste die Partei behutsam vorgehen, um den linken und den rechten Flügel nicht zu sehr voneinander zu entfernen. Daher blieb die Initiative der SPD vorbehalten, die in dieser zentralen Frage sehr bald sogar auf die partielle Unterstützung der Nationalliberalen zählen konnte. Diese waren zwar eigentlich gegen eine Parlamentarisierung, kritisierten aber Bethmann Hollweg und verlangten mehr Einfluss des Parlaments. Angesichts der erregten Diskussionen um die Aufnahme des uneingeschränkten U-Boot-Kriegs forderten sie, dass der Haushaltsausschuss neben den Budgetdiskussionen das Recht erhalten müsse, auch über andere relevante Fragen zu diskutieren. Die Initiative hatte im November 1916 Erfolg: Der Haushaltsausschuss wurde zum Hauptausschuss umgebildet.[42] Den Nationalliberalen und dem Zentrum ging es dabei zunächst nicht um die Etablierung einer Parlamentsregierung, sondern lediglich darum, eine Plattform für die Forderung nach einem verschärften U-Boot-Krieg zu schaffen. Die bürgerlichen Parteien näherten sich mit diesem Schritt freilich dennoch dem parlamentarischen System an. Die bescheidene Machterweiterung des Reichstages konnte indes nicht darüber hinwegtäuschen, dass seine Macht überschaubar blieb, zumal die Gesetzgebungskompetenz schon zu Beginn des Krieges mit einem Ermächtigungsgesetz an den Bundesrat abgetreten worden war.[43]

Ende 1916 war Bethmann Hollweg nur zu sehr bewusst, dass es zu innenpolitischen Reformen keine Alternative gab. Mit seiner »Politik der Diagonale« hatte er bislang vergebens versucht, einen Mittelweg zwischen den alten und neuen Kräften zu finden. Letztlich konnte er mit seiner wankelmütigen Haltung jedoch keine der beiden Seiten zufrieden stellen.

Stärker noch als der mangelnde Einfluss des Reichstages auf die Außenpolitik bestimmte das antiquierte preußische Dreiklassenwahlrecht die innenpolitische Diskussion. Dieses Wahlrecht, das die Stimmen nach dem Einkommen des Wählers gewichtete, sicherte den Konservativen im Abgeordnetenhaus eine überlegene Mehrheit von 148 Sitzen, obwohl sie nur 15 Prozent der Stimmen erhalten hatten. Demgegenüber musste sich die SPD mit nur zehn Sitzen begnügen, obgleich 28 Prozent aller Wähler für sie votiert hatten. Kein anderes Territorium in Deutschland hatte ein so rückständiges Wahlrecht wie Preußen, in dem immerhin zwei Drittel aller Einwohner des Reiches lebten (40 Millionen). Eine Ausnahme waren nur die beiden bevölkerungsarmen mecklenburgischen Herzogtümer, in denen es noch ein Ständesystem und damit überhaupt keine Wahlen gab. In dem Jahrzehnt vor dem Ersten Weltkrieg hatten die süddeutschen Staaten und auch Sachsen ihr Wahlrecht zum Teil erheblich liberalisiert. In Preußen hingegen waren alle Reformversuche gescheitert. Auch nach 1914 bewegte sich zunächst wenig. Erst als im April 1917 die Brotrationen erneut herabgesetzt werden mussten, was die innenpolitischen Spannungen weiter verschärfte, konnte sich Wilhelm II. als König von Preußen dazu durchringen, in seiner sogenannten Osterbotschaft die Abschaffung des Dreiklassenwahlrechts anzukündigen. Es sollte – allerdings erst nach dem Krieg – ein geheimes und direktes Wahlrecht eingeführt werden.[44] Die entscheidende Zusage, dass künftig jede Stimme gleich gewertet werde, fehlte jedoch. Was für die Konservativen weit über das Ziel hinausschoss, war für die SPD viel zu wenig. Friedrich Ebert sagte im Hauptausschuss des Reichstages im Juli 1917: »Schöne Reden, Erklärungen und kaiserliche Botschaften über die Neuorientierung im Innern genügen nicht. (...) Wozu die großen Opfer, wenn die Regierung nicht gewillt ist, uns das Notwendigste, Unentbehrlichste, Selbstverständlichste: die politische Gleichberechtigung zu gewähren.«[45]

Für die Sozialdemokraten wurde es mit zunehmender Kriegsdauer immer schwieriger, ihren Kurs der Kooperation fortzuführen. Die Bevölkerung war immer weniger bereit, die gewaltigen Lasten des Krieges mit dem Inferno an den Fronten und der verheerenden Versorgungslage stillschweigend zu ertragen. Der schlimme Hungerwinter 1916/17, die russische Februarrevolution und die amerikanische Kriegserklärung schürten die Unzufriedenheit derart, dass im April 1917 eine Streikwelle das Land erfasste. Diesmal ging es nicht nur um mehr Essen wie in den spontanen Hungerkrawallen seit Herbst 1915. Die Arbeiter forderten jetzt vor allem auch politische Reformen. In der Tat sah das Ergebnis sozialdemokratischer Regierungsloyalität bislang dürftig aus: Auf lokaler Ebene erhielten SPD-Vertreter Zugang zu öffentlichen Ämtern und Kommunalvertretungen und in den Gremien des Reichstages arbeitete die SPD mit den bürgerlichen Parteien zusammen. Die Osterbotschaft verdeutlichte freilich, wie begrenzt die greifbaren Erfolge waren.

Bethmann Hollweg lehnte im Frühjahr 1917 einmal mehr die Forderung der Sozialdemokratie ab, sich vorzeitig auf einen Frieden ohne Annexionen und Entschädigungen festzulegen. Als Matthias Erzberger (Zentrum), einer der wenigen gut informierten Reichstagsabgeordneten, am 6. Juli im Hauptausschuss die militärische Lage in düstersten Farben malte, geriet der Kanzler zusehends in die Defensive. Nach der Rede Erzbergers war die Bestürzung unter den Parlamentariern groß. Die MSPD (so hieß die in der Partei verbliebene Mehrheit der Sozialdemokraten nach der Abspaltung der USPD), die Fortschrittliche Volkspartei, das Zentrum und die Nationalliberalen bildeten zur Beratung über einen Frieden den Interfraktionellen Ausschuß. Bethmann Hollweg galt ihnen immer mehr als willensschwache Figur, mit der weder ein Frieden noch innenpolitische Reformen zu erreichen seien. In dieser Situation erkannte die OHL ihre Chance, den ungeliebten Kanzler zu stürzen. Das Rücktrittsgesuch Hindenburgs und Ludendorffs vom 12. Juli war ein verklausuliertes Ultimatum an den Kaiser, Bethmann Hollweg fallen zu lassen. Von allen Seiten angefeindet, trat der Reichskanzler am 13. Juli 1917 tatsächlich zurück. Die Lage der Reformparteien hatte sich dadurch allerdings nicht verbessert, zumal sie unfähig waren, einen ernstzunehmenden Nachfolgekandidaten zu präsentieren. So profitierte ihr ärgster Widersacher – die OHL – vom Rücktritt der einzigen halbwegs reformbereiten Persönlichkeit in der Reichsleitung. Bethmann Hollweg hatte nur zwei Tage vor seinem Sturz immerhin noch erwirkt, dass Wilhelm II. über die Osterbotschaft hinausging und verkündete, der nächste preußische Landtag solle nach dem *gleichen* Wahlrecht bestimmt werden. Seine beiden Nachfolger, der konturlose Georg Michaelis (Juli–November 1917), aber auch Graf Hertling (November 1917–Oktober 1918) waren weder willens noch in der Lage, die Parlamentarisierung weiter voranzutreiben oder gar einen Ausgleichsfrieden herbeizuführen. Sie unterwarfen sich widerstandslos dem Primat der Militärs. So blieb auch die mit den Stimmen der MSPD, der Fortschrittlichen Volkspartei und des Zentrums verabschiedete Friedensresolution vom 19. Juli 1917[46] wirkungslos. Michaelis fühlte sich von den schwammigen, interpretationsfähigen Worten, mit denen die Resolution für einen Status-quo-ante-Frieden ohne Annexionen warb, nicht gebunden. Im Ausland konnte sie ohnehin keine Wirkung erzielen.

Unterdessen war der Leidensdruck weiter Teile des Volkes unerträglich geworden,[47] zumal ihnen niemand überzeugend erklären konnte, wofür sie Leib und Leben eigentlich opfern sollten. Im Januar 1918 erfasste eine gewaltige Streikwelle das Land.[48] Allein in Groß-Berlin traten am 28. des Monats 400 000 Arbeiter in den Ausstand. Zum ersten Mal bildete sich in Deutschland ein Arbeiterrat, der die Interessen der Streikenden vertrat und den von Marx und Lenin entscheidend geprägten Rätegedanken in Deutschland verbreitete. Auch in Kiel, Hamburg,

Halle und Magdeburg gingen vor allem die Arbeiter der Rüstungsbetriebe mit der Forderung nach »Frieden, Freiheit und Brot« auf die Straße. Der Ruf nach einem Ende des Hungers, nach einem schnellen Friedensschluss ohne Annexionen und nach durchgreifender Demokratisierung war unüberhörbar geworden. Die MSPD sah sich angesichts der Massenstreiks vor eine Zerreißprobe gestellt. Einerseits fanden die Ziele der Arbeiter ihre Unterstützung, andererseits wollte sie den Draht zur Regierung nicht abreißen lassen. Der Parteivorsitzende Friedrich Ebert, der Fraktionsvorsitzende Philipp Scheidemann und Otto Braun, der spätere preußische Ministerpräsident, entschlossen sich, in die Streikleitung einzutreten, um zu vermitteln und zu schlichten. So wollten sie beiden Seiten gerecht werden – ein Spagat, der ihnen von niemandem gedankt wurde. Die bürgerlichen politischen Partner verurteilten ihr Verhalten scharf, und der Streik wurde mit Gewalt, Kriegsgerichten, der Militarisierung der Betriebe und Strafversetzungen an die Front niedergeschlagen. Der Staatsmacht gelang es ein letztes Mal, den Deckel auf dem brodelnden Kessel zu halten.[49]

6 Zusammenbruch und Revolution

Revolutionäre Truppen im November 1918 vor dem Brandenburger Tor in Berlin.

Retten, was zu retten ist

Die schlecht verpflegten deutschen Divisionen hatten im Frühjahr 1918 eine Offensive nach der anderen durchgeführt. Als Mitte Juli der letzte deutsche Vorstoß gescheitert war, brach jedoch das ganze Konstrukt verzweifelter Hoffnungen, den Krieg in einer letzten Willensanstrengung noch gewinnen zu können, wie ein Kartenhaus in sich zusammen. Der gewaltigen Materialüberlegenheit britischer, französischer und amerikanischer Truppen war das deutsche Heer nicht mehr gewachsen. Die ausgemergelten und stark dezimierten Truppen lagen in kaum ausgebauten Stellungen. Die Hoffnung auf einen Sieg war endgültig zerstört. Der Krieg hatte für die einfachen Soldaten seinen Sinn verloren. Sie waren müde und ermattet. Jetzt kam es nur noch darauf an, die eigene Haut zu retten.[1] Im Hinterland versuchten derweil Tausende von Soldaten, dem Frontdienst zu entkommen, da sie kurz vor dem Ende des Krieges nicht mehr bereit waren, sich für eine verlorene Sache zu opfern. Das Phänomen nahm derartige Ausmaße an, dass man von einem verdeckten Militärstreik sprechen kann. Die Schätzungen gehen von 750 000 bis zu einer Million »Drückebergern« in den letzten Kriegsmonaten aus.[2] Interessanterweise reagierte die OHL darauf nicht mit brutaler Gewalt. Es ergibt sich somit ein vollkommen anderes Bild als später im Zweiten Weltkrieg. 1944/45 haben deutsche Standgerichte Tausende von Todesurteilen vollstreckt – die Gesamtzahl wird auf 18 000 bis 22 000 geschätzt. Demgegenüber sind zwischen 1914 und 1918 nur 48 deutsche Soldaten hingerichtet worden, weit weniger als britische (361), österreichisch-ungarische (610) und italienische (über 750).[3]

Der alliierte Oberbefehlshaber, General Ferdinand Foch, begann am 18. Juli mit der Gegenoffensive. Dabei zielte er auf die exponierten und weit vorgeschobenen deutschen Stellungen, was rasche Erfolge versprach. Mit einem überraschenden Panzerangriff gelang es den Franzosen, den Frontbogen an der Marne einzudrücken. Am 8. August, dem »schwarzen Tag« des deutschen Heeres, überrannten die Engländer mit ihren Panzern die deutschen Stellungen südlich von Amiens.[4] 70 Prozent der deutschen Verluste bei diesen Angriffen waren Gefangene – ein deutliches Zeichen dafür, dass die Moral der Truppe zu wanken begann. Aber Ludendorff weigerte sich hartnäckig, den geordneten Rückzug anzutreten, weil dies einem Eingeständnis der unvermeidlichen Niederlage gleichgekommen wäre. Sein Aufstieg, seine Macht und sein Einfluss basierten auf dem Glauben, dass er die Gegner Deutschlands besiegen könne. Ludendorff war nicht müde geworden, den Sieg vorauszusagen. Nun war offensichtlich, dass er versagt hatte. Doch er war innerlich nicht in der Lage, eine Kehrtwende zu vollziehen. Krampfhaft hielt er an seinem Zweckoptimismus fest. Es konnte einfach nicht sein, was nicht sein durfte.[5]

Als am 14. August im belgischen Spa der Kronrat zusammenkam, um über die neue Lage an der Westfront zu beraten, wiegte die OHL Reichskanzler Hertling und den neu berufenen Staatssekretär des Auswärtigen Amtes, Konteradmiral a.D. Paul von Hintze,[6] in Sicherheit: Man wolle den Kriegswillen der Entente durch eine strategische Defensive lähmen, die Front in Frankreich werde trotz der alliierten Erfolge halten. Im persönlichen Gespräch teilte Ludendorff Hintze zwar vertraulich mit, dass er nicht mehr sicher sei, ob der Gegner mit militärischen Mitteln zum Frieden gezwungen werden könne. Trotz dieser Einschränkung war er aber nicht bereit, den Tatsachen ins Auge zu sehen. Entsprechend wenig tat die Politik, um einen Friedensschluss außen- und innenpolitisch vorzubereiten. Hintze wurde lediglich gestattet, über Spanien und die Niederlande Friedensfühler auszustrecken.[7] Von besonderer Dringlichkeit oder Eile war keine Rede. Auch der österreichische Kaiser Karl I. bekam zu hören, dass für ein Friedensangebot eine günstige Situation abgewartet werden müsse. Unbefriedigt verließ der Österreicher Spa und ging bald eigene Wege. Erst am 9. September – das deutsche Westheer zog sich nun doch auf die stark befestigte Siegfriedlinie zurück – billigte die OHL, dass das Auswärtige Amt ohne weitere Verzögerung versuchen sollte, einen neutralen Friedensvermittler einzuschalten. Über die wahre Lage unterrichtete die OHL die Politik aber noch immer nicht.

Die Alliierten hatten unterdessen die Schwäche der deutschen Truppen nicht voll erkannt. Ihre Angriffserfolge verbesserten zwar deutlich die Stimmung von Führung und Soldaten, an einen baldigen Sieg glaubte jedoch auch auf alliierter Seite niemand. Vielmehr rechneten die Westmächte fest damit, dass sich der Krieg noch bis weit in das Jahr 1919 hinziehen werde. Dementsprechend plante Foch im Sommer 1918 auch keine groß angelegte Offensive, die die Niederlage der Deutschen rasch hätte besiegeln können. Es galt vielmehr, unter dosiertem Kräfteeinsatz und möglichst geringen Verlusten schrittweise vorzurücken.[8]

Dieses vorsichtige und langsame Vorgehen der Alliierten kam der OHL entgegen. Doch der militärische Erosionsprozess war nicht mehr aufzuhalten. Am 27. September durchbrachen britische Divisionen die gut ausgebaute Siegfriedlinie. Dahinter gab es praktisch keine befestigte Stellung mehr. Zudem gingen nun auch Hiobsbotschaften vom Balkan ein. Am 14. September 1918 begann die alliierte Offensive an der Saloniki-Front und riss die bulgarische Verteidigungslinie in kurzer Zeit ein. In wilder Flucht strömten die bulgarischen Verbände nach Norden. In Sofia gingen die Massen auf die Straßen, so dass die Regierung angesichts der hoffnungslosen militärischen Lage am 25. September um Waffenstillstand bat und vier Tage später in Saloniki einen entsprechenden Vertrag unterzeichnete. Nun musste auch Ludendorff der ausweglosen Situation ins Auge sehen. Er teilte dem nach Spa geeilten Paul von Hintze mit, dass die Regierung auf der Grundlage von Wilsons 14-Punkte-Programm sofort um Waffenstillstand nachsuchen müsse. Jeden Augenblick könne der Durchbruch erfolgen, es dürfe keine Zeit mehr verloren werden. Außerdem solle die Regierung umgebildet werden, um den Einfluss des Reichstages entscheidend zu vergrößern. Der mehr oder minder ahnungslosen politischen Führung und den Spitzen der Parteien wurden erst jetzt die Augen geöffnet.[9]

Indes muss man sich fragen, warum sich die Lagebeurteilung durch die OHL in kurzer Zeit so radikal ändern konnte. Gewiss war die Erkenntnis, dass die Niederlage nicht mehr abzuwenden war, nicht neu. Doch es hatte lange Zeit die irrationale Hoffnung überwogen, dass sich schließlich alles irgendwie zum Guten wenden würde. Nach dem Durchbruch durch die Siegfriedlinie musste täglich mit dem Zusammenbruch des Westheeres gerechnet werden, und das Ausscheiden Bulgariens öffnete den Alliierten den Balkan, zumal sich auch die Türkei und Österreich-Ungarn im Prozess des militärischen und politischen Zusammenbruchs befanden. Nachdem die Niederlage nun nicht mehr abzuwenden war, trachtete Ludendorff danach, sich selbst und das Militär aus der politischen Verantwortung zu ziehen und alles Weitere einer parlamentarisch gestützten Regierung zu überlassen. Wichtig war ihm nur, dass der Frieden kam, bevor das Heer zerfiel und die militärische Niederlage für jedermann offensichtlich wurde. Darum drängte er so vehement zur Eile.

Im Reich selbst waren die Vorboten einer neuen politischen Ära nicht mehr zu übersehen. Im Interfraktionellen Ausschuss des Reichstages wandten sich die SPD und Teile des Zentrums scharf gegen die Regierung Hertling. Sie sei offensichtlich unfähig, sich gegen die schiere Allmacht der OHL durchzusetzen, die noch im September 1918 mit der Besetzung des Kaukasus ihre eigenen Expansionsträume zu verwirklichen suchte. Da die innenpolitischen Reformen nicht vorankamen, war die amtierende Regierung nach Meinung der Mitte-Links-Parteien nicht geeignet, einen Sonderfrieden abzuschließen – eine durchaus zutreffende Einschätzung. Allerdings zeigte sich die Weltfremdheit des Reichstages darin, dass man zu jenem Zeitpunkt eine Verständigung mit den Westmächten prinzipiell noch immer für möglich hielt.

Die Stimmen, die die Einbeziehung parlamentarischer Kräfte in die Regierungsverantwortung forderten, waren mittlerweile nicht mehr zu überhören. Ende September einigten sich die Mehrheitsparteien im Interfraktionellen Ausschuss auf einen umfangreichen Maßnahmenkatalog, der im Wesentlichen auf einen Frieden ohne Annexionen und die Parlamentarisierung im eigenen Land hinauslief. Hertling war ursprünglich gewillt, den neuen innenpolitischen Kräften entschlossen Widerstand zu leisten. Ludendorffs Aufforderung, sofort Frieden zu schließen und das Parlament in die politische Verantwortung zu nehmen, machten seine Position aber unhaltbar. Daher trat der Reichskanzler am 30. September zurück.

Unter dem Druck der Ereignisse galt es, rasch eine neue Regierung zu bilden, die versuchen musste, zu retten, was noch zu retten war. Allerdings war es nicht einfach, in jenen Tagen einen geeigneten Kandidaten zu finden. Schließlich einigte man sich auf den badischen Thronfolger Prinz Max von Baden, der anders als die meisten seiner Standesgenossen seit langem für innenpolitische Reformen und einen Frieden ohne Annexionen eingetreten war. Wenngleich er also die richtigen Einsichten mitbrachte, so fehlte es ihm doch an der notwendigen Führungsstärke, um in den hektischen Oktobertagen vor allem die dramatischen innenpolitischen Ereignisse nachhaltig zu beeinflussen. Zudem galt die Berufung eines Prinzen im In- und Ausland nicht gerade als Symbol der Demokratisierung.[10] Neuer Staatssekretär des Auswärtigen Amtes wurde Wilhelm Solf, der zuvor das Reichskolonialamt geleitet hatte. Das Reichsamt des Innern übernahm der Zentrumsabgeordnete Karl Trimborn, und die Leitung des neu eingerichteten Reichsarbeitsamtes wurde dem Sozialdemokraten Gustav Bauer übertragen. Ferner traten Matthias Erzberger (Zentrum), Conrad Haußmann (Fortschrittliche Volkspartei), Philipp Scheidemann (SPD) und Adolf Gröber (Zentrum) als Staatssekretäre ohne eigenen Amtsbereich in die Regierung ein. Es handelte sich de facto um eine Kollegialregierung, die ein breites gesellschaftliches Spektrum umfasste.

Als erste Amtshandlung sandte die neue Regierung am Abend des 3. Oktober 1918 eine Note an Wilson ab,[11] in der sie den amerikanischen Präsidenten bat, auf der Grundlage seiner 14 Punkte einen Waffenstillstand herbeizuführen. Die Note wurde in der Presse veröffentlicht, so dass die breite Masse der Bevölkerung jäh mit der militärischen Realität konfrontiert wurde. Seit September 1914, als Bethmann Hollweg die Niederlage an der Marne verheimlicht hatte, war die Bevölkerung über die wahre militärische Lage stets im Unklaren gelassen worden.[12] Die Pressepolitik der Reichsleitung hatte immer wieder die Herbeiführung eines Sonderfriedens erschwert, da sie die Annexionisten in ihrem Glauben bestärkt hatte, die Karte Europas zum Vorteil Deutschlands neu gestalten zu können. Nun traf die Wahrheit zumindest die konservativen und bürgerlichen Eliten wie ein Hammerschlag. Durch den sich anbahnenden Notenwechsel mit Wilson wurde rasch deutlich, dass Deutschland keinerlei Verhandlungsspielraum mehr besaß. Die Alliierten waren entschlossen, das Reich zur Kapitulation zu zwingen und ihm ihre Friedensbedingungen zu diktieren. Sie griffen dabei auch das deutsche Regierungssystem scharf an und forderten entsprechende Verfassungsänderungen.

Unter dem außen- wie auch innenpolitischen Druck wurde die Parlamentsregierung, die seit dem 3. Oktober de facto bestand, auch de jure verankert. Die Verfassungsänderung trat offiziell aber erst am 28. Oktober in Kraft. Am wichtigsten war ohne Zweifel, dass der Reichskanzler nun dem Reichstag und dem Bundesrat verantwortlich war und nicht mehr dem Kaiser. Kriegserklärungen und Friedensschlüsse waren künftig an die Zustimmung des Reichstages gebunden. Der Kanzler war von nun an für alle politisch bedeutsamen Handlungen des Kaisers verantwortlich, auch wenn diese im Rahmen seiner militärischen Kommandogewalt vorgenommen wurden. Allerdings wies die hastig improvisierte Verfassungsänderung etliche Inkonsequenzen auf.[13]

Die dramatischen innenpolitischen Veränderungen wurden in Deutschland jedoch kaum mehr wahrgenommen. Das beherrschende Thema war die Frage, ob man auf die Bedingungen Wilsons eingehen sollte oder nicht. Die vorbehaltlose Annahme der 14 Punkte hätte bedeutet, dass man sich auf Gedeih und Verderb den Siegermächten auslieferte, Elsass-Lothringen aufgeben, die besetzten Gebiete räumen sowie die Flotte und schwere Waffen hätte ausliefern müssen.[14]

Nun entbrannte in aller Heftigkeit ein Streit darüber, ob man vor diesen als schmählich empfundenen Forderungen kapitulieren sollte oder ob es besser sei, den Kampf fortzusetzen. Nach der regelrechten Panik um die Monatswende September/Oktober wurde die Lagebeurteilung der OHL nun mit einem Mal zuversichtlicher. Nach der dritten harschen Antwortnote Wilsons waren Hindenburg und Ludendorff entschlossen, den Kampf mit allen Mitteln fortzusetzen, und erließen einen entsprechenden Armeebefehl.[15] Die Zeiten, in denen die OHL die Politik des Reiches in wesentlichen Zügen bestimmte, waren jedoch vorbei. Vizekanzler Friedrich von Payer – er vertrat den erkrankten Max von Baden – pochte am 25. Oktober auf den Primat der Politik, dem sich die OHL unterzuordnen hätte. Am nächsten Tag nahm Ludendorff nach einem heftigen Zusammenstoß mit dem Kaiser seinen Abschied.[16] General Wilhelm Groener wurde sein Nachfolger.

Der Weg zum Waffenstillstand war damit endgültig frei. Die Fortsetzung der Kämpfe hätte ohnehin keinen militärischen und erst recht keinen politischen Sinn mehr gehabt. Die Auflösungserscheinungen im Westheer waren nicht mehr zu übersehen. Anfang November gewannen die alliierten Armeen rasch an Boden. Als am 11. November die Kampfhandlungen eingestellt wurden, war die Front kurz davor, auseinander zu brechen. Zudem machten auch die Ereignisse im Südosten Europas eine Fortsetzung des Krieges unmöglich. Nachdem Österreich-Ungarn am 3. November den Waffenstillstand von Villa Giusti geschlossen hatte,[17] wäre der Weg nach Süddeutschland für die alliierten Truppen frei gewesen.

Angesichts dieser Lage wird deutlich, wie absurd die später formulierte Dolchstoßlegende war, wonach die Revolutionäre in der Heimat dem unbesiegten Heer in den Rücken gefallen seien und die Niederlage des Reiches herbeigeführt hätten.[18]

Umbruch und Neuanfang

Natürlich stellt sich die Frage, warum es in Deutschland zu diesem Zeitpunkt überhaupt noch zu revolutionären Unruhen kam, wo doch bereits über den Waffenstillstand verhandelt wurde und Ende Oktober 1918 sogar eine parlamentarische Monarchie eingeführt worden war. Die Antwort liegt auf der Hand. Die innenpolitischen Reformen kamen viel zu spät, um noch eine Wirkung entfalten zu können. Vor allem die Person Kaiser Wilhelms II. wurde als unhaltbar empfunden. Arbeiterschaft und Bürgertum drängten immer mehr auf die Abdankung des Monarchen, zumal man meinte, dass dies die Voraussetzung für einen akzeptablen Friedensschluss sei. Der rechtzeitige Thronverzicht Wilhelms II. wäre ein weithin sichtbares Fanal für den Anbruch einer neuen Zeit gewesen. Doch der Kaiser lehnte – unterstützt von Hindenburg und Groener – jeden Gedanken in diese Richtung strikt ab.[19]

Unterdessen zogen sich auch die Waffenstillstandsverhandlungen in die Länge, und man konnte nicht wissen, ob die Führung nicht doch eine Wiederaufnahme des Kampfes anordnen würde. Große Teile der Bevölkerung waren nicht länger bereit, Krieg zu führen. Sie wollten den Frieden, und zwar schnell. In dieser Situation kam es an drei Orten unabhängig voneinander zur Eskalation: In Kiel meuterten die Matrosen der Hochseeflotte, in München ging das Volk unter Führung des Sozialisten Kurt Eisner auf die Straße, und in Berlin sahen die Spartakisten ihre Stunde gekommen und riefen zum Generalstreik auf.[20]

»Lieb Vaterland magst ruhig sein, die Flotte schläft im Hafen ein.«[21] Mit solchen Versen hatte der Volksmund während des Krieges die Untätigkeit der Hochseeflotte verspottet, die lediglich in der Skagerrak-Schlacht im Juni 1916 auf sich aufmerksam gemacht hatte. Die Marineführung war sich dieser Tatsache nur zu sehr bewusst.[22] Ende September 1918 ging die Seekriegsleitung daher ohne Absprache mit der Reichsleitung daran, einen bereits seit langem geplanten Flottenvorstoß in Richtung Themsemündung vorzubereiten. Diese letzte große Schlacht sollte den Wert der Hochseeflotte eindrucksvoll unter Beweis stellen. Damit wollten die Admiräle die Existenzberechtigung der Tirpitz-Flotte und des Seeoffizierkorps unter Beweis stellen.[23] Die Matrosen verspürten jedoch keine Lust, kurz vor Kriegsende für die Zukunftspläne der Admiräle zu sterben. Am 29. Oktober, einen Tag vor dem Auslaufen, verbreiteten sich unter den Besatzungen wilde Gerüchte über eine geplante Todesfahrt. In der Nacht kam es zu offenen Befehlsverweigerungen, die ein solches Ausmaß annahmen, dass der Flottenchef, Admiral Franz von Hipper, die Operation absagte. Er ließ die Aufrührer verhaften und löste die in Wilhelmshaven zusammengezogene Flotte auf.

Die Einheiten, bei denen der Protest besonders heftig gewesen war, wurden nach Kiel verlegt, die inhaftierten Rädelsführer ebenfalls. Die Lage konnte dadurch jedoch nicht mehr unter Kontrolle gebracht werden. Bei ihrer Ankunft in Kiel kam es unter den Matrosen zur offenen Rebellion: Binnen zweier Tage war die Stadt in ihrer Hand. Am 5. November griffen die Unruhen auf Wilhelmshaven, Cuxhaven und Lübeck über. In Hamburg traten bereits die von den Sozialisten organisierten Arbeiterscharen in den Vordergrund. Was als unpolitische Matrosenmeuterei begonnen hatte, wandelte sich nun zu einer politischen Revolutionsbewegung. Ab dem 6. November befanden sich auch zahlreiche Städte in Nord- und bald darauf auch in Mitteldeutschland in Aufruhr. Arbeiter- und Soldatenräte übernahmen die Macht über Rathäuser und Staatsbehörden. Gewaltausbrüche gab es kaum – die alte Ordnung des Wilhelminischen Reiches stürzte widerstandslos in sich zusammen.

Völlig unabhängig von den Vorgängen im Norden des Reiches kam es am 7. November in München zur Revolution. Die Kriegsmüdigkeit und die Verbitterung über die besonders schweren Verluste der bayerischen Truppen mischten sich hier mit der Ablehnung der Zwangswirtschaft und dem Groll auf Preußen. Hinzu kam, dass man nach dem Ausscheiden Österreich-Ungarns aus dem Krieg den Vormarsch alliierter Truppen nach Süddeutschland befürchtete. Der bayerische USPD-Politiker Kurt Eisner verstand es geschickt, sich an die Spitze der erregten Volksmassen zu stellen und allen Zorn auf die Monarchie zu lenken. Der König floh, die Minister übergaben ihre Ämter, und Eisner rief die bayerische Republik aus. Arbeiter- und Soldatenräte übernahmen auch hier die Macht.[24]

Der Spartakusbund, aus dem wenige Wochen später die Kommunistische Partei Deutschlands (KPD) hervorgehen sollte, und der linke Flügel der USPD bereiteten unterdessen in Berlin mit russischer Unterstützung den Aufstand vor. Als die nahezu ohnmächtige Reichsregierung am 4. November schließlich Versammlungsverbote verhängte und einige Rädelsführer festnahm, begann am Morgen des 9. November in Berlin der Generalstreik. Mehrere Hunderttausend Arbeiter und Soldaten folgten einem Aufruf der USPD, strömten in das Stadtzentrum und legten das öffentliche Leben lahm. Friedrich Ebert stellte sich nun an die Spitze der Protestbewegung, um den Gang der Dinge zu beeinflussen. Er forderte vom Reichskanzler noch einmal nachdrücklich die Abdankung des Kaisers und die Übertragung der Regierungsgeschäfte auf die SPD. Unter dem Druck der Ereignisse entschloß sich Max von Baden, eigenmächtig vorzugehen: Er erklärte unverzüglich den Thronverzicht Wilhelms II. sowie des Kronprinzen und ernannte Friedrich Ebert zum neuen Reichskanzler, wozu er laut Verfassung gar keine Befugnis hatte. Eine Entscheidung über die zukünftige Staatsform war damit nicht verbunden. Doch es hatte sich bereits eine kaum mehr zu bremsende Eigendynamik entwickelt. Beim Mittagessen im Reichstag erfuhr der stellvertretende SPD-Vorsitzende Philipp Scheidemann von den Plänen des Spartakusbundes, die Gunst der Stunde für seine Zwecke zu nutzen. Um Karl Liebknecht zuvorzukommen, ging Scheidemann kurzentschlossen auf einen Balkon des Reichstagsgebäudes und rief gegen 14 Uhr die Republik aus – zum Entsetzen Eberts, der sich durchaus den Fortbestand einer parlamentarischen Monarchie hatte vorstellen können. Zwei Stunden später proklamierte Karl Liebknecht von einem Balkon des Berliner Schlosses aus die sozialistische Republik. Damit war die Monarchie zwar nicht de jure, aber de facto abgeschafft.

Wilhelm II. war zu diesem Zeitpunkt nur noch ein Zaungast der Ereignisse. Nachdem der Gedanke, als König von Preußen nach Berlin zurückzukehren, verworfen worden war, legten Hindenburg und Groener ihm in dringlicher Form nahe, ins Exil zu gehen. Zögernd gab Wilhelm II. schließlich nach. Am Morgen des 10. November traf er in Holland ein.

Mittlerweile hatten sich die Alliierten bereit erklärt, einen Waffenstillstand auf der Grundlage von Wilsons 14 Punkten zu unterzeichnen, allerdings unter zwei wichtigen Vorbehalten: Großbritannien behielt sich das Recht vor, die Freiheit der Meere nach eigenem Gutdünken zu interpretieren, und Frankreich pochte darauf, dass auch die zivilen Schäden des deutschen Angriffs beseitigt werden müssten – eine Klausel, die auf die Zahlung von Reparationen hinauslief. Am 8. November traf die deutsche Delegation unter Matthias Erzberger (Zentrum) im Wald von Compiègne ein. Am 11. November wurde hier der Waffenstillstandsvertrag unterzeichnet.

In Berlin gelang es Ebert unterdessen, den Gang der Dinge weiter im Sinne der MSPD zu beeinflussen. Er sah sich als eine Art Konkursverwalter, der die parlamentarische Demokratie sichern wollte. Alle weiteren Entscheidungen über die Veränderungen von Staat und Gesellschaft sollten der gewählten Nationalversammlung vorbehalten bleiben. Ebert hatte vor Augen, wie die Minderheit der Bolschewiki in Russland das Parlament verjagt und das Land in einen verheerenden Bürgerkrieg gestürzt hatte. Dementsprechend wollte er den Spartakusbund und den linken Flügel der USPD unbedingt von der Macht fernhalten.

Allerdings kam die MSPD unter dem Druck der Volksbewegung nicht umhin, eine Koalition mit der USPD einzugehen. Mit der Einbeziehung der USPD in die Regierungsverantwortung wurde der Umsturzbewegung viel von ihrer potentiellen Wirkungskraft genommen. Am 10. November bildete sich unter der Führung von Friedrich Ebert und Hugo Haase ein paritätisch besetztes sechsköpfiges Kabinett – Rat der Volksbeauftragten genannt. Ebert missfiel diese Regelung eigentlich, war er doch nach nur einem Tag sein Amt als Reichskanzler wieder losgeworden und fungierte nun nur noch als Mitglied einer Revolutionsregierung. Angesichts der Ereignisse war aber keine andere Lösung denkbar. Immerhin erkannten OHL, Beamtenschaft und Verwaltung diese neue Regierung an. Selbst die meisten Staatssekretäre blieben im Amt.

Die wichtigsten Aufgaben des Rates der Volksbeauftragten waren die militärische Demobilisierung und die Sicherstellung der Volksernährung. In beiden Bereichen war man auf die Kooperation mit den Trägern der alten Ordnung angewiesen. Bereits am 10. November hatte General Groener Ebert die Loyalität der Armeeführung zugesagt (Groener-Ebert-Pakt). Ebert versicherte im Gegenzug, die Befehlsgewalt der Offiziere anzuerkennen und gegen den Linksradikalismus zu kämpfen. Eine vergleichbare Vereinbarung gab es im Wirtschaftsbereich (Legien-Stinnes-Abkommen). Am 15. November unterzeichneten der Gewerkschaftsvertreter Carl Legien und der Großindustrielle Hugo Stinnes ein Abkommen, in dem die Gewerkschaften zusicherten, die wilden Streiks zu beenden, den Produktionsablauf nicht weiter zu behindern und die Enteignung von Privateigentum zu verhindern. Im Gegenzug wurde der 8-Stunden-Tag eingeführt und der Alleinvertretungsanspruch der Gewerkschaften als Arbeitnehmervertreter vereinbart.

Sehr bald hat sich somit eine Abwehrfront gegen all jene Kräfte gebildet, die weitergehende gesellschaftliche Veränderungen im Sinn hatten oder denen man dies unterstellte. Dies zielte vor allem gegen die Rätebewegung, die selbst von der MSPD als mehr oder minder revolutionär eingeschätzt wurde. Heute wissen wir, dass die Räte auf dem Boden der parlamentarisch-demokratischen Ordnung standen. Sie verhielten sich gegenüber der neuen Regierung loyal. Auf lokaler Ebene bildete sich ein improvisiertes Verwaltungsgefüge aus Räteorganisationen, Parteien und Gewerkschaften, die in einer Allianz der Vernunft die drängendsten Probleme der Menschen zu lösen suchten. Die Arbeiter- und Soldatenräte schufen der MSPD so eine in der Regel politisch konforme Exekutive.

Der vom 16. bis 19. Dezember 1918 tagende I. Reichsrätekongress spiegelte die politische Ausrichtung der Rätebewegung wider. In reichsweiten, von den regionalen Räten organisierten Wahlen wurden 486 Delegierte gewählt – je ein Abgeordneter auf 200 000 Einwohner bzw. auf 100 000 Soldaten. Die Vertreter der MSPD behielten auch in diesem Gremium mit 59,2 Prozent die Mehrheit. Die USPD kam gerade einmal auf 88 Vertreter, der Spartakusbund gar auf nur zehn. Der Rat der Volksbeauftragten wurde als provisorische Exekutive und Legislative bis zum Zusammentritt einer Nationalversammlung anerkannt, die zum nächstmöglichen Zeitpunkt – am 19. Januar 1919 – gewählt werden sollte.

Damit hatte sich die MSPD auf ganzer Linie gegen ihre linken Konkurrenten durchgesetzt und konnte mit ihrer Bilanz durchaus zufrieden sein: Ein Bürgerkrieg – und damit der Einmarsch der alliierten Truppen – war vermieden worden, der Waffenstillstand abgeschlossen, die Rückführung und Demobilisierung des Heeres verlief ohne Zwischenfälle, die Einheit des Reiches blieb trotz einiger separatistischer Bewegungen erhalten, Recht und Ordnung wurden angesichts der unruhigen Zeiten in einem erstaunlich hohen Maße gewahrt.

Auf dem Reichsrätekongress wurden die Beschlüsse zur Sozialisierung von Schlüsselindustrien – etwa des Bergbaus – mit großer Mehrheit angenommen, ebenso die Forderung nach der institutionellen Eingliederung der Räte in die kommende Verfassungsordnung und die Demokratisierung des Militärs. Bei aller Loyalität zum parlamentarisch-demokratischen System war indes zweifelhaft, ob sich die Arbeiterschaft mit dem erreichten gesellschaftlichen und wirtschaftlichen Wandel zufrieden geben würde.

Bereits zu Weihnachten 1918 kam es in Berlin zu schweren Kämpfen. Die in den Novembertagen zum Schutz der Revolutionsregierung gebildete Volksmarinedivision wurde jetzt vom Rat der Volksbeauftragten als spartakistische Gefahrenzelle betrachtet. Schließlich dienten hier die »Revolutionäre« der ersten Stunde, Matrosen zumeist, die in Kiel den Aufstand in Gang gebracht hatten. Der Berliner Stadtkommandant Otto Wels (MSPD) bestand daher auf der deutlichen Verkleinerung der Truppe und hielt als Faustpfand den Lohn zurück. Die Matrosen verloren schließlich die Geduld. Weihnachten stand vor der Tür und Wels wollte partout den Lohn nicht herausrücken. Sie setzten den Rat der Volksbeauftragten in der Reichskanzlei fest und nahmen den Stadtkommandanten gefangen. Ebert rief über eine Geheim-

Der Rat der Volksbeauftragten, unter ihnen Friedrich Ebert und Philipp Scheidemann von der MSPD.

leitung Groener zu Hilfe, der große Mühe hatte, ihm ergebene Soldaten zu mobilisieren, die er nach Berlin in Marsch setzen konnte. Dort angekommen gelang es den Männern nicht, den Widerstand der Volksmarinedivision zu brechen. Wären die Matrosen tatsächlich Spartakisten gewesen, hätten sie problemlos die Regierung absetzen und die Macht übernehmen können. Ihnen ging es aber lediglich um das ausstehende Geld. Als dieses ausbezahlt wurde, einigte man sich auf ein Remis und beide Parteien zogen am 24. Dezember ihres Weges.

Obgleich diese Episode mit den politischen Vorgängen direkt noch nichts zu tun hatte, zeigt sie doch, dass Ebert und sein Gefolge bereit waren, die labile Ordnung mit Waffengewalt zu verteidigen. Die Militärs wussten, dass sie eine Niederlage erlitten hatten und die reguläre Truppe nicht mehr einsatzfähig war. Der Drang der Soldaten, endlich nach Hause zu kommen, die Uniform loszuwerden und den Krieg zu vergessen, war nicht mehr zu bremsen. Die OHL entschloss sich daher, Freiwilligen-Verbände aus zuverlässigen Soldaten aufzustellen, um wieder ein Kampfmittel in die Hand zu bekommen. In diesen lose zusammengefügten Einheiten – Freikorps genannt – fanden sich Männer der unterschiedlichsten Herkunft und Motivation zusammen: Soldaten, die nicht ins Zivilleben zurückfanden, Söldner und Abenteurer. Gegner des Umsturzes waren darunter, für die es zwischen Ebert und Liebknecht nur graduelle Unterschiede gab, aber auch Republikaner, die das bereits Erreichte schützen wollten.

Als Folge der Weihnachtsunruhen verlor der Kompromiss des Rates der Volksbeauftragten seine Grundlage. In der USPD gewannen die linken Kräfte die Oberhand, fünf Tage später verließ die Partei aus Protest die Regierung. Nachdem sie sich auf dem Rätekongress schon den Wahlen zum Zentralrat verweigert hatte, gab sie damit das entscheidende Gestaltungsinstrument aus der Hand. Zudem trennte sich die Spartakus-Gruppe von der heillos zerstrittenen USPD und bildete am 1. Januar 1919 die KPD.

Die Absetzung des zur USPD gehörenden Berliner Polizeipräsidenten Emil Eichhorn durch die preußische Regierung führte Anfang Januar 1919 dann zu Massenprotesten, die sich schnell zum Aufstand der radikalen Linken gegen die Regierung ausweiteten. Am 5. Januar wurde der Generalstreik ausgerufen und die Volksbeauftragten für abgesetzt erklärt. Der Aufstand war jedoch kein sorgfältig geplanter Versuch, die Macht zu übernehmen, sondern eher eine spontane, führungslose Aktion. Nach dem Scheitern der Vermittlungsversuche gelang es der Regierung, den Aufstand mit Gewalt unter Kontrolle bringen. Zusammengewürfelte Truppen aus Freikorps, sozialdemokratischen Kampfgruppen und von Soldatenräten geführten Regimenten schlugen zwischen dem 9. und 11. Januar den Aufstand blutig nieder. In den Gefechten entlud sich der bei zahlreichen Kämpfern aufgestaute Hass gegen die Revolution und alles, was sie zu verkörpern schien. 162 Menschen kamen ums Leben, wahllose Erschießungen und Misshandlungen waren an der Tagesordnung. Dem Januar-Aufstand fiel auch die Führungsspitze der KPD zum

Opfer: Rosa Luxemburg und Karl Liebknecht wurden nach ihrer Verhaftung auf dem Weg ins Untersuchungsgefängnis ermordet. Die Kommunisten verloren damit ihre Führungsfiguren. Ein Sonderweg der deutschen Kommunistischen Partei war nunmehr nicht mehr vorstellbar, die strenge Ausrichtung auf Moskau die Folge.

Nachdem in Berlin wieder Ruhe eingekehrt war, verliefen die Wahlen zur Nationalversammlung am 19. Januar 1919 ohne jede Störung. Die Mehrheits-Sozialdemokraten erhielten 37,9 Prozent der Stimmen, die USPD 7,6 Prozent. Die sozialistischen Parteien verfehlten somit die absolute Mehrheit. Die SPD erhielt nur drei Prozent mehr Stimmen als bei der Reichstagswahl im Januar 1912. Es sollte für die nächsten viereinhalb Jahrzehnte das beste Wahlergebnis der Sozialdemokratie bleiben. Das Zentrum kam auf knapp 20 Prozent, die linksliberale DDP auf gut 18 Prozent. Die konservative DNVP errang etwas mehr als 10 Prozent der Stimmen.

Am 6. Februar trat die Nationalversammlung zum ersten Mal zusammen. Sie tat dies auf Anweisung Friedrich Eberts jedoch nicht in Berlin, sondern in Weimar. Die politischen Unruhen machten ein geordnetes Arbeiten in der Reichshauptstadt unmöglich, zudem wollte Ebert die junge Republik bewusst in die humanistische Tradition Weimars stellen. Am 10. Februar 1919 wurde eine Übergangsregierung gebildet und Ebert zum Reichspräsidenten gewählt. Er beauftragte Philipp Scheidemann mit der Regierungsbildung und dieser führte eine Koalition von SPD, DDP und Zentrum zusammen, die bereits während des Ersten Weltkrieges im Interfraktionellen Ausschuss gut zusammengearbeitet hatten. Fortan sprach man von der »Weimarer Koalition« und der »Weimarer Republik«. Die Stadt der Klassiker gab so der ganzen Republik ihren Namen.

Hauptaufgabe der Nationalversammlung war die Ausarbeitung einer neuen Verfassung. Zugleich fungierte sie auch als Übergangsparlament und ratifizierte so etwa am 9. Juli 1919 den Versailler Vertrag. Von Anfang an war klar, dass die zukünftige

Staatsform eine Republik sein würde, eine Monarchie oder ein Rätesystem kamen nicht mehr in Frage. Maßgeblich beteiligt an der Erarbeitung der Verfassung war der Staatsrechtler Hugo Preuß, ein engagierter Liberaler, der im Februar 1919 Innenminister wurde. Die Verfassung wurde schließlich mit den Stimmen der Weimarer Koalition angenommen und trat am 14. August 1919 in Kraft.

Die brutale Niederschlagung des Januaraufstandes und die ausbleibenden Reformen in Wirtschaft, Bürokratie und Militär führten unterdessen zu einer Radikalisierung des urbanen Arbeitermilieus. Gewiss waren die wirtschaftlichen und sozialen Probleme angesichts der Demobilisierung von Armee und Wirtschaft noch vergleichsweise überschaubar, doch die sozialen Probleme waren nach vier Jahren Krieg nicht zu übersehen. Schon bald nach dem Januaraufstand in Berlin erfasste eine neue Aufstands- und Streikwelle das Land – zunächst in Nord- und Mitteldeutschland, Ende März auch in Süddeutschland. Der Protest leitete allerdings keine zweite Revolution ein, dafür fehlte es an einer revolutionären Strategie und einer einheitlichen Führung. Man kann noch nicht einmal sagen, dass die Masse der Aufständischen gegen die parlamentarische Demokratie gewesen wäre. Die Streikforderungen waren so uneinheitlich wie die Streikbewegung selber. Die Verbitterung über die Erfolglosigkeit der Revolution führte mancherorts zu einer radikalen Klassenkampfbewegung. Oft ging es aber in erster Linie um Lohnerhöhungen und Arbeitszeitverkürzungen. Hier machte es sich bemerkbar, dass die SPD bis kurz vor Beginn des Ersten Weltkriegs in einer quasi-religiösen Verheißungsprogrammatik verkündet hatte, dass sich sofort nach dem Ende der Monarchie eine sozialistische Gesellschaft etablieren werde, die sozusagen über Nacht alle wirtschaftlichen Härten beseitigen würde. Einen realistischen Plan, was nach einer Abdankung des Kaisers zu geschehen habe, hatte die SPD jedoch niemals ausgearbeitet. Dementsprechend illusionär waren etwa die Vorstellungen der streikenden Kumpel von den wirtschaftlichen und finanziellen Möglichkeiten der Bergbauindustrie.

Die Zentren der bewaffneten Kämpfe zwischen den linksradikalen Anhängern der Rätebewegung und der Staatsmacht waren Berlin und München, obgleich es auch am Niederrhein und in Mitteldeutschland heftige Auseinandersetzungen gab. In Bremen konnte sich sogar für wenige Wochen eine Räterepublik halten (10. Januar bis 4. Februar 1919). In Berlin proklamierte die KPD am 3. März 1919 den Generalstreik, um die Rätemacht durchzusetzen. Die Aufständischen waren gut bewaffnet und kampferprobt. Rasch konnten sie große Teile der Innenstadt und der industriellen Vororte in ihre Gewalt bringen. Am 6. März begann der Gegenschlag der Regierungstruppen mit bunt zusammengewürfelten Freikorpsverbänden unter dem Befehl von General Walter Freiherr von Lüttwitz. Unter Einsatz von Artillerie wurde der Aufstand schließlich bis zum 12. März niedergeschlagen. Rund 1200 Menschen starben bei den harten und brutalen Kämpfen. Ähnlich rücksichtslos wurde die von Anarchisten und Teilen der USPD errichtete Münchner Räterepublik in der zweiten Aprilwoche 1919 aufgelöst. Eberts Republik war damit vorläufig gesichert.

Es ist viel darüber diskutiert worden, ob der Preis dafür nicht zu hoch war. In vielerlei Hinsicht stand das Bündnis mit den alten Eliten einer umfassenden Erneuerung von Staat und Gesellschaft im Wege. Dabei gab es in Verwaltung, Bürokratie und Militär durchaus liberale Kräfte, die bereit gewesen wären, politische Verantwortung zu übernehmen. Die MSPD, aber auch die Gewerkschaften, versäumten es jedoch, den Räten stärker entgegenzukommen und so große Teile der organisierten Arbeiterschaft und des Mittelstandes – etwa durch ein Korporativsystem – an den Staat zu binden. In Kenntnis der weiteren Entwicklung der Weimarer Republik kann man bedauern, dass Ebert in den ersten Wochen der Revolution so wenig politischen Gestaltungswillen gezeigt hat. Allerdings ist zu bedenken, dass eine radikalere Umgestaltung von Staat und Gesellschaft das

Bündnis mit Bürgertum und Konservativen wahrscheinlich so sehr belastet hätte, dass die eben erst gegründete Republik sofort in einen Bürgerkrieg hineingeschlittert wäre. Und dies hätte verheerende Folgen für die notleidende Bevölkerung gehabt.

7 Der Frieden, der keiner war

Der britische Premierminister David Lloyd George (ganz links), der französische Ministerpräsident Georges Clemenceau (2. von rechts) und der amerikanische Präsident Woodrow Wilson (ganz rechts) im Mai 1919 in Paris.

Als im Januar 1919 die Pariser Friedensverhandlungen begannen,[1] saß der Hass der Völker tiefer denn je. Der Weltkrieg hatte viele Opfer gefordert: Rund neun Millionen Menschen waren in den vier Kriegsjahren gestorben (nicht gerechnet die indigene Bevölkerung in den Kolonien). 2 037 000 deutsche Soldaten waren gefallen, 4 950 000 wurden verwundet. Bei zirka 13 Millionen deutschen Kriegsteilnehmern entsprach dies einer Verlustquote von 15 Prozent. 1,8 Millionen Russen starben, 1,3 Millionen Franzosen. Prozentual zur eingesetzten Zahl an Soldaten hatte Frankreich die höchste Verlustquote zu beklagen.

Dieser Krieg hatte keine Lösungen gebracht, im Gegenteil – er hatte im Vergleich zur Vorkriegszeit noch mehr Wunden aufgerissen und noch mehr Begehrlichkeiten geweckt. Zudem war unübersehbar, dass sich die Siegermächte keineswegs darüber einig waren, was bei den Friedensverhandlungen in Paris eigentlich herauskommen sollte. Mit der Auslieferung der deutschen Hochseeflotte und der Besetzung der Kolonien waren etwa für London schon bei Beginn der Friedensverhandlungen im Januar 1919 die wichtigsten Forderungen erfüllt. Für Frankreich stellte sich die internationale Konstellation ganz anders dar: Mit der Revolution der Bolschewiki fiel Russland als zentraler Faktor des französischen Bündnissystems weg. Damit gab es für Deutschland auch keine Zweifrontenbedrohung mehr und Berlin hatte die »Einkreisung«, wenn auch nicht aus eigener Kraft, durchbrochen – erstmals seit 1894. Die beste Möglichkeit, die eigene Ostgrenze zu sichern, über die die Deutschen binnen 40 Jahren zwei Mal eingefallen waren, wäre sicher die Auflösung des Deutschen Reiches gewesen, um zu einem Staatengebilde wie dem Deutschen Bund zurückzukehren. Diese Maximalforderung, etwa von Clemenceau und Foch vertreten, ließ sich jedoch nicht durchsetzen. Insbesondere der amerikanische Präsident Woodrow Wilson stellte sich einem »karthagischen Frieden« vehement entgegen. Doch was war zu tun, wenn das Reich nicht aufgelöst wurde und daher zumindest als potentielle Großmacht erhalten blieb? Zunächst galt es, das Land, soweit es die Interessen der anderen Siegermächte zuließen, zu schwächen. Dann aber musste unbedingt ein Ersatz für Russland geschaffen werden: der »Cordon sanitaire«, ein Gürtel ostmitteleuropäischer Staaten, die Deutschland von Osten her bedrohen und zugleich als Puffer gegen Sowjetrussland wirken sollten. Damit insbesondere Polen und die Tschechoslowakei die ihnen zugedachte Rolle überhaupt erfüllen konnten, galt es, die Grenzziehungen und Nationalitätenkonflikte so zu gestalten, dass Deutschland stets geschwächt und die kleinen Staaten gestärkt wurden. So verhinderte man zugleich, dass sich Berlin mit Warschau und Prag verbünden konnte.

Allerdings war die Lage in Ostmitteleuropa unmittelbar nach dem Ersten Weltkrieg überaus instabil. Im Januar 1919 gab es auf dem Territorium der zerfallenen Vielvölkerstaaten Russland und Österreich-Ungarn zehn Staaten (Finnland, Estland, Lettland, Litauen, Polen, Tschechoslowakei, Österreich, Ungarn, Königreich der Serben, Kroaten und Slowenen, Sowjetrussland). Die meisten dieser Staaten befanden sich inmitten eines nationalrevolutionären Umbruchs und lagen im Streit mit ihren Nachbarn. In der Steiermark und in Kärnten kämpften serbische Truppen gegen österreichische Heimwehren, im Teschener Gebiet fochten Tschechen gegen Polen, in Fiume Italiener gegen Kroaten, in Schlesien Deutsche gegen Polen, in Wilna Polen gegen Litauer. Schließlich gerieten auch Polen mit Russen aneinander, was 1920 zum großen polnisch-sowjetrussischen Krieg führte.

In Paris wurde also über viel mehr verhandelt, als nur über die Schwächung Deutschlands. Letztlich musste dem Kontinent eine neue Landkarte, eine neue Struktur gegeben werden. Gleich was die Siegermächte beschließen würden, eine einvernehmliche Lösung war nicht in Sicht, da es unmöglich war, die Ethnien in Ostmitteleuropa sauber voneinander zu trennen. Zudem musste es den Siegermächten in erster Linie darum gehen, lebensfähige Staaten zu bilden, und keineswegs darum, überall das Selbstbestimmungsrecht der Völker zu verwirklichen. Wilson hat dies bereits lange vor dem Waffenstillstand deutlich gemacht. Und dabei war die »self-determination of the nations« natürlich nur ein Gesichtspunkt unter mehreren – etwa neben der wirtschaftlichen Überlebensfähigkeit eines Staates. Es liegt auf der Hand, dass die Nationen Ostmitteleuropas das Selbstbestimmungsrecht stets zu ihren eigenen Gunsten interpretierten – und dabei geflissentlich übersahen, dass Wilson ein ganz anderes Verständnis von diesem Prinzip hatte. Er verstand darunter letztlich »bürgerliche Selbstbestimmung«, Demokratie bzw. Demokratisierung, glaubte er doch daran, dass Demokratien prinzipiell friedfertiger als andere politische Ordnungen seien. Diese Wilsonsche Interpretation war vielen, allen voran den Deutschen, nicht bewusst.

Auf die einzelnen Bestimmungen der fünf Pariser Vorortverträge (am 28. Juni 1919 in Versailles mit Deutschland, am 10. Sep-

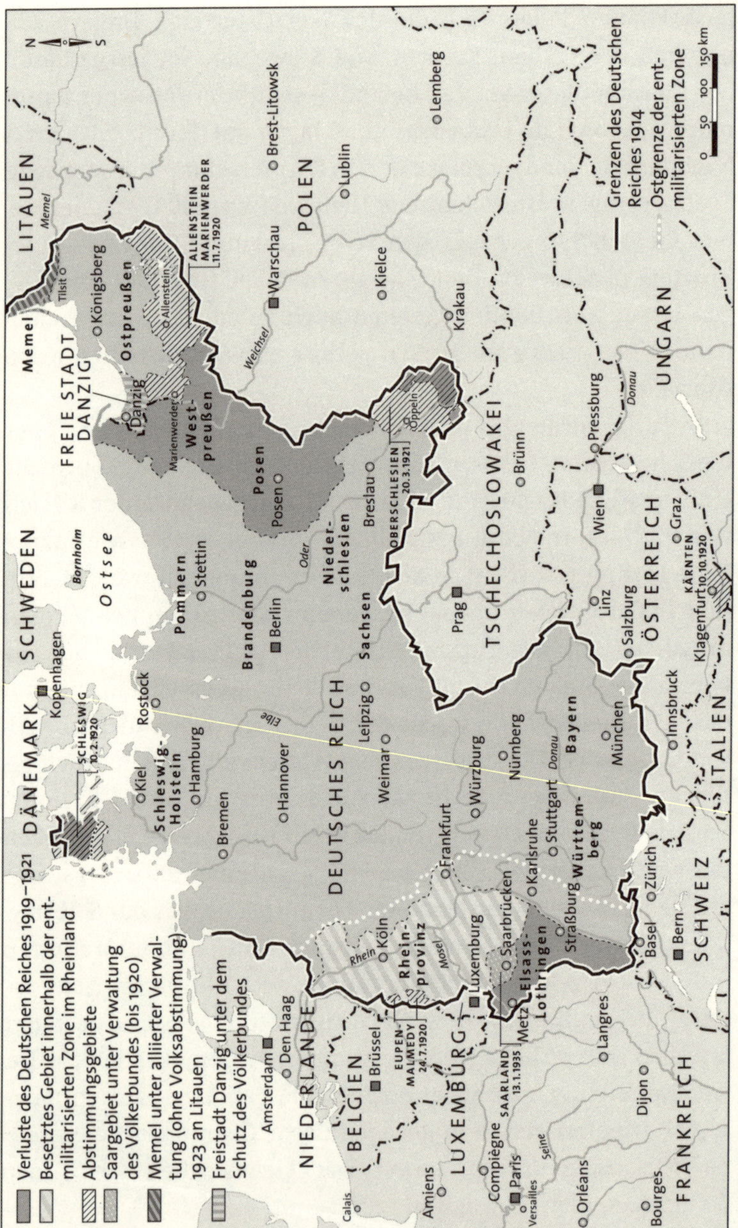

Das Deutsche Reich nach dem Versailler Vertrag von 1919.

tember 1919 in St. Germain mit Österreich, am 4. Juni 1920 in Trianon mit Ungarn, am 27. November 1919 in Neuilly mit Bulgarien, am 10. August 1920 in Sèvres mit dem Osmanischen Reich) kann an dieser Stelle nicht eingegangen werden. Zu Versailles nur so viel: Für einen harten Frieden waren die Bedingungen nicht weitreichend genug, für einen Ausgleichsfrieden aber waren sie zu einschneidend. Versailles war ein Kompromiss der Sieger. Heraus kam ein unglückliches Mittelding, mit dem Sieger und Besiegte gleichermaßen unzufrieden waren: In Deutschland war der Kampf gegen Versailles der einzige gemeinsame Nenner der Gesellschaft – was angesichts des tiefen Grabens zwischen linken und rechten politischen Kräften gar nicht genug betont werden kann. Die Niederlage nahm man nicht als endgültig hin. Insbesondere viele Militärs waren vom Gedanken durchdrungen, es das nächste Mal »besser« zu machen.[2]

Auch in Ungarn war klar, dass der Frieden von Trianon niemals akzeptiert werden konnte – immerhin lebte nun ein Drittel des ungarischen Volkes außerhalb des ungarischen Staates! Entsetzt über die harten Bedingungen der Pariser Friedensverträge versagte man Wilson in den USA die Zustimmung. Das Land fiel in den Isolationismus und zog sich politisch – wenn auch nicht wirtschaftlich – aus der europäischen Politik zurück. In Frankreich war man bitter enttäuscht über den verlorenen Frieden. Dafür sollte die Grande Nation so geblutet haben? Frankreichs Bemühen war dementsprechend darauf ausgerichtet, noch mehr herauszuschlagen und insgeheim doch noch die Rheingrenze durchzusetzen. Als dies nicht gelang, fielen nach 1923 weite Teile der Gesellschaft in eine tiefe Resignation, die wiederum auf die Politik zurückwirkte und ein Grund für die passive französische Außenpolitik der dreißiger Jahre und letztlich für die Niederlage von 1940 war.

Wichtig zu erwähnen ist auch, dass sich in Italien infolge des Friedens von St. Germain die gesellschaftliche Spaltung vertiefte: Angesichts von 460 000 Toten fühlten sich die Neutralisten in ihrer Ablehnung des Krieges bestätigt, während sich die

Kriegsbefürworter um die Beute des Sieges betrogen sahen. Der Nährboden für die Machtübernahme Mussolinis 1922 war bereitet.

Die größte Schwäche der Pariser Verträge und des aus ihnen hervorgehenden Völkerbundes war zweifellos, dass sie – anders als der Wiener Kongress 1815 – keine Grundlage für ein stabiles Weltstaatensystem bilden konnten. Sowjetrussland stand abseits, und bald auch die Vereinigten Staaten. Vor allem waren die Verlierer des Weltkrieges vorerst ausgeschlossen. Es handelte sich also nur um eine Teilordnung West- und Mitteleuropas. Diese Ordnung, die den Status quo festschreiben sollte, stand unter einem permanenten Revisionsdruck kleiner und großer Mächte.

Doch trotz dieser niederschmetternden Bilanz waren die Pariser Vorortverträge besser als ihr Ruf. Allzu sehr besteht die Versuchung, sie aus der Perspektive der dreißiger Jahre zu betrachten und nicht – wie es eigentlich geboten ist – aus der Zeit des Ersten Weltkrieges. 1919/20 standen die uneinigen Siegermächte vor dem Problem, in einem Klima von Misstrauen und Abneigung mit instabilen Staaten eine stabile Friedensordnung zu schaffen. Dabei konnte kein Meisterstück herauskommen. Die Zukunft musste zeigen, wie flexibel das System sein würde, um die Ungerechtigkeiten zumindest so weit abzumildern, dass die Staaten Europas zu einem dauerhaften Miteinander finden konnten.

8 Anhang

Anmerkungen

Einleitung (S. 7–12)

1 Michael Howard: Der Erste Weltkrieg – eine Neubewertung, in: Jay Winter, Geoffrey Parker, Mary R. Habeck (Hrsg.): Der Erste Weltkrieg und das 20. Jahrhundert, Hamburg 2002, S. 19–33, hier S. 19.

2 Wolfgang Petter: Der Kampf um die deutschen Kolonien, in: Wolfgang Michalka (Hrsg.): Der Erste Weltkrieg. Wirkung, Wahrnehmung, Analyse, München 1994, S. 392–411, hier S. 406. Zum Kampf in den Kolonien vgl. auch Hew Strachan: The First World War, Bd. 1: To Arms, Oxford 2001, S. 441–643.

3 Marielies Mauk, Basil Williams: Südafrika – Entdeckung und Besiedlung des Schwarzen Kontinents durch den Europäer, Bd. 2, Berlin 1939, S. 878; Helmut Stoecker: Der Erste Weltkrieg, in: Ders.: Drang nach Afrika. Die koloniale Expansionspolitik und Herrschaft des deutschen Imperialismus in Afrika von den Anfängen bis zum Ende des Zweiten Weltkrieges, Berlin 1977, S. 228. Zum Gesamtkontext auch A. S. Kanya-Forstner: Krieg, Imperialismus und Entkolonialisierung, in: Winter, Parker, Habeck (Hrsg.): Der Erste Weltkrieg und das 20. Jahrhundert (wie Anm. 1), S. 231–262; Edward Paice: Tip and Run. The Untold Tragedy of the Great War in Africa, London 2007, Hew Strachan: The First World War (wie Anm. 2), S. 495–643.

4 Ian F. W. Beckett: The Great War 1914–1918, Harlow 2001, S. 165.

5 Vgl. mit weiterer Literatur die Einleitung von Stig Förster in: Roger Chickering, Stig Förster (Hrsg.): Great War, Total War. Combat and Mobilization on the Western Front, 1914–1918. Cambridge 2000, S. 1–15.

6 Gerhard Paul: Bilder des Krieges. Krieg der Bilder. Die Visualisierung des modernen Krieges, Paderborn (u. a.) 2004, S. 102–171.

7 Zuletzt Tim Travers: Gallipoli 1915, Stroud 2002.

8 Eine Übersicht bietet Christoph Regulski: Bibliographie zum Ersten Weltkrieg, Marburg 2005.

9 Zuletzt Lüder Meyer-Arndt: Julikrise 1914. Wie Deutschland in den Ersten Weltkrieg stolperte, Köln 2006. Die neuste Literatur zum Kriegsausbruch fassen zusammen: Annika Mombauer: The First World War: Inevitable, Avoidable, Improbable or Desibale? Recent Interpretations on War Guilt and the War's Origins, in: German History (25 (2007) 1, S. 78–95; Kevin Cramer: A World of Enemies: New Perspectives on German Military Culture and the Origins of the First World War, in: Central European History 39 (2006), S. 270–298; Talbot C. Imlay: The Origins of the First World War, in: The Historical Journal 49 (2006) 4, S. 1253–1271.

10 George F. Kennan: Bismarcks europäisches System in der Auflösung, Frankfurt a. M. 1981, S. 12.

11 Annika Mombauer: The Origins of the First World War. Controversies and Consensus, London (u. a.) 2002, S. 119–174.

12 Aribert Reimann: Der große Krieg der Sprachen, Essen 2000 sowie Wolfgang J. Mommsen: Der große Krieg und die Historiker. Neue Wege der Geschichtsschreibung über den Ersten Weltkrieg, Essen 2002; Sven Oliver Müller: Zweierlei Kriegsausbrüche. Neue Tendenzen in der Kultur- und Politikgeschichte des Ersten Weltkrieges, in: Archiv für Sozialgeschichte 41 (2001), 556–565.

13 Michael S. Neiberg: Fighting the Great War. A Global History, Cambridge/ Mass., London 2005; David Stevenson: Catalysm. The First World War as Political Tradegy, New York 2004. David Stevenson: 1914–1918. The History of the First World War, London 2004 [deutsch: Düsseldorf 2006]; Hew Strachan: The First World War – A New Illustrated History, London 2003 [deutsch: München 2004]; Michael Salewski: Der Erste Weltkrieg, Paderborn (u. a.) 2003. An älteren Überblickswerken (1997–2002) sind zu nennen: Wolfgang J. Mommsen: Die Urkatastrophe Deutschlands. Der Erste Weltkrieg 1914–1918, Stuttgart 2002 (Gebhardt. Handbuch der Deutschen Geschichte, Band 17); Beckett: The Great War (wie Anm. 4); Roger Chickering: Imperial Germany and the Great War 1914–1918, Cambridge 1998 (deutsch: Das Deutsche Reich und der Erste Weltkrieg, München 2002); Michael Howard: The First World War, Oxford 2002; Holger H. Herwig: The First World War. Germany and Austria-Hungary 1914–1918, London (u. a.) 1997; Roger Chickering, Stig Förster (Hrsg.): Great War, Total War. Combat and Mobilization on the Western Front, 1914–1918, Cambridge 2000; Hugh Cecil (Hrsg.): Facing Armageddon. The First World War Experienced, London 1996.

14 Wenn man einmal von der veralteten und ideologisch eingefärbten dreibändigen DDR-Studie: Deutschland im Ersten Weltkrieg. Von einem Autorenkollektiv unter der Leitung von Fritz Klein, 3 Bde. Berlin (Ost) 1968–1970 absieht.

15 Gerhard Hirschfeld, Gerd Krumeich, Irina Renz (Hrsg.): Enzyklopädie des Ersten Weltkrieges, Paderborn (u. a.) 2003.

16 Strachan: The First World War (wie Anm. 2).

Der Weg in den Krieg (S. 13–26)

1 Konrad Canis: Von Bismarck zur Weltpolitik. Deutsche Außenpolitik 1890–1902, Berlin 1997; Klaus Hildebrand: Das vergangene Reich. Deutsche Außenpolitik von Bismarck bis Hitler, Stuttgart 1995, S. 13–189.

2 Vgl. bes. Richard J. Crampton: The Hollow Détente. Anglo-German Relations in the Balkans 1911–1914, London 1979.

3 Friedrich Kießling: Gegen den »großen Krieg«? Entspannung in den internationalen Beziehungen 1911–1914, München 2002; Holger Afflerbach: Der Dreibund. Europäische Großmacht- und Allianzpolitik vor dem Ersten Weltkrieg. Wien, Köln, Weimar 2002, S. 767f., 813–833 und überzogen Niall Ferguson: Der falsche Krieg. Der Erste Weltkrieg und das 20. Jahrhundert, Stuttgart 31999, S. 49–65.

4 Hierzu überzeugend Richard Hamilton, Holger H. Herwig (Hrsg.): The Origins of World War I, Cambridge 2003.

5 Stephan Schröder: Die englisch-russische Marinekonvention. Das Deutsche Reich und die Flottenverhandlungen der Tripleentente am Vorabend des Ersten Weltkrieges, Göttingen 2006.

6 Vladimir Dedijer: Die Zeitbombe. Sarajevo 1914, Frankfurt a.M. 1967, S. 713–739.

7 Zit. n. Carl von Bardolff: Soldat im alten Österreich. Erinnerungen aus meinem Leben, Jena 1938, S. 177. Zur Person Franz Ferdinands vgl. Friedrich Weissensteiner: Franz Ferdinand, der verhinderte Herrscher, München 21999. Zu seiner außenpolitischen Konzeption auch Robert A. Kann: Erzherzog Franz Ferdinand und Graf Berchtold als Außenminister 1912–1914, in: Ders.: Erzherzog Franz Ferdinand. Studien, München 1976, S. 206–240.

8 Szögyény an Berchtold, 6.7.1914, in: Österreich-Ungarns Außenpolitik von der Bosnischen Krise 1908 bis zum Kriegsausbruch 1914. Diplomatische Aktenstücke des österreichischen Ministeriums des Äußeren. Ausgewählt von Ludwig Bittner, Alfred Francis Pribam, Heinrich Srbik und Hans Uebersberger, Bd. 8: 1.6.1914–1.8.1914, Wien, Leipzig 1930, S. 319.

9 Diesen Punkt unterstreicht Günther Kronenbitter: »Nur los lassen«. Österreich-Ungarn und der Wille zum Krieg, in: Josef Burckhardt (Hrsg.): Lange und kurze Wege in den Ersten Weltkrieg. Vier Augsburger Beiträge zur Kriegsursachenforschung, München 1996, S. 159–187, hier S. 166f.

10 Kurt Riezler: Tagebücher, Aufsätze, Dokumente, eingel. und hg. von Karl Dietrich Erdmann, Göttingen 1972, 8.7.1914, S. 184.

11 Die deutschen Dokumente zum Kriegsausbruch. Vollständige Sammlung der von Karl Kautsky zusammengestellten amtlichen Aktenstücke mit einigen

Ergänzungen, im Auftrage des Auswärtigen Amtes hg. von Graf Max Monteglas, Walter Schücking, Bd. 1–4, neue Ausgabe, Berlin 1927, hier Bd. 4, S. 95.

12 Szögyény an Berchtold, 25.7.1914, in: Österreich-Ungarns Außenpolitik (wie Anm. 8), S. 704.

13 Wilhelm II. an Jagow, 28.7.1914, in: Die deutschen Dokumente zum Kriegsausbruch (wie Anm. 11), Bd. 2, S. 16.

14 U. Trumpener: ,War Premeditated?' German Intelligence Operations in July 1914, Central European History 9 (1976), S. 58–85.

15 Stig Förster: Im Reich des Absurden: Die Ursachen des Ersten Weltkrieges, in: Bernd Wegner (Hrsg.): Wie Kriege entstehen. Zum historischen Hintergrund von Staatenkonflikten, Paderborn (u.a.) 2000, S. 211–252.

16 Vgl. Stig Förster: Der deutsche Generalstab und die Illusion des kurzen Krieges 1871–1914. Metakritik eines Mythos, in: Militärgeschichtliche Mitteilungen 54 (1995), S. 61–95; Günther Kronenbitter: »Krieg im Frieden«. Die Führung der k.u.k. Armee und die Großmachtpolitik Österreich-Ungarns 1906–1914, München 2003; Jürgen Angelow: Der »Kriegsfall Serbien« als Willenstherapie. Operative Planung, politische Mentalitäten und Visionen zu Beginn des Ersten Weltkrieges, in: Militärgeschichtliche Zeitschrift 61 (2002), S. 315–336.

17 Kronenbitter: »Krieg im Frieden« (wie Anm. 15), S. 525; vgl. Klaus Hildebrand: »Staatskunst und Kriegshandwerk«. Akteure und System der europäischen Staatenwelt vor 1914, Friedrichsruh 2005, insbesondere S. 36.

Der Krieg (S. 27–80)

1 Jeffrey Verhey: »Der Geist von 1914« und die Erfindung der Volksgemeinschaft, Hamburg 2000; Volker Ullrich: Vom Augusterlebnis zur Novemberrevolution. Beiträge zur Sozialgeschichte Hamburgs und Norddeutschlands im Ersten Weltkrieg, Bremen 1999, S. 9–22; Thomas Raithel: Das »Wunder« der inneren Einheit. Studien zur deutschen und französischen Öffentlichkeit bei Beginn des Ersten Weltkrieges, Bonn 1996; Michael Stöcker: Augusterlebnis in Darmstadt. Legende und Wirklichkeit, Darmstadt 1994; Christian Geinitz: Kriegsfurcht und Kampfbereitschaft. Das Augusterlebnis in Freiburg. Eine Studie zum Kriegsbeginn 1914, Essen 1998; Benjamin Ziemann: Front und Heimat. Ländliche Kriegserfahrungen im südlichen Bayern 1914–1923, Essen 1997, S. 39–54; Thomas Rohkrämer: August 1914 – Kriegsmentalität und ihre Voraussetzungen, in: Wolfgang Michalka (Hrsg.): Der Erste Weltkrieg. Wirkung, Wahrnehmung, Analyse. München 1994, S. 759–777.

2 Verhey: Der Geist von 1914 (wie Anm. 1), S. 96.

3 Schulthess' Europäischer Geschichtskalender, N.F. , 30, 1, Berlin 1914, S. 371.

4 Ernst Toller: Eine Jugend in Deutschland. Amsterdam 1933, ND Reinbek 182002, S. 41.

5 Michael Salewski: Der Erste Weltkrieg, Paderborn (u.a.) 2003, S. 99; Helmut Fries: Die große Katharsis. Der Erste Weltkrieg in der Sicht deutscher Dichter und Gelehrter. Band 1: Die Kriegsbegeisterung von 1914: Ursprünge – Denkweisen – Auflösung. Konstanz 1994; Band 2: Euphorie – Entsetzen – Widerspruch: Die Schriftsteller 1914–1918. Konstanz 1995. Zum internationalen Vergleich siehe Elisabeth A. Marsland: The Nation's Cause: French, English and German Poetry of the First World War, London 1991.

6 Eine genaue Aufschlüsselung der Freiwilligen liegt bislang nicht vor. Vgl. Verhey: Der Geist von 1914 (wie Anm. 1), S. 170f. Zu den Zahlenangaben vgl. Bernd Ulrich: Kriegsfreiwillige. Motivationen – Erfahrungen – Wirkungen, in: August 1914. Ein Volk zieht in den Krieg, hg. von der Berliner Geschichtswerkstatt, Berlin 1989, S. 232–241.

7 Belege über das Augusterlebnis in Frankreich: Jean-Jacques Becker: 1914. Comment les Français sont entrés dans la guerre, Paris 1977; in Österreich-Ungarn: Manfried Rauchensteiner: Der Tod des Doppeladlers. Österreich-Ungarn und der Erste Weltkrieg, Graz (u.a.) 1993, S. 100–103.

8 Einen guten Überblick des Weges der Türkei in den Krieg bietet Strachan: The First World War, Bd. 1: To Arms, Oxford 2001, S. 651–680.

9 Zur Stärke der russischen Armee auch Nicholas N. Golovine: The Russian Army in the World War, New Haven 1931. S. 45–49, 107.

10 Nach: Österreich-Ungarns letzter Krieg, 1914–1918, hg. vom Österreichischen Bundesministerium für Landesverteidigung und vom Kriegsarchiv unter der Leitung von Edmund Glaise-Horstenau, Bd. 7: Das Kriegsjahr 1918, Wien 1938, S. 811. Der Weltkrieg 1914 bis 1918, bearb. im Reichsarchiv. Die militärischen Operationen zu Lande, Bd. 1, Berlin 1925 gibt die Stärke des deutschen Kriegsheeres mit 2 147 000 Mann an (Gesamtzahlen hieraus).

11 Vgl. Hans Ehlert, Michael Epkenhans, Gerhard Paul Groß (Hrsg.): Der Schlieffenplan. Analysen und Dokumente, Paderborn (u.a.) 2006.

12 Rauchensteiner: Der Tod des Doppeladlers (wie Anm. 7), S. 113–121.

13 Holger Afflerbach: Falkenhayn. Politisches Denken und Handeln im Kaiserreich, München 21996, S. 184–189.

14 Adolf Hitler: Mein Kampf. München 1221934, S. 180f.

15 Karl Unruh: Langemarck. Legende und Wirklichkeit, Koblenz 21995, bes. S. 151–163. Vgl. auch Bernd Ulrich: Die Desillusionierung der Kriegsfreiwilligen von 1914, in: Wolfram Wette (Hrsg.): Der Krieg des kleinen Mannes, München 1995, S. 110–126; Bernd Hüppauf: Langemarck, Verdun and the Myth of a New

Man in Germany after the First World War, in: War & Society 6 (1988), S. 70–103.

16 Heinrich Rieker: Nicht schießen, wir schießen auch nicht! Versöhnung von Kriegsgegnern im Niemandsland 1914–1918 und 1939–1945, Bremen 2007; Michael Jürgs: Der kleine Frieden im Großen Krieg. Westfront 1914: Als Deutsche, Franzosen und Briten gemeinsam Weihnachten feierten, München 2005.

17 Zur Einführung in die Thematik des Kriegsalltags mit weiterführender Literatur vgl. Wolfgang J. Mommsen: Kriegsalltag und Kriegserlebnis im Ersten Weltkrieg, in: Militärgeschichtliche Zeitschrift 59 (2000), S. 125–138.

18 Vgl. Gundula Bavendamm: Spionage und Verrat. Konspirative Kriegserzählungen und französische Innenpolitik 1914–1917, Essen 2004.

19 Deutschland im Ersten Weltkrieg, Bd. 1, S. 311.

20 John Horne, Alan Kramer: German Atrocities. A History of Denial, New Haven, London 2001.

21 Frank Wende: Die belgische Frage in der deutschen Politik des Ersten Weltkrieges, Hamburg 1969; Larry Zuckerman: The Rape of Belgium. The Untold Story of World War I, New York, London 2004.

22 Chickering: Imperial Germany and the Great War 1914–1918, S. 105; Helen McPhail: The Long Silence. Civilian Life under the German Occupation of Northern France, 1914–1918, London, New York 1999.

23 Zur Angst der deutschen Militärs vor der russischen »Dampfwalze« vgl. auch Dennis E. Showalter: Even Generals Wet Their Pants. The First Three Weeks in East Prussia, August 1914, in: War and Society 2 (1984), S. 60–86.

24 Eine wissenschaftliche, hinreichende Gesamtdarstellung über Ludendorff liegt bislang noch nicht vor. Zu Hindenburg Wolfram Pyta: Hindenburg. Herrschaft zwischen Hohenzollern und Hitler, Berlin 2007.

25 Jesko von Hoegen: Der Held von Tannenberg. Genese und Funktion des Hindenburg-Mythos, Köln (u. a.) 2007.

26 Der Weltkrieg 1914 bis 1918, Bd. 2 (wie Anm. 10), S. 316f. Eine aktuelle, wissenschaftlichen Ansprüchen genügende Studie über die russische Besetzung Ostpreußens, die insbesondere Vergleiche zum Einmarsch 1944/45 ziehen müsste, liegt nicht vor. Einen ersten Ansatz bietet lediglich Fritz Gause: Die Russen in Ostpreußen 1914–1915. Königsberg 1931.

27 Rauchensteiner: Der Tod des Doppeladlers (wie Anm. 7), S. 188; Gerhard P. Groß (Hrsg.): Die vergessene Front. Der Osten 1914/15. Ereignis, Wirkung, Nachwirkung, Paderborn (u. a.) 2006.

28 Der Weltkrieg 1914 bis 1918. Bearb. im Reichsarchiv. Bd. 6: Der Herbst-Feldzug 1914. Der Abschluß der Operationen im Westen und Osten, Berlin 1929, S. 427; Walter Jost, Friedrich Felg (Hrsg.): Was wir vom Weltkrieg nicht wissen, Leipzig 1936, S. 517.

29 Strachan: The First World War (wie Anm. 8), S. 278.

30 Pierre Guinard, Jean-Claude Devos, Jean Nicot: Inventaire sommaire des archives de la guerre, série N. 1. Introduction, organisation de l'armée française, guide des sources, bibliographie (texte imprimé): 1871–1919, Bd. 1: Introduction, Troyes 1975, S. 276f.; James E. Edmonds: Military Operations: France and Belgium, 1914, Bd. 2: History of the Great War. Based on Official Documents by Direction of the Historical Section of the Committee of Imperial Defence, London 1922, Bd. 2, S. 466f.

31 Ausführlich zu den russischen Verlusten Golovine: The Russian Army (wie Anm. 9), S. 75–104, hier S. 98.

32 Der Weltkrieg 1914 bis 1918, Bd. 6 (wie Anm. 28), S. 444f.

33 Bericht des Reichskanzlers an Unterstaatssekretär Zimmermann, abgedruckt in: L'Allemagne et les problèmes de la paix pendant le première guerre mondiale. Documents extraits des archives de l'Office allemand des affaires étrangères, hg. von André Scherer, Jacques Grunewald, Bd. 1, Paris 1962, Dok. 13, 15–19. – Falkenhayn war mit seiner nachdenklichen Haltung durchaus nicht allein. Am 12.11.1914 äußerte sich der Generalstabschef der 1. Armee, General Hermann von Kuhl, ähnlich. Der Weltkrieg 1914 bis 1918, Bd. 6 (wie Anm. 28), S. 427.

34 Horst G. Linke: Russlands Weg in den Ersten Weltkrieg, in: Michalka (Hrsg.): Der Erste Weltkrieg (wie Anm. 1), S. 68–72. Vgl. auch William C. Fuller: Die Ostfront, in: Jay Winter, Geoffrey Parker, Mary R. Habeck (Hrsg.): Der Erste Weltkrieg und das 20. Jahrhundert, Hamburg 2002, S. 34–70, hier S. 38–42.

35 Schlacht bei Tannenberg (26.–30.8.1914), erste Schlacht bei den Masurischen Seen (8.–15.9.1914), Vormarsch in Westpolen im Oktober und November 1914 sowie die zweite Schlacht bei den Masurischen Seen (7.–25.2.1915).

36 Diese Zahlen nach Golovine: The Russian Army (wie Anm. 9), S. 98.

37 Ebenda, S. 109.

38 Eine ausgewogene konzise Analyse der Schwächen der russischen Armee und der Gründe für ihre verheerenden Niederlagen bietet, Fuller: Die Ostfront (wie Anm. 34).

39 Sönke Neitzel: Weltmacht oder Untergang. Die Weltreichslehre im Zeitalter des Imperialismus, Paderborn (u. a.) 2000, S. 302, 336–349.

40 Peter Simkins: Kitchener's Army. The Raising of the New Armies, 1914–1916, London 1988, S. 39f., S. 49–75.

41 Ludwig Fritz Haber: The Poisonous Cloud: Chemical Warfare in the First World War, Oxford 1986; Rolf-Dieter Müller: Total War as a Result of New Weapons? The Use of Chemical Agents in World War I, in: Roger Chickering, Stig Förster (Hrsg.): Great War, Total War. Combat and Mobilization on the Western Front, 1914–1918, Cambridge 2000.

42 Afflerbach: Falkenhayn (wie Anm. 13), S. 351f.

43 Ebenda, S. 361. Vgl. außerdem Robert T. Foley: German Strategy and the Path to Verdun. Erich von Falkenhayn and the Development of Attrition, 1870–1916, Cambridge 2005; German Werth: Verdun. Die Schlacht und der Mythos. Vollst. überarb. und erw. Fassung, Bergisch Gladbach 1982.

44 Afflerbach: Falkenhayn (wie Anm. 13), S. 368.

45 Vgl. vor allem Philipe Almeras: Un français nommé Pétain, Paris 1995.

46 Der Weltkrieg 1914 bis 1918. Im Auftrage des Reichskriegsministeriums bearb. und hrsg. v. Kriegsgeschichtlichen Forschungsanstalt des Heeres. Bd. 11: Die Kriegführung im Herbst und Winter 1916/17. Vom Wechsel in der Obersten Heeresleitung bis zum Entschluß zum Rückzug in die Siegfried-Stellung, Berlin 1938, S. 186.

47 Toller: Eine Jugend in Deutschland (wie Anm. 4), S. 54.

48 Volker Ullrich: Zur inneren Revolutionierung der wilhelminischen Gesellschaft, in: Jörg Duppler, Gerhard P. Groß (Hrsg.): Kriegsjahr 1918, München 1999, S. 273–283; Karen Hagemann, Stefanie Schüler-Springorum (Hrsg.): Heimat-Front. Militär und Geschlechterverhältnisse im Zeitalter der Weltkriege, Frankfurt a.M., New York 2002, S. xxx. Zum Kriegsalltag vgl. Wolfgang J. Mommsen: Kriegsalltag und Kriegserlebnis im Ersten Weltkrieg, in: Militärgeschichtliche Zeitschrift 59 (2000), S. 125–138; Benjamin Ziemann (Hrsg.): Frontalltag im Ersten Weltkrieg. Wahn und Wirklichkeit. Quellen und Dokumente, Frankfurt a.M. 1994.

49 Robin Prior, Trevor Wilson: The Somme, New Haven, London 2005.

50 Ian F. W. Beckett: The Great War 1914–1918, Harlow 2001, S. 161. Vgl. auch Prior, The Somme (wie Anm. 49).

51 Erich Ludendorff: Meine Kriegserinnerungen, Berlin 1919, S. 217.

52 Vgl. Hew Strachan: The Battle of the Somme and British Strategy, in: Journal of Strategic Studies 21 (1998), S. 79–95.

53 Gerhard Hirschfeld: Die Somme-Schlacht 1916, in: Gerhard Hirschfeld, Gerd Krumeich, Irina Renz (Hrsg.): Die Deutschen an der Somme 1914–1918. Krieg, Besatzung, Verbrannte Erde, Essen 2006, S. 87.

54 Der Weltkrieg 1914 bis 1918. Im Auftrage des Reichskriegsministeriums bearb. und hrsg. v. d. Forschungsanstalt für Kriegs- und Heeresgeschichte. Bd. 10: Die Operationen des Jahres 1916 bis zum Wechsel in der Obersten Heeresleitung, Berlin 1936 (wie Anm. 43), S. 442.

55 Die offiziellen Verlustzahlen nach: Österreich-Ungarns letzter Krieg (wie Anm. 10), Bd. 4, S. 663, weisen 475 000 Verluste aus, wobei Holger H. Herwig: The First World War. Germany and Austria-Hungary 1914–1918, London (u.a.) 1997, S. 209, diese Angaben als weit untertrieben bewertet.

56 Der Weltkrieg 1914 bis 1918 (wie Anm. 46), Bd. 11, Berlin 1938, S. 394.

57 Fuller: Die Ostfront (wie Anm. 34), S. 56.

58 Zur 3. OHL vgl. Martin Kitchen: The Silent Dictatorship. The Politics of the German High Command under Hindenburg and Ludendorff, 1916–1918, New York 1976; Robert B. Asprey: The German High Command at War. Hindenburg and Ludendorff Conduct World War I, New York 1991.

59 Michael Geyer: Rückzug und Zerstörung 1917, in: Hirschfeld, Krumeich, Renz (Hrsg.): Die Deutschen an der Somme 1914–1918 (wie Anm. 53), S. 163–202.

60 Einen kurzen Überblick der Zusammenarbeit von Haig und Lloyd George bieten Trevor Wilson, Robin Prior: British Decision-Making 1917. Lloyd George, the Generals and Passchendaele, in: Peter H. Little (Hrsg.): Passchendaele in Perspective. The Third Battle of Ypres, London 1997, S. 93–102. Vgl. ferner John Turner: British Politics and the Great War. Coalition and Conflict 1915–1918, New Haven, London 1992, S. 159–165.

61 Hierzu Richard M. Watt: Dare Call it Treason, London 1964; Guy Pedroncini: Les mutineries de 1917, Paris 1967; Leonard V. Smith: The French High Command and the Mutinies of Spring 1917, in: Hugh Cecil (Hrsg.): Facing Armageddon. The First World War Experienced, London 1996, S. 79–92; ders.: Remobilizing the Citizen-Soldier through the French Army Mutinies of 1917, in: John Horne (Hrsg.): State, Society and Mobilization in Europe during the First World War, Cambridge 1997, S. 143–159.

62 Zahlen nach: Der Weltkrieg 1914 bis 1918. Im Auftrage des OKH bearb. v. d. Kriegsgeschichtlichen Forschungsanstalt des Heeres. Bd. 13: Die Kriegführung im Sommer und Herbst 1917. Die Ereignisse außerhalb der Westfront bis November 1918, Koblenz 1956, S. 96. Die Statistics of the Military Effort of the British Empire During the Great War 1914–1920, London 1922, S. 326, geben für die Zeit vom 31.7.–31.12.1917 die Verluste der gesamten britischen Streitkräfte in Frankreich mit 380 002 an, so dass die Zahl von 324 000 britischen Verlusten in der Schlacht um Ypern von Ende Juli bis Ende November eine zuverlässige Angabe zu sein scheint. In der Literatur finden sich keine einheitlichen Verlustzahlen. Vgl. Frank Vandiver: Field Marshal Sir Douglas Haig and Passchendaele, in: Peter H. Little (Hrsg.): Passchendaele in Perspective. The Third Battle of Ypres, London 1997, S. 30–44., S. 43, Fußnote 33. – Zur Haltung der britischen Spitzenmilitärs vgl. David French: British Strategy and Unlimited Warfare. Kitchener, Robertson and Haig, in: Chickering, Förster (Hrsg.): Great War, Total War (wie Anm. 41), S. 281–295.

63 Herwig: The First World War (wie Anm. 55), S. 333.

64 Zur Entwicklung der Sturmtruppen: Bruce I. Gudmundsson: Stormtroop Tactics. Innovation in the German Army 1914–1918, New York (u. a.) 1989.

65 Vgl. Helmut Altrichter: Rußland 1917. Ein Land auf der Suche nach sich selbst, Paderborn (u. a.) 1997; Peter Gatrell: Russia's First World War. A Social and Economic History, Harlow 2005, insbesondere S. 197–210.

66 Rauchensteiner: Tod des Doppeladlers (wie Anm. 7), S. 500.

67 Ebenda, S. 509.

68 Vgl. ebenda, S. 522–526; Robert J. Wegs: Die österreichische Kriegswirtschaft 1914–1918, Wien 1979, S. 145f.

69 Joachim Schröder: Die U-Boote des Kaisers. Die Geschichte des deutschen U-Boot-Krieges gegen Großbritannien im Ersten Weltkrieg, Diss. phil. 2000 (Neuausgabe Bonn 2002).

70 Herwig: The First World War (wie Anm. 55), S. 400. Vgl. ferner David T. Zabecki: The German 1918 Offensives. A Case Study in the Operational Level of War, New York 2006.

71 Hans Delbrück: Korreferat zu den Gutachten des Generals d. Inf. a.D. von Kuhl und des Obersten a.D. Schwertfeger, in: Das Werk des Untersuchungsausschusses der Verfassungsgebenden Deutschen Nationalversammlung und des Deutschen Reichstages 1919–1930, 4. Reihe: Die Ursachen des deutschen Zusammenbruchs im Jahre 1918, Bd. 3: Gutachten der Sachverständigen General d. Inf. a.D. von Kuhl und Geheimrat Prof. Dr. Hans Delbrück, Berlin 1925, S. 136f.

72 David T. Zabecki: Steel Wind: Colonel Georg Bruchmüller and the Birth of Modern Artillery, Westport 1994; Hans Linnenkohl: Vom Einzelschuss zur Feuerwalze. Der Wettlauf zwischen Technik und Taktik im Ersten Weltkrieg, Bonn 21996.

73 Tim Travers: How the War was Won. Command and Technology in the British Army on the Western Front, 1917–1918, London, New York 1992, S. 68.

74 Mit weiterer Literatur: Dieter Storz: »Aber was hätte anders geschehen sollen?« Die deutschen Offensiven an der Westfront 1918, in: Duppler, Groß (Hrsg.): Kriegsjahr 1918 (wie Anm. 48), S. 51–95, hier S. 80, Fußnote 201. Vgl. auch: Ursachen und Folgen. Vom deutschen Zusammenbruch 1918 und 1945 bis zur staatlichen Neuordnung Deutschlands in der Gegenwart, hg. von Herbert Michaelis, Ernst Schraepler unter Mitwirkung von Günter Scheel, Bd. 2, Berlin 1958, S. 251, 255–258.

75 Ebenda, S. 91. Vgl. auch: Tagebuchaufzeichnungen des Obersten im Generalstab von Thaer, 26./27.4.1918 und 2.5.1918, in: Ebenda, S. 257f.

76 Staatssekretär von Hintze über die Vorgänge im Großen Hauptquartier in Spa am 29.9.1918, in: Ebenda, S. 319f.

Die deutsche Außenpolitik zwischen Friedensinitiativen und Siegfrieden (S. 81–116)

1 Georges-Henri Soutou: Die Kriegsziele des Deutschen Reiches, Frankreichs, Großbritanniens und der Vereinigten Staaten während des Ersten Weltkrieges, in: Wolfgang Michalka (Hrsg.): Der Erste Weltkrieg. Wirkung, Wahrnehmung, Analyse, München 1994, S. 28–53. Fritz Fischer: Griff nach der Weltmacht. Die Kriegszielpolitik des kaiserlichen Deutschland 1914/1918, Düsseldorf 31964 ist trotz aller Diskussionen für die deutsche Seite aufgrund der breiten Quellenbasis noch immer eine grundlegende Studie.

2 Vgl. Denkschrift von August Thyssen, überreicht durch den Abgeordneten Erzberger, September 1914, leicht zugänglich in: Reinhard Opitz (Hrsg.): Europastrategien des deutschen Kapitals 1900–1945, Köln 1977, S. 221–225; Die Kriegszieldenkschrift des Alldeutschen Verbandes, September 1914, in: Ebenda, S. 226–266. Eine prägnante Zusammenfassung der Kriegszieldenkschriften in Wolfgang J. Mommsen: Die Urkatastrophe Deutschlands. Der Erste Weltkrieg 1914–1918, Stuttgart 2002, S. 56–65.

3 Sönke Neitzel: Weltmacht oder Untergang. Die Weltreichslehre im Zeitalter des Imperialismus. Paderborn (u.a.) 2000, S. 293–389.

4 Siegfried Quandt, Horst Schichtel (Hrsg.): Der Erste Weltkrieg als Kommunikationsereignis, Gießen 1993. Zu den Fremd- und Selbstbildern: Sven Oliver Müller: Die Nation als Waffe und Vorstellung. Nationalismus in Deutschland und Großbritannien im Ersten Weltkrieg, Göttingen 2002; Matthew Stibbe: German Anglophobia and the Great War, 1914–1918, Cambridge 2001; Aribert Reimann: Der große Krieg der Sprachen, Essen 2000; Michael Jeismann: Das Vaterland der Feinde. Studien zum nationalen Feindbild und Selbstverständnis in Deutschland und Frankreich 1792–1918, Stuttgart 1992. Zur Pressepolitik Martin Creutz: Die Pressepolitik der kaiserlichen Regierung während des Ersten Weltkrieges. Die Exekutive, die Journalisten und der Teufelskreis der Berichterstattung, Frankfurt a.M. (u.a.) 1996.

5 Michael Jeismann: Propaganda, in: Gerhard Hirschfeld, Gerd Krumeich, Irina Renz (Hrsg.): Enzyklopädie des Ersten Weltkrieges, Paderborn (u.a.) 2003., S. 202.

6 Kriegsziel-Richtlinien Bethmann Hollwegs z. Hd. des Staatssekretärs Clemens von Delbrück, abgedruckt in: Opitz: Europastrategien (wie Anm. 2), S. 215ff., hier S. 216.

7 Ebenda, S. 217.

8 Vgl. Neitzel: Weltmacht oder Untergang (wie Anm. 3), S. 379ff.

9 Eberhard von Vietsch: Bethmann Hollweg. Staatsmann zwischen Macht und Ethos, Boppard a. Rh. 1969, S. 210.

10 Vgl. Johannes Hürter: Die Staatssekretäre des Auswärtigen Amtes im Ersten Weltkrieg, in: Michalka (Hrsg.): Der Erste Weltkrieg (wie Anm. 1), S. 216–251.

11 Zu den dänischen Vermittlungsversuchen vgl. Wilhelm E. Winterhager: Mission für den Frieden. Europäische Mächtepolitik und dänische Friedensvermittlung im Ersten Weltkrieg, Stuttgart 1984.

12 L'Allemagne et les problèmes de la paix, Bericht des Reichskanzlers an Unterstaatssekretär Zimmermann, abgedruckt in: L'Allemagne et les problèmes de la paix pendant le première guerre mondiale. Documents extraits des archives de l'Office allemand des affaires étrangères, hg. von André Scherer, Jacques Grunewald, Bd. 1, Dok. 117, S. 143f.

13 Zu den Kolonialansprüchen in den Kriegszieldiskussionen Horst Gründer: Geschichte der deutschen Kolonien, Paderborn 42000, S. 213–216; Jan Esche: Koloniales Anspruchsdenken in Deutschland im Ersten Weltkrieg, während der Versailler Friedensverhandlungen und in der Weimarer Republik (1914–1933), Diss. phil. Hamburg 1989, S. 39–51; Helmut Stoecker: Der Erste Weltkrieg, in: Ders.: Drang nach Afrika. Die koloniale Expansionspolitik und Herrschaft des deutschen Imperialismus in Afrika von den Anfängen bis zum Ende des Zweiten Weltkrieges, Berlin 1977, S. 231–235; Fischer: Griff nach der Weltmacht (wie Anm. 1), S. 415ff., 470–473.

14 Friedrich Naumann: Werke, hg. von Theodor Schieder, Bd. 4: Politische Schriften. Schriften zum Parteiwesen und zum Mitteleuropaproblem, bearb. von Thomas Nipperdey, Wolfgang Schieder, Köln, Opladen 1966, S. 385.

15 Friedrich Naumann: Mitteleuropa, Berlin 1915, S. 165.

16 Ebenda, S. 1ff., 180–183.

17 Vgl. hierzu Georges-Henri Soutou: L'or et le sang. Les buts de guerre économiques de la première guerre mondiale, Paris 1989, S. 34–45, 86–107, 413–445, 569–631.

18 Promemoria, Berlin, 13.11.1915, abgedruckt in: L'Allemagne et les problèmes de la paix (wie Anm. 12), Bd. 1, S. 211–215.

19 Soutou: L'or et le sang (wie Anm. 17), S. 713–725.

20 Vgl. auch Volker Ullrich: Die polnische Frage und die deutschen Mitteleuropapläne im Herbst 1915, in: Historisches Jahrbuch 104 (1984), S. 348–371.

21 Vejas G.Liulevicius: War Land on the Eastern Front. Culture, National Identity and German Occupation in World War I, Cambridge 2000.

22 Manifest des deutschen Generalgouverneurs in Warschau, General der Infanterie von Beseler, in: Ursachen und Folgen. Vom deutschen Zusammenbruch 1918 und 1945 bis zur staatlichen Neuordnung Deutschlands in der Gegenwart, hg. von Herbert Michaelis, Ernst Schraepler unter Mitwirkung von Günter Scheel, Bd. 1, Berlin 1958, S. 39.

23 Peter Graf von Kielmansegg: Deutschland und der Erste Weltkrieg, Frankfurt a. M. [2]1980, S. 559f.

24 Fischer: Griff nach der Weltmacht (wie Anm. 1), S. 327–346.

25 Stenographische Berichte über die Verhandlungen des Deutschen Reichstages, Berlin 1890–1918, Bd. 307, Berlin 1917, S. 852f.

26 Siehe dazu: Das Werk des Untersuchungsausschusses der Verfassungsgebenden Deutschen Nationalversammlung und des Deutschen Reichstages 1919–1930, 4. Reihe: Die Ursachen des deutschen Zusammenbruchs im Jahre 1918, Bd. 3: Gutachten der Sachverständigen General d. Inf. a. D. von Kuhl und Geheimrat Prof. Dr. Hans Delbrück, Berlin 1925, 3. Reihe: Das Völkerrecht im Weltkrieg. Im Auftrag des Dritten Untersuchungsausschusses unter Mitwirkung v. Eugen Fischer u. Bertchold Widmann hrsg. v. Johannes Bell, Bd. 1: Die Einführung der Haager Landkriegsordnung beim deutschen Heer. Die Zerstörungen in Nordfrankreich anläßlich der Rückzüge des deutschen Heeres in den Jahren 1917 und 1918. Die Verschleppung von Bewohnern Elsaß-Lothringens nach Frankreich. Die Zwangsüberführung belgischer Arbeiter nach Deutschland, Berlin 1927. Vgl. ferner Holger H. Herwig: The First World War. Germany and Austria-Hungary 1914–1918, London (u. a.) 1997, S. 260f.; Franz Petri: Zur Flamenpolitik des Ersten Weltkrieges, in: Rudolf Vierhaus, Manfred Botzenhart (Hrsg.): Dauer und Wandel der Geschichte. Aspekte europäischer Vergangenheit. Festgabe für Kurt von Raumer, Münster 1966, S. 513–536; Larry Zuckerman: The Rape of Belgium. The Untold Story of World War I, New York, London 2004.

27 Kielmansegg: Deutschland (wie Anm. 23), S. 403.

28 Ausführlich hierzu Soutou: L'or et le sang (wie Anm. 17) sowie Heide-Irene Schmidt: Wirtschaftliche Kriegsziele Englands und interalliierte Kooperation. Die Pariser Wirtschaftskonferenz 1916, in: Militärgeschichtliche Mitteilungen 29 (1981), S. 37–54.

29 Vgl. Alan Sharp: The Versailles Settlement. Peacemaking in Paris, 1919, London 1991, S. 84f. Vgl. auch Manfred F. Boemeke, Gerald D. Feldman, Elisabeth Glaser: The Treaty of Versailles. A Reassessment after 75 Years, Cambridge 1998, S. 371–400.

30 Stenographische Berichte (wie Anm. 25), Bd. 308, S. 2331f.

31 Die Note wurde am 21.12.1916 in Berlin überreicht. Woodrow Wilson: The Papers of ~, hg. von Arthur Link, Bd. 40, Princeton 1982, S. 274f. Die deutsche Übersetzung in: Erich Ludendorff: Urkunden der Obersten Heeresleitung über ihre Tätigkeit 1916/18, Berlin [4]1922, S. 313f.

32 Das Werk des Untersuchungsausschusses (wie Anm. 26), 2. Reihe: Friedensmöglichkeiten während des Weltkrieges. Beilagen zu den stenographischen Berichten über die öffentlichen Verhandlungen des Untersuchungsausschusses.

Bericht des zweiten Unterausschusses des Untersuchungsausschusses über die Friedensaktion Wilsons 1916/1917, Berlin 1920, Beilagen, Teil 1, S. 33f.

33 Ludendorff: Urkunden der Obersten Heeresleitung (wie Anm. 31), S. 319–322.

34 John Turner: British Politics and the Great War. Coalition and Conflict 1915–1918, New Haven, London 1992, bes. 153ff.; Peter Rowland: Lloyd George, London 1975, S. 383ff.

35 Vgl. Rudolf von Valentini: Kaiser und Kabinettschef. Nach eigenen Aufzeichnungen und dem Briefwechsel dargestellt von Bernhard Schwertfeger, Oldenburg 1931, S. 144ff.

36 Sharp an Lansing, 10.1.1917, in: Wilson, The Papers, Bd. 40 (wie Anm. 31), S. 439ff.

37 L'Allemagne et les problèmes de la paix (wie Anm. 12), Bd. 1, Dok. 476, S. 685f.

38 Das Werk des Untersuchungsausschusses (wie Anm. 26), 2. Reihe, S. 337f.

39 Wilson: The Papers (wie Anm. 31), Bd. 41, Princeton 1983, S. 519–527.

40 Robert F. Ferell: Woodrow Wilson and World War I, 1917–1921, New York (u. a.) 1985; Ralph Dietl: Friedensvermittlung oder Siegfrieden? William Jennings Bryan und der Erste Weltkrieg, 1914–1917, in: Ragnhild Fiebig-von Hase, Jürgen Heideking (Hrsg.): Zwei Wege in die Moderne. Aspekte der deutsch-amerikanischen Beziehungen 1900–1918, Trier 1998, S. 211–227.

41 Jörg Nagler: Nationale Minoritäten im Krieg. Feindliche Ausländer und die amerikanische Heimatfront während des Ersten Weltkrieges, Hamburg 2000.

42 Vgl. Richard M. Watt: Dare Call it Treason, London 1964, insbesondere S. 222f., 233f.; André Bach: Die Stimmungslage der an der französischen Front eingesetzten Soldaten, in: Jörg P. Duppler, Gerhard Groß (Hrsg.): Kriegsende 1918. Ereignis, Wirkung, Nachwirkung, München 1999, S. 201–215; Brock Millman: Pessimism and British War Policy 1916–1918, London 2001.

43 Winfried Baumgart: Deutsche Ostpolitik 1918. Von Brest-Litowsk bis zum Ende des Ersten Weltkrieges, Wien (u. a.) 1966, S. 60–92.

44 L'Allemagne et les problèmes de la paix (wie Anm. 12), Bd. 2, Paris 1966, Dok. 39, S. 66f.

45 Abgedruckt in: Das Werk des Untersuchungsausschusses (wie Anm. 26), 4. Reihe, Bd. 12/1, S. 200ff.

46 Zum Gesamtkomplex vgl. auch Dieter Alswehde: Friedensbemühungen zwischen dem Deutschen Reich und Großbritannien, Diss. phil. Bonn 1959. – In diesem Zusammenhang ist insbesondere der Brief von Lord Henry Lansdowne zu erwähnen, den der Daily Telegraph am 29.11.1917 veröffentlichte und in dem dieser für einen Verhandlungsfrieden mit Deutschland eintrat. Obgleich Lansdowne nicht mehr Mitglied des Kabinetts war, hatte seine Stimme doch Gewicht, da er ein führender Politiker der Konservativen Partei war, der immerhin einmal den Posten des Außenministers bekleidet hatte. Der Vorstoß Lansdownes bewies, dass es auch moderate Stimmen in Großbritannien gab. Allerdings: Diese Stimmen – einschließlich der Lansdownes – hatten keinerlei Einfluss auf die britische Außenpolitik! Vgl. Turner: British Politics (wie Anm. 34), S. 204–216, 248–252.

47 Hierzu ausführlich die Edition: Der Friedensappell Papst Benedikts XV. vom 1. August 1917 und die Mittelmächte. Diplomatische Aktenstücke des deutschen Auswärtigem Amtes, des bayerischen Staatsministerium des Äußeren, des österreichisch-ungarischen Ministeriums des Äußeren und des britischen Auswärtigen Amtes aus den Jahren 1915–1922, Wiesbaden 1970.

48 Ursachen und Folgen (wie Anm. 22), Bd. 1, Berlin 1958, S. 76–79.

49 Georg Michaelis: Für Staat und Volk. Eine Lebensgeschichte, Berlin 1922, S. 346–350.

50 Ursachen und Folgen (wie Anm. 22), Bd. 2, S. 138–145.

51 John Turner: Britain and the First World War, London 1988, S. 129; Turner, British Politics (wie Anm. 34), S. 268–272.

52 Ursachen und Folgen. (wie Anm. 22), Bd. 2, S. 374ff.

53 L'Allemagne et les problèmes de la paix (wie Anm. 12), Bd. 3, Paris 1976, Dok. 99, S. 138ff.

54 Ludendorff: Urkunden der Obersten Heeresleitung (wie Anm. 31), S. 470–473.

55 Ursachen und Folgen (wie Anm. 22), Bd. 2, S. 178ff.

56 Baumgart: Deutsche Ostpolitik (wie Anm. 43); Von Brest-Litowsk zur deutschen Novemberrevolution. Aus den Tagebüchern und Aufzeichnungen von Alfons Paquet, Wilhelm Groener und Albert Hopman, hg. von Winfried Baumgart, Göttingen 1971; Peter Borowsky: Deutsche Ukrainepolitik 1918 unter besonderer Berücksichtigung der Wirtschaftsfragen, Lübeck 1970; Abba Strazhas: Deutsche Ostpolitik im Ersten Weltkrieg. Der Fall Ober Ost 1915–1917, Wiesbaden 1993.

57 Elke Bornemann: Der Friede von Bukarest 1918, Frankfurt a.M. 1978 sowie Ernst R. Huber: Deutsche Verfassungsgeschichte seit 1789, Bd. 5: Weltkrieg, Revolution und Reichserneuerung 1914–1919, Stuttgart (u.a.) 21982, S. 462f.; Fischer: Griff nach der Weltmacht (wie Anm. 1), S. 684–698; L'Allemagne et les problèmes de la paix (wie Anm. 12), Bd. 4, Paris 1978, S. 1–148.

Die Gesellschaft im Krieg (S. 117–146)

1 Marc Frey: Der Erste Weltkrieg und die Niederlande. Ein neutrales Land im politischen und wirtschaftlichen Kalkül der Kriegsgegner, Berlin 1998, S. 37–41.

2 Lothar Burchardt: Friedenswirtschaft und Kriegsvorsorge. Deutschlands wirtschaftliche Rüstungsbestrebungen vor 1914, Boppard a. Rh. 1968, S. 8. Vgl. auch Kirsten Zilch: Die Reichsbank und die finanzielle Kriegsvorbereitung 1907 bis 1914, Berlin 1987. Zur Kriegsfinanzierung im Allgemeinen: Hew Strachan: The First World War, Bd. 1: To Arms, Oxford 2001, S. 815–992. Eine konzise Übersicht bietet Manfred Zeidler: Die deutsche Kriegsfinanzierung 1914 bis 1918 und ihre Folgen, in: Wolfgang Michalka (Hrsg.): Der Erste Weltkrieg. Wirkung, Wahrnehmung, Analyse, München 1994, S. 415–433.

3 Vgl. Carl-Ludwig Holtfrerich: The German Inflation 1914–1923. Causes and Effects in International Perspective, Berlin 1986.

4 Vgl. Jürgen Kocka: Klassengesellschaft im Krieg 1914–1918, Göttingen 1973, insbesondere S. 74.

5 Ein Vergleich der Lohnsteigerungen der Industriearbeiterschaft mit den steigenden Lebenshaltungskosten in: Ebenda, S. 12–21.

6 Eine Übersicht der deutschen Preispolitik bietet Gerald D. Feldman: Kriegswirtschaft und Zwangswirtschaft. Die Diskreditierung des »Sozialismus« in Deutschland während des Ersten Weltkrieges, in: Michalka (Hrsg.): Der Erste Weltkrieg (wie Anm. 2), S. 456–484.

7 Gerald D. Feldman: Armee, Industrie und Arbeiterschaft in Deutschland 1914 bis 1918, Berlin, Bonn 1985; ders: The Great Disorder. Politics, Economics and Society in the German Inflation 1914–1924, New York, Oxford 1993.

8 Paul C. Vincent: The Politics of Hunger. The Allied Blockade of Germany, 1915–1919, Athen, London 1985, S. 49.

9 Sönke Neitzel: Weltmacht oder Untergang. Die Weltreichslehre im Zeitalter des Imperialismus, Paderborn (u. a.) 2000, insbesondere S. 87f.

10 Der Weltkrieg 1914 bis 1918, bearb. im Reichsarchiv. Bd. 16/1: Kriegsrüstung und Kriegswirtschaft. Die militärische, wirtschaftliche und finanzielle Rüstung Deutschlands von der Reichsgründung bis zum Ausbruch des Weltkrieges, Berlin 1930, S. 380ff.

11 Vgl. Wolfgang Michalka: Kriegsrohstoffbewirtschaftung. Walther Rathenau und die »kommende« Wirtschaft, in: Ders. (Hrsg.): Der Erste Weltkrieg. Wirkung, Wahrnehmung, Analyse, München 1994, S. 485–505. Eine Übersicht der deutschen Rüstungsorganisation bietet Ernst R. Huber: Deutsche Verfassungsgeschichte seit 1789, Bd. 4: Struktur und Krisen des Kaiserreichs, Stuttgart (u. a.) [2]1982, S. 73–94.

12 Zur Munitionskrise, die auch die französische und britische Armee betraf, vgl. zusammenfassend Strachan: The First World War (wie Anm. 2), S. 993–1005.

13 Vgl. Zahlenangaben in: N. Caro: Die Stickstoffgewinnung im Kriege, in: Max Schwarte (Hrsg.): Technik im Weltkriege, Berlin 1920, S. 537–551.

14 Rudolf Absolon: Die Wehrmacht im Dritten Reich, Bd. 1, Boppard a. Rh. 1969, S. 8.

15 Eine Auflistung aller Stellvertretenden Kommandierenden Generäle in: Wilhelm Deist (Hrsg.): Militär und Innenpolitik im Weltkrieg 1914–1918, Düsseldorf 1970, Bd. 2, S. 1403–1407. Vgl. auch Ernst R. Huber: Deutsche Verfassungsgeschichte seit 1789, Bd. 4: Struktur und Krisen des Kaiserreichs, Stuttgart (u. a.) [2]1982, S. 39–71.

16 Albrecht Ritschl: The Pity of Peace: Germany's Economiy at War, 1914–1918 and Beyond, in: Stephen Broadberry, Mark Harrison (Hrsg.): The Economics of World War I, Cambridge 2005, S. 41–76.

17 Erich Ludendorff: Meine Kriegserinnerungen, Berlin 1919, S. 215. Zum Gesamtkomplex: Wilhelm Deist: Voraussetzungen innenpolitischen Handelns des Militärs im Ersten Weltkrieg. Zur innenpolitischen Tätigkeit der Obersten Heeresleistung, in: Ders.: Militär, Staat und Gesellschaft. Studien zur preußisch-deutschen Militärgeschichte, München 1991, S. 138–152.

18 Schreiben der OHL, 31.8.1916, in: Erich Ludendorff: Urkunden der Obersten Heeresleitung über ihre Tätigkeit 1916/18, Berlin [4]1922, S. 63ff. Vgl. auch das Protokoll der Besprechung mit Industriellen im preußischen Kriegsministerium über die Durchführung des sog. »Hindenburg-Programms«, 16.9.1916, in: Deist: Militär und Innenpolitik (wie Anm. 15), Bd. 1, S. 486.

19 Vgl. auch Holger H. Herwig: The First World War. Germany and Austria-Hungary 1914–1918, London (u. a.) 1997, S. 263f., der herausgearbeitet hat, dass Hindenburg und Ludendorff sich überhaupt nicht der Tatsache bewusst waren, dass ein Großteil der geforderten Produktionssteigerungen vom Kriegsamt längst angeordnet waren.

20 Einige Produktionszahlen in: Der Weltkrieg 1914 bis 1918, bearb. im Reichsarchiv. Bd. 9: Die Operationen des Jahres 1915. Die Ereignisse im Westen und auf dem Balkan vom Sommer bis zum Jahresschluß, Berlin 1933, S. 383–392.

21 Das Gesetz ist abgedruckt in: Ursachen und Folgen. Vom deutschen Zusammenbruch 1918 und 1945 bis zur staatlichen Neuordnung Deutschlands in der Gegenwart, hg. von Herbert Michaelis, Ernst Schraepler unter Mitwirkung von Günter Scheel, Bd. 1, Berlin 1958, S. 17–22. Vgl. Feldman: Armee, Industrie und Arbeiterschaft (wie Anm. 7), S. 169–206. Umfangreiches Quellenmaterial zur Planung und Durchführung des Hilfsdienstgesetzes in Deist: Militär und Innenpolitik (wie Anm. 15), Bd. 1, S. 459–647.

22 Jochen Oltmer: Unentbehrliche Arbeitskräfte. Kriegsgefangene in Deutschland 1914–1918, in: Ders. (Hrsg.): Kriegsgefangene im Europa des Ersten Weltkrieges, Paderborn (u.a.) 2006, S. 67–96, hier S. 71.

23 Ute Daniel: Fiktionen, Friktionen und Fakten. Frauenlohnarbeit im Ersten Weltkrieg, in: Michalka (Hrsg.): Der Erste Weltkrieg (wie Anm. 2), S. 530–562; dies.: Arbeiterfrauen in der Kriegsgesellschaft. Beruf, Familie und Politik im Ersten Weltkrieg, Göttingen 1989; Susanne Rouette: Frauenarbeit, Geschlechterverhältnisse und staatliche Politik, in: Wolfgang Kruse (Hrsg.): Eine Welt von Feinden. Der Große Krieg 1914–1918, Frankfurt a.M. 1997, S. 92–126.

24 86. Heft der Politischen Flugschriften. Stuttgart, Berlin 1916, S. 32. – Jürgen Förster sei an dieser Stelle für seine wertvollen Hinweise über abgelegene Quellen zum Vaterländischen Unterricht gedankt. Vgl. auch seinen Aufsatz: Weltanschauung als Waffe. Vom »Vaterländischen Unterricht« zur »Nationalsozialistischen Führung«, in: Bruno Thoß, Hans-Erich Volkmann (Hrsg.): Erster Weltkrieg – Zweiter Weltkrieg. Ein Vergleich, München 2002, S. 287–300.

25 Deist: Militär und Innenpolitik (wie Anm. 15), Bd. 2, S. 860–864. – Zum Inhalt der Aufklärungsarbeit vgl. ebenda, S. 841–846.

26 Ebenda, S. 816.

27 Ebenda, S. 855.

28 Vgl. Förster: Weltanschauung als Waffe (wie Anm. 24), Fußnote 25.

29 Vincent: The Politics of Hunger (wie Anm. 8); Archibald C. Bell: A History of the Blockade of Germany and of the Countries Associated with her in the Great War. Austria-Hungary, Bulgaria and Turkey 1914–1918, London 1961; Arnulf Huegel: Kriegsernährungswirtschaft Deutschlands während des Ersten und Zweiten Weltkrieges im Vergleich, Konstanz 2003.

30 Peter Graf von Kielmansegg: Deutschland und der Erste Weltkrieg, Frankfurt a.M. ^{2}1980, S. 72.

31 Näheres bei Marc Frey: Der Erste Weltkrieg und die Niederlande. Ein neutrales Land im politischen und wirtschaftlichen Kalkül der Kriegsgegner, Berlin 1998, S. 152–203, 293–330.

32 Vgl. z.B. Anver Offer: The First World War. An Agrarian Interpretation, Oxford 1989, S. 45–53.

33 Zur Ernährungslage der deutschen Bevölkerung vgl. Lothar Burchardt: Die Auswirkungen der Kriegswirtschaft auf die Zivilbevölkerung im Ersten und Zweiten Weltkrieg, in: Militärgeschichtliche Mitteilungen 15 (1974), S. 65–97; Dieter Baudis: »Vom Schweinemord zum Kohlrübenwinter«. Streiflichter zur Entwicklung der Lebensverhältnisse in Berlin im Ersten Weltkrieg (August 1914 bis Frühjahr 1917), in: Jahrbuch für Wirtschaftsgeschichte (1986), S. 129–152; Gunter Mai: »Wenn der Mensch Hunger hat, hört alles auf«. Wirtschaftliche und soziale Ausgangsbedingungen der Weimarer Republik (1914–1924), in: Werner Abelshauser (Hrsg.): Die Weimarer Republik als Wohlfahrtsstaat. Zum Verhältnis von Wirtschafts- und Sozialpolitik in der Industriegesellschaft, Stuttgart 1987, S. 47–62; Anne Roerkohl: Hungerblockade und Heimatfront. Die kommunale Lebensmittelversorgung in Westfalen während des Ersten Weltkrieges, Stuttgart 1991; August Skalweit: Die Deutsche Kriegsernährungswirtschaft, Stuttgart (u.a.) 1927.

34 Aus einer Denkschrift des Reichsgesundheitsamtes, 16.12.1918, in: Ursachen und Folgen (wie Anm. 21), Bd. 1, S. 283–288.

35 Zu diversen Berechungen der Opferzahlen vgl. Offer: First World War (wie Anm. 32), S. 34f. Zu den Opfern der Grippewelle auch Vincent: The Politics of Hunger (wie Anm. 8), S. 141.

36 Mit weiteren Literaturangaben Ian F. W. Beckett: The Great War 1914–1918, Harlow 2001, S. 390.

37 Eine zuverlässige Berechnung unternimmt Helmut Schnatz: Die Zerstörung der deutschen Städte und ihre Opfer, in: Bernd Heidenreich, Sönke Neitzel (Hrsg.): Der Bombenkrieg und seine Opfer, Wiesbaden 2004, S. 30–46.

38 Roerkohl: Hungerblockade (wie Anm. 33), insbesondere S. 317. Zur ebenfalls verheerenden Ernährungssituation in Österreich-Ungarn vgl. Herwig: The First World War (wie Anm. 19), S. 272–283.

39 Hierzu ausführlich Wolfgang Kruse: Krieg und nationale Integration. Eine Neuinterpretation des sozialdemokratischen Burgfriedensschlusses 1914/15, Essen 1993 sowie Susanne Miller: Burgfrieden und Klassenkampf. Die deutsche Sozialdemokratie im Ersten Weltkrieg, Düsseldorf 1974; Walter Mühlhausen: Die Sozialdemokratie am Scheideweg – Burgfrieden, Parteikrise und Spaltung im Ersten Weltkrieg, in: Michalka (Hrsg.): Der Erste Weltkrieg (wie Anm. 2). Einen internationalen Vergleich bietet Peter Brandt: Der Erste Weltkrieg und die europäische Arbeiterbewegung, in: Geschichte in Wissenschaft und Unterricht 47 (1996), S. 225–238.

40 Zur USPD vgl. auch Hartfrid Krause: USPD. Geschichte der Unabhängigen Sozialdemokratische Partei Deutschlands, Frankfurt a.M. (u.a.) 1975.

41 Heinz Hagenlücke: Deutsche Vaterlandspartei. Die nationale Rechte am Ende des Kaiserreichs, Düsseldorf 1997.

42 Reinhard Schiffers: Der Hauptausschuss des Deutschen Reichstags 1915–1918. Formen und Bereiche der Kooperation zwischen Parlament und Regierung, Bonn 1979.

43 Der Bundesrat erließ bis November 1918 insgesamt 852 Notstandsverordnungen. Zum Ermächtigungsgesetz und der Praxis der Kriegsnotgesetzgebung vgl. Huber: Deutsche Verfassungsgeschichte, Bd. 5 (wie Anm. 11), S. 62–73.

44 Ebenda, Bd. 1, S. 318ff.

45 Zit. n. Peter-Christian Witt: Friedrich Ebert. Parteiführer – Reichskanzler – Volksbeauftragter – Reichspräsident, Bonn 31992, S. 82f.

46 Abgedruckt in: Ursachen und Folgen (wie Anm. 21), Bd. 2, S. 37f.

47 Kocka: Klassengesellschaft im Krieg (wie Anm. 4), S. 33–51.

48 Eine zusammenfassende wissenschaftliche Darstellung der Januarstreiks liegt bislang noch nicht vor. Zu den Vorgängen in Berlin vgl. Deutschland im Ersten Weltkrieg. Von einem Autorenkollektiv unter der Leitung von Fritz Klein, 3 Bde. Berlin (Ost) 1968–1970, Bd. 3, S. 135–178. Das Streikprogramm ist abgedruckt in: Huber: Deutsche Verfassungsgeschichte, Bd. 4 (wie Anm. 11), S. 436. Zu Norddeutschland vgl. Volker Ullrich: Der Januarstreik in Hamburg, Kiel und Bremen. Eine vergleichende Studie zur Geschichte der Streikbewegungen im Ersten Weltkrieg, in: Zeitschrift des Vereins für Hamburgische Geschichte 71 (1985), S. 45–74; für Westdeutschland: Dieter Engelmann: Der Januarstreik 1918 im rheinisch-westfälischen Industriegebiet, in: Jahrbuch für Regionalgeschichte 9 (1982), S. 95–104, für Bayern: W. Boldt: Der Januarstreik 1918 in Bayern mit bes. Berücksichtigung Nürnbergs, in: Jahrbuch für Fränkische Landesforschung 25 (1965), S. 5–12.

49 Vgl. Volker Ullrich: Zur inneren Revolutionierung der wilhelminischen Gesellschaft, in: Jörg Duppler, Gerhard P. Groß (Hrsg.): Kriegsjahr 1918, München 1999, S. 273–283.

Zusammenbruch und Revolution (S. 147–166)

1 Vgl. Benjamin Ziemann: Enttäuschte und kollektive Erschöpfung. Die deutschen Soldaten an der Westfront 1918 auf dem Weg zur Revolution, in: Jörg Duppler, Gerhard P. Groß (Hrsg.): Kriegsjahr 1918, München 1999, S. 165–182.

2 Wilhelm Deist: Verdeckter Militärstreik, in: Wolfram Wette (Hrsg.): Der Krieg des kleinen Mannes, München 21995, S. 146–167 sowie ders.: Militär und Innenpolitik im Weltkrieg 1914–1918, Düsseldorf 1970, Bd. 2, S. 1226, Fußnote 1.

3 Ian F. W.Beckett: The Great War 1914–1918, Harlow 2001, S. 227; Karl Platzer: Standrechtliche Todesurteile im Ersten Weltkrieg, Berlin, Stuttgart 2004, S. 73; Vanda Wilcox: Discipline in the Italian Army 1915–1918, in: Pierre Purseigle (Hrsg.): Warfare and Belligerence. Perspectives in First World War Studies, Leiden, Boston 2005, S. 73–100. Vgl. ferner Christoph Jahr: Gewöhnliche Soldaten. Desertion und Deserteure im deutschen und im britischen Heer 1914–1918, Göttingen 1998.

4 Zur Entwicklung der britischen Panzerwaffe und zu den Debatten über den

Einsatz des Tanks vgl. Tim Travers: How the War Was Won. Command and Technology in the British Army on the Western Front, 1917–1918, London, New York 1992, S. 32–49.

5 Vgl. Die Weizsäcker-Papiere 1900–1932, hg. von Leonidas E. Hill. Frankfurt a.M. (u.a.) 1982, 19.8.1918, S. 275; 24.8.1918, 276; 25.8.1918, 277; 17.9.1918, 285; 2.10.1918, 291; Eberhard Kessel: Ludendorffs Waffenstillstandsforderung vom 29. September 1918, in: Militärgeschichtliche Mitteilungen 2 (1968), S. 65–86; Fritz von Loßberg: Meine Tätigkeit im Weltkriege 1914–1918, Berlin 1939, S. 346, 351 sowie Martin Kitchen: The Silent Dictatorship. The Politics of the German High Command under Hindenburg and Ludendorff, 1916–1918, New York 1976; Michael Epkenhans: Die Politik der militärischen Führung 1918. »Kontinuität der Illusionen und das Dilemma der Wahrheit«, in: Jörg Duppler, Gerhard P. Groß (Hrsg.): Kriegsende 1918. Ereignis, Wirkung, Nachwirkung, München 1999, S. 217–233.

6 Vgl. Paul von Hintze: Marineoffizier, Diplomat, Staatssekretär. Dokumente einer Karriere zwischen Militär und Politik, 1903–1918, eingel. und hg. von Johannes Hürter, München 1998, insbesondere S. 75–108.

7 Vgl. ebenda, S. 100–103. Zur geschönten Informationspolitik der OHL vgl. ebenda, S. 486, Fußnote 2; Ausführungen Hintzes in der Besprechung mit den Fraktionsführern bei Vizekanzler Payer am 21.8.1918, in: Ebenda, S. 507 sowie Hintzes Kommentare zu Ludendorffs Ausarbeitung über das Waffenstillstandsangebot aus dem Jahre 1919, in: Ebenda, S. 660–666.

8 Vgl. J. P. Harris: Das britische Expeditionsheer in der Hundert-Tage-Schlacht vom 8. August bis 11. November, in: Duppler, Groß (Hrsg.): Kriegsende 1918 (wie Anm. 5), S. 115–134; André Bach: Die militärischen Operationen der französischen Armee an der Westfront 1917 bis 1918, in: Duppler, Groß (Hrsg.): Kriegsende 1918 (wie Anm. 5), S. 135–144.

9 Kessel: Ludendorffs Waffenstillstandsforderung (wie Anm. 5); Hintze über die Vorgänge im Großen Hauptquartier am 29.9.1918, in: Ursachen und Folgen. Vom deutschen Zusammenbruch 1918 und 1945 bis zur staatlichen Neuordnung Deutschlands in der Gegenwart, hg. von Herbert Michaelis, Ernst Schraepler unter Mitwirkung von Günter Scheel, Bd. 2, Berlin 1958, S. 319f.; aus dem Vortrag des Vertreters der Obersten Heeresleitung Major Freiherr von dem Bussche vor den Parteiführern des Reichstages am 2.10.1918, in: Ursachen und Folgen, Bd. 2, S. 329f.; Auszug aus den Tagebuchnotizen des Obersten i. G. von Thaer vom 30.9. und 1.10.1918, in: Ursachen und Folgen, Bd. 2, S. 322f.

10 Vgl. Klaus Lüttge: Die Politik des Reichskanzlers Max Prinz von Baden, Diss. phil. Kiel 1953 (Ms.); Golo Mann: Prinz Max von Baden und das Ende der Monarchie in Deutschland, in: Merkur 1968, S. 727–750.

11 Ursachen und Folgen (wie Anm. 9), Bd. 2, S. 378f.

12 Vgl. hierzu auch Martin Creutz: Die Pressepolitik der kaiserlichen Regierung während des Ersten Weltkrieges. Die Exekutive, die Journalisten und der Teufelskreis der Berichterstattung, Frankfurt a.M. (u.a.) 1996.

13 Vgl. Ernst R. Huber: Deutsche Verfassungsgeschichte seit 1789, Bd. 5: Weltkrieg, Revolution und Reichserneuerung 1914–1919, Stuttgart (u.a.) 21982, S. 584–600. Zum Gesamtprozess vgl. auch Manfred Rauh: Die Parlamentarisierung des Deutschen Reiches, Düsseldorf 1977.

14 David Stevenson: Britain, France and the Origins of German Disarmament, 1916–19, in: The Journal of Strategic Studies 29 (2006) 2, S. 195–224.

15 Zur Diskussion um die Fortsetzung des Kampfes vgl. auch Michael Geyer: Insurrectionary Warfare: The German Debate about a Levée en Masse. In October 1918, in: Journal of Modern History 73 (2001), S. 459–527.

16 Über den Hergang von Ludendorffs Abschied vgl. z.B. Die Weizsäcker-Papiere (wie Anm. 5), 27.10.1918, S. 308f.

17 Vgl. Manfried Rauchensteiner: Der Tod des Doppeladlers. Österreich-Ungarn und der Erste Weltkrieg, Graz (u.a.) 1993, S. 553–619. Vgl. auch Peter Schubert: Piave 1918. Österreich-Ungarns letzte Schlacht, Klagenfurt (u.a.) 2000.

18 Boris Barth: Dolchstoßlegenden und politische Desintegration. Das Trauma der deutschen Niederlage im Ersten Weltkrieg 1914–1933, Düsseldorf 2003.

19 Vgl. z.B. Unterredung Wilhelms II. mit dem preußischen Innenminister Drews am 1.11.1918, in: Ursachen und Folgen (wie Anm. 9), Bd. 2, S. 559f. Zur Diskussion um die Abdankung Wilhelms II. vgl. auch Huber: Deutsche Verfassungsgeschichte, Bd. 4 (wie Anm. 13), S. 627–636, 656–669.

20 Zur deutschen Novemberrevolution sind eine Vielzahl von Überblicks- und Spezialstudien erschienen. Vgl. vor allem Walter Mühlhausen: Friedrich Ebert, 1871–1925. Reichspräsident der Weimarer Republik, Bonn 22007, S. 98–185; Ulrich Kluge: Die deutsche Revolution. Staat, Politik und Gesellschaft zwischen Weltkrieg und Kapp-Putsch, Darmstadt 1997; Chris Harman: Die verlorene Revolution. Deutschland 1918–23, Frankfurt a.M. 1998; Richard Wiegand: »Wer hat uns verraten ...«. Die Sozialdemokratie in der Novemberrevolution 1918/19, überarb. und erw. Lizenzausgabe, Freiburg i. Br. 1999.

21 Richard Stumpf: Warum die Flotte zerbrach. Kriegstagebuch eines christlichen Arbeiters, Berlin 1927, S. 25.

22 Vgl. z.B. Die Weizsäcker-Papiere (wie Anm. 5), 27.9.1916, S. 215; 29.9.1916, 216; 20.12.1916, 223; 4.8.1917, 250.

23 Gerhard Paul Groß: Eine Frage der Ehre? Die Marineführung und der letzte Flottenvorstoß 1918, in: Duppler, Groß (Hrsg.): Kriegsende 1918 (wie Anm. 5), S. 349–365.

24 Ausführlich zu den Vorgängen in München vgl. Ralf Höller: Der Anfang, der ein Ende war. Die Revolution in Bayern 1918/19, Berlin 1999.

Der Frieden, der keiner war (S. 167–172)

1 Margaret MacMillan: Peacemakers. The Paris Conference of 1919 and Its Attempt to end War, London 2004; Gerd Krumeich (Hrsg.): Versailles 1919. Ziele, Wirkung, Wahrnehmung, Essen 2000; Manfred F. Boemeke, Gerald D. Feldman, Elisabeth Glaser: The Treaty of Versailles. A Reassessment after 75 Years, Cambridge 1998.

2 Vgl. z.B. Michael Epkenhans: Die Politik der militärischen Führung 1918. »Kontinuität der Illusionen und das Dilemma der Wahrheit«, in: Jörg Duppler, Gerhard Paul Groß (Hrsg.): Kriegsende 1918. Ereignis, Wirkung, Nachwirkung, München 1999, S. 217–233, hier S. 232.

Auswahlbibliografie

Die Literatur zum Ersten Weltkrieg ist Legion. Die nachfolgende Auflistung enthält eine Auswahl wichtiger Werke, die zur vertiefenden Lektüre empfohlen werden. Ausführliche Literaturhinweise finden sich in den Anmerkungen.

Afflerbach, Holger: Falkenhayn. Politisches Denken und Handeln im Kaiserreich. München [2]1996.

Altrichter, Helmut: Rußland 1917. Ein Land auf der Suche nach sich selbst. Paderborn u. a. 1997.

Barth, Boris: Dolchstoßlegenden und politische Desintegration. Das Trauma der deutschen Niederlage im Ersten Weltkrieg 1914–1933. Düsseldorf 2003.

Baumgart, Winfried: Deutsche Ostpolitik 1918. Von Brest-Litowsk bis zum Ende des Ersten Weltkrieges, Wien u. a. 1966.

Becker, Jean-Jacques: 1914. Comment les Français sont entrés dans la guerre. Paris 1977.

Beckett, Ian F. W.: The Great War 1914–1918. Harlow 2001.

Chickering, Roger: Imperial Germany and the Great War 1914–1918. Cambridge 1998. [deutsch: Das Deutsche Reich und der Erste Weltkrieg. München 2002].

Chickering, Roger; Förster, Stig (Hrsg.): Great War, Total War. Combat and Mobilization on the Western Front, 1914–1918. Cambridge 2000.

Creutz, Martin: Die Pressepolitik der kaiserlichen Regierung während des Ersten Weltkrieges. Die Exekutive, die Journalisten und der Teufelskreis der Berichterstattung. Frankfurt a. M. u. a. 1996.

Daniel, Ute: Arbeiterfrauen in der Kriegsgesellschaft. Beruf, Familie und Politik im Ersten Weltkrieg. Göttingen 1989.

Daniel, Ute: Fiktionen, Friktionen und Fakten. Frauenlohnarbeit im Ersten Weltkrieg. In: Wolfgang Michalka (Hrsg.): Der Erste Weltkrieg. Wirkung, Wahrnehmung, Analyse. München 1994, S. 530–562.

Deist, Wilhelm: Verdeckter Militärstreik. In: Wolfram Wette (Hrsg.): Der Krieg des kleinen Mannes. München [2]1995, S. 146–167.

Duppler, Jörg; Groß, Gerhard P. (Hrsg.): Kriegsende 1918. Ereignis, Wirkung, Nachwirkung. München 1999.

Ehlert, Hans; Epkenhans, Michael; Groß, Gerhard P. (Hrsg.): Der Schlieffenplan. Analysen und Dokumente. Paderborn u. a. 2006.

Feldman, Gerald D.: Armee, Industrie und Arbeiterschaft in Deutschland 1914 bis 1918. Berlin, Bonn 1985.

Feldman, Gerald D.: The Great Disorder. Politics, Economics and Society in the German Inflation 1914–1924. New York, Oxford 1993.

Fischer, Fritz: Griff nach der Weltmacht. Die Kriegszielpolitik des kaiserlichen Deutschland 1914/1918. Düsseldorf [3]1964.

Gatrell, Peter: Russia's First World War. A Social and Economic History. Harlow 2005.

Hagemann, Karen; Schüler-Springorum, Stefanie (Hrsg.): Heimat-Front. Militär und Geschlechterverhältnisse im Zeitalter des Weltkriege. Frankfurt 2002.

Harman, Chris: Die verlorene Revolution. Deutschland 1918–23. Frankfurt a. M. 1998.

Herwig, Holger H.: The First World War. Germany and Austria-Hungary 1914–1918. London u. a. 1997.

Hildebrand, Klaus: Das vergangene Reich. Deutsche Außenpolitik von Bismarck bis Hitler. Stuttgart 1995.

Hildebrand, Klaus: »Staatskunst und Kriegshandwerk«. Akteure und System der europäischen Staatenwelt vor 1914. Friedrichsruh 2005.

Hirschfeld, Gerhard; Krumeich, Gerd; Renz, Irina (Hrsg.): Enzyklopädie des Ersten Weltkrieges. Paderborn u. a. 2003.

Hirschfeld, Gerhard; Krumeich, Gerd; Renz, Irina (Hrsg.): Die Deutschen an der Somme 1914–1918. Krieg, Besatzung, Verbrannte Erde. Essen 2006.

Howard, Michael: The First World War. Oxford 2002.

Horne, John; Kramer, Alan: German Atrocities. A History of Denial. New Haven, London 2001.

Huber, Ernst R.: Deutsche Verfassungsgeschichte seit 1789, Bd. 4: Struktur und Krisen des Kaiserreichs, Bd. 5: Weltkrieg, Revolution und Reichserneuerung 1914–1919. Stuttgart u. a. [2]1982, 1978.

Huegel, Arnulf: Kriegsernährungswirtschaft Deutschlands während des Ersten und Zweiten Weltkrieges im Vergleich. Konstanz 2003.

Jahr, Christoph: Gewöhnliche Soldaten. Desertion und Deserteure im deutschen und im britischen Heer 1914–1918. Göttingen 1998.

Jeismann, Michael: Das Vaterland der Feinde. Studien zum nationalen Feindbild und Selbstverständnis in Deutschland und Frankreich 1792–1918. Stuttgart 1992.

Jürgs, Michael: Der kleine Frieden im Großen Krieg. Westfront 1914: Als Deutsche, Franzosen und Briten gemeinsam Weihnachten feierten. München 2005.

Kluge, Ulrich: Die deutsche Revolution. Staat, Politik und Gesellschaft zwischen Weltkrieg und Kapp-Putsch. Darmstadt 1997.

Kocka, Jürgen: Klassengesellschaft im Krieg 1914–1918. Göttingen 1973.

Kolb, Eberhard: Der Frieden von Versailles. München 2005.

Krumeich, Gerd (Hrsg.): Versailles 1919. Ziele, Wirkung, Wahrnehmung. Essen 2000.

Kruse, Wolfgang: Krieg und nationale Integration. Eine Neuinterpretation des sozialdemokratischen Burgfriedensschlusses 1914/15. Essen 1993.

Linnenkohl, Hans: Vom Einzelschuss zur Feuerwalze. Der Wettlauf zwischen Technik und Taktik im Ersten Weltkrieg. Bonn [2]1996.

MacMillan, Margaret: Peacemakers. The Paris Conference of 1919 and Its Attempt to end War. London 2004.

Michalka, Wolfgang (Hrsg.): Der Erste Weltkrieg. Wirkung, Wahrnehmung, Analyse. München 1994.

Mombauer, Annika: The First World War: Inevitable, Avoidable, Improbable Or Desibale? Recent Interpretations On War Guilt and the War's Origins. In: German History 25 (2007) 1, S. 78–95.

Mombauer, Annika: The Origins of the First World War. Controversies and consensus. London u.a. 2002.

Mommsen, Wolfgang J.: Kriegsalltag und Kriegserlebnis im Ersten Weltkrieg. In: Militärgeschichtliche Zeitschrift 59 (2000), 125–138.

Mommsen, Wolfgang J.: Der große Krieg und die Historiker. Neue Wege der Geschichtsschreibung über den Ersten Weltkrieg. Essen 2002.

Mommsen, Wolfgang J.: Die Urkatastrophe Deutschlands. Der Erste Weltkrieg 1914–1918. Stuttgart 2002 (Gebhardt. Handbuch der Deutschen Geschichte, Band 17).

Mühlhausen, Walter: Die Sozialdemokratie am Scheideweg – Burgfrieden, Parteikrise und Spaltung im Ersten Weltkrieg. In: Wolfgang Michalka (Hrsg.): Der Erste Weltkrieg. Wirkung, Wahrnehmung, Analyse. München 1994.

Mühlhausen, Walter: Friedrich Ebert, 1871–1925. Reichspräsident der Weimarer Republik. Bonn [2]2007.

Müller, Sven Oliver: Zweierlei Kriegsausbrüche. Neue Tendenzen in der Kultur- und Politikgeschichte des Ersten Weltkrieges. In: Archiv für Sozialgeschichte 41 (2001), S. 556–565.

Müller, Sven Oliver: Die Nation als Waffe und Vorstellung. Nationalismus in Deutschland und Großbritannien im Ersten Weltkrieg. Göttingen 2002.

Nagler, Jörg: Nationale Minoritäten im Krieg. Feindliche Ausländer und die amerikanische Heimatfront während des Ersten Weltkrieges. Hamburg 2000.

Neiberg, Michael S.: Fighting the Great War. A Global History. Cambridge, Mass., London 2005.

Oltmer, Jochen (Hrsg.): Kriegsgefangene im Europa des Ersten Weltkrieges. Paderborn u.a. 2006.

Paice, Edward: Tip and Run. The Untold Tragedy of the Great War in Africa. London 2007.

Platzer, Karl: Standrechtliche Todesurteile im Ersten Weltkrieg. Berlin, Stuttgart 2004.

Prior, Robin; Wilson, Trevor: The Somme. New Haven, London 2005.

Rauchensteiner, Manfried: Der Tod des Doppeladlers. Österreich-Ungarn und der Erste Weltkrieg. Graz u.a. 1993.

Regulski, Christoph: Bibliographie zum Ersten Weltkrieg. Marburg 2005.

Reimann, Aribert: Von der Mentalität zur Spezialität? Neuere Forschungen zur Geschichte des Ersten Weltkrieges. In: Neue Politische Literatur 49 (2004), S.220–246.

Salewski, Michael: Der Erste Weltkrieg. Paderborn u.a. 2003.

Schröder, Joachim: Die U-Boote des Kaisers. Die Geschichte des deutschen U-Boot-Krieges gegen Großbritannien im Ersten Weltkrieg. Diss. phil. 2000 (Neuausgabe Bonn 2002).

Soutou, Georges-Henri: L'or et le sang. Les buts de guerre économiques de la première guerre mondiale. Paris 1989.

Stevenson, David: 1914–1918. The History of the First World War. London 2004. [deutsch: Düsseldorf 2006].

Strachan, Hew: The First World War – a new illustrated history, London 2003 [deutsch: München 2004].

Strachan, Hew: The First World War, Bd. 1: To Arms. Oxford 2001.

Thoß, Bruno; Volkmann, Hans-Erich (Hrsg.): Erster Weltkrieg – Zweiter Weltkrieg. Ein Vergleich. München 2002.

Verhey, Jeffrey: »Der Geist von 1914« und die Erfindung der Volksgemeinschaft. Hamburg 2000.

Vincent, Paul C.: The Politics of Hunger. The Allied Blockade of Germany, 1915–1919. Athen, London 1985.

Werth, German: Verdun. Die Schlacht und der Mythos. Vollst. überarb. und erw. Fassung. Bergisch Gladbach 1982.

Zabecki, David T.: The German 1918 Offensives. A case study in the operational level of war. New York 2006.

Zuckerman, Larry: The Rape of Belgium. The Untold Story of World War I. New York, London 2004.

Register

Der Autor

© Petra A. Killick

Sönke Neitzel, geb. 1968, lehrt an der Johannes-Gutenberg-Universität Mainz Neuere und Neueste Geschichte. Seine Forschungen befassen sich vor allem mit der Geschichte des Hochimperialismus und dem Zeitalter der Weltkriege. 1994 Promotion, 1998 Habilitation, 2001 Gastdozentur an der University of Glasgow, seit 1994 Fachberater der ZDF-Redaktion Zeitgeschichte.

»Deutsche Geschichte im 20. Jahrhundert«

Mit der Reihe »Deutsche Geschichte im 20. Jahrhundert« wendet sich erstmals eine junge Generation von Historikern dem gerade zu Ende gegangenen »deutschen Jahrhundert« zu. In 16 populär geschriebenen Bänden werfen sie einen unverstellten Blick auf Alltag, Kultur, Politik und Wirtschaft vom Kaiserreich bis zur Berliner Republik.

Jeder Band ca. 208 Seiten, ca. 20 Abb., 19,90 € [D] / 33,80 SFr / 20,50 € [A]

Bd. 1: Frank-Lothar Kroll
Jahrhundertwende. Politik, Kultur und Gesellschaft im deutschen Kaiserreich 1900–1917. *Erscheint ca. Herbst 2009*

Bd. 2: Jürgen Angelow
Der Weg in die Urkatastrophe. Der Zerfall des alten Europa 1900–1914. *Erscheint ca. Herbst 2009*

Bd. 3: Sönke Neitzel
Weltkrieg und Revolution. 1914–1918/19. *Bereits erschienen*

Bd. 4: Hans-Christof Kraus
Versailles und die Folgen. Die Außenpolitik zwischen Revisionismus und Verständigung (1919–1933). *Erscheint ca. Herbst 2009*

Bd. 5: Peter Hoeres
Die Kultur von Weimar. *Erscheint ca. Herbst 2008*

Bd. 6: Hendrik Thoß
Demokratie ohne Demokraten? Die Innenpolitik der Weimarer Republik. *Erscheint ca. Herbst 2008*

Bd. 7: Riccardo Bavaj
»Machtergreifung« und »Gleichschaltung«. Die Diktatur des Nationalsozialismus. *Erscheint ca. Herbst 2010*

Bd. 8: Lars Lüdicke
Die Außenpolitik des Dritten Reiches 1933–1945. *Erscheint ca. Frühjahr 2009*

Bd. 9: Alexander Brakel
Der Holocaust. Judenverfolgung und Völkermord. *Bereits erschienen*

Bd. 10: Rainer F. Schmidt
Der Zweite Weltkrieg. Die Zerstörung Europas. *Bereits erschienen*

Bd. 11: Matthias Uhl
Die Teilung Deutschlands. Niederlage, Ost-West-Spaltung und Wiederaufbau 1945–1949. *Erscheint ca. Frühjahr 2009*

Bd. 12: Carsten Kretschmann
Zwischen Spaltung und Gemeinsamkeit. Kultur in Deutschland 1945–1989. *Erscheint ca. Herbst 2010*

Bd. 13: Thomas Brechenmacher
Die Bonner Republik. Politisches System und innere Entwicklung der Bundesrepublik. *Erscheint ca. Herbst 2009*

Bd. 14: Stefan Creuzberger
Westintegration und Neue Ostpolitik. Die Außenpolitik der Bundesrepublik. *Erscheint ca. Frühjahr 2009*

Bd. 15: Winfrid Halder
Von Ulbricht zu Honecker. Die DDR 1949–1989. *Erscheint ca. Frühjahr 2010*

Bd. 16: Manfred Görtemaker
Die Berliner Republik. Wiedervereinigung und Neuorientierung. *Erscheint ca. Herbst 2009*

Alexander Brakel

Der Holocaust
Judenverfolgung und Völkermord

208 Seiten, 15 Abb., geb.
19,90 € [D] / 35,90 SFr / 20,50 € [A]

ISBN 978-3-89809-409-2

Der Holocaust ist das dunkelste Kapitel der deutschen Geschichte. Alexander Brakel beschreibt Voraussetzungen und Verlauf dieses Massenmordes an etwa sechs Millionen europäischen Juden: Von den ersten antijüdischen Maßnahmen nach 1933 über die Massaker an sowjetischen Juden bis zum industrialisierten Massenmord in den Vernichtungslagern. Dabei kommt die Judenpolitik der mit Deutschland verbündeten Staaten ebenso in den Blick wie die Frage, ob und was die Deutschen über das Schicksal ihrer deportierten jüdischen Nachbarn gewusst haben.

Rainer F. Schmidt

Der Zweite Weltkrieg
Die Zerstörung Europas

208 Seiten, 10 Abb., geb.
19,90 € [D] / 35,90 SFr / 20,50 € [A]

ISBN 978-3-89809-410-8

Der Zweite Weltkrieg verwandelte Europa in eine Leichen- und Trümmerlandschaft. Rainer F. Schmidt beschreibt Ursachen und Verlauf dieses Krieges: die ersten erfolgreichen »Blitzfeldzüge« der Wehrmacht, den Raub- und Vernichtungskrieg gegen die Sowjetunion und den zu Lande, zu Wasser und in der Luft geführten Kampf gegen Großbritannien und die USA. Die Gründe für die unausweichliche Niederlage Deutschlands werden dabei genauso in den Blick genommen wie die alliierten Pläne für die Gestaltung einer Nachkriegsordnung.